SERIE
¡FÁCIL!

Aliméntese
sanamente

Joy Bauer

TRADUCCIÓN:

Patricia Novelo Quiroga
Traductora profesional

Pearson
Educación

Prentice
Hall

Addison
Wesley

MÉXICO • ARGENTINA • BRASIL • COLOMBIA • COSTA RICA • CHILE
ESPAÑA • GUATEMALA • PERÚ • PUERTO RICO • VENEZUELA

Datos de catalogación bibliográfica

BAUER, JOY
Aliméntese sanamente ¡Fácil!
PRENTICE HALL, México, 2000
   ISBN: 970-17-0330-8
   Área: Negocios

Formato: 18.5 × 23.5   Páginas: 352

EDICIÓN EN ESPAÑOL

EDITOR DIVISIÓN NEGOCIOS: Francisco de Hoyos Parra
SUPERVISOR DE TRADUCCIÓN: Lorena Pontones Durán
SUPERVISOR DE PRODUCCIÓN: Selene Corona Vallejo

ALIMÉNTESE SANAMENTE ¡FÁCIL!

Versión en español de la obra titulada *The Complete Idiot's Guide to Eating Smart*, de Joy Bauer, publicada originalmente en inglés por Alpha Books, 1633 Broadway, 7th Floor, New York, E.U.A.

Esta edición en español es la única autorizada.

Original english language title by
Alpha Books
Copyright © 1996
All rights reserved

Primera Edición

D.R. © 2000 por Prentice Hall Hispanoamericana, S.A.
      Calle 4 No. 25 segundo piso
      Fracc. Industrial Alce Blanco
      53370 Naucalpan de Juárez, Edo. de México

CANIEM 1524

LITOGRAFICA INGRAMEX, S.A. DE C.V.
CENTENO NO. 162-1
MEXICO, D.F.
C.P. 09810

SEP

1999

ISBN 970-17-0330-8 de la versión en español
ISBN 0-02-861276-0 de la versión en inglés

Impreso en México. *Printed in México*

1 2 3 4 5 6 7 8 9 0   XX   03 02 01 00 99

Editora
Theresa Murtha

Supervisora editorial
Nancy Mikhail

Corrector de estilo y supervisor de producción
Brian Robinson

Diseñador de portada
Michael Freeland

Ilustrador
Judd Winick

Diseñador de interiores
Glenn Larsen

Indizadora
Becky Hornyak

Equipo de producción
Angela Calvert
Tricia Flodder
Laure Robinson
Megan Wade

Resumen de contenido

Contenido

Prólogo

Ya sea que usted esté en un restaurante, en una fiesta, en una oficina, en el cine, en una boda o en un funeral; o que se encuentre en el este, en el oeste, en el sur o en el norte, todo el mundo habla de *ESTO*, todo el mundo tiene que hacer *ESTO*, todo el mundo se siente bien haciendo *ESTO*, y si exagera en *ESTO*, sufre las consecuencias. Las malas elecciones sobre *ESTO* pueden conducir a problemas médicos graves. Por supuesto, *ESTO* es COMER. Como todos saben, comer sanamente es importante para la salud y el bienestar en general. Se puede evitar o reducir el riesgo de ciertos padecimientos, tales como la obesidad, la hipertensión y la osteoporosis, eligiendo inteligentemente la comida desde una edad temprana y prosiguiendo durante la etapa adulta. Sin embargo, algunas veces, la información sobre la comida y la nutrición llega a ser confusa, y usted escucha muchas opiniones diferentes. ¿Qué significa exactamente: TDR, VD, caloría, colesterol, proteína?

¿Quién puede hacer posible que esta jerga de nutrición sea sabrosa (juego malo de palabras) para el público? No mucha gente, pero Joy Bauer ciertamente lo ha logrado en su libro, *Aliméntese sanamente ¡Fácil!* El encanto, el conocimiento y el ingenio de Joy brillan en todos sus capítulos. Este libro se enfoca en la comida saludable para cada edad y también incluye información útil sobre la conducta, las emociones y las diferencias individuales. Usted se reirá de algunas preguntas que siempre se ha hecho, pero a las que nunca ha recibido respuesta. Por ejemplo:

➤ ¿Todas las grasas son iguales?

➤ ¿Qué significan todos esos números del colesterol?

➤ ¿Debe tomar leche durante el embarazo?

➤ ¿Necesita proteínas adicionales para entrenamientos con pesas?

➤ ¿Es posible mantener el peso al ingresar a la universidad?

➤ ¿La comida china es realmente saludable, cierto?

➤ ¿Quemo grasa después de 30 minutos de caminar sobre una caminadora?

➤ No como mucho, entonces ¿por qué no puedo perder peso?

➤ ¿El tofú es realmente bueno o sólo es una moda?

Después de leer *Aliméntese sanamente ¡Fácil!*, podrá responder a estas preguntas y aplicar las respuestas para usted mismo.

Joy Bauer le ofrece la esencia de sus años de conocimiento y de su trabajo en el *Mount Sinai Medical Center*, su docencia en la Universidad de Nueva York y sus conferencias por toda la ciudad de Nueva York. Joy es reconocida no sólo como una nutrióloga con amplios antecedentes en asesorías, también como una persona con una gran empatía y compasión. Logra que cada persona que "toca" se sienta feliz con ella misma. En su libro, Joy transmite, con el mismo talento, el mensaje de la comida saludable. Usted aprenderá, se reirá y lo más importante: entenderá cómo incorporar una alimentación sana a su vida, para sentirse lo mejor posible.

Elyse Sosin, R.D.

Elyse obtuvo una Maestría en Artes y es Licenciada en Ciencias de la Nutrición. Es la nutrióloga del Programa de Salud para Mujeres en el *Mount Sinai Medical Center*. Actualmente es codirectora de un programa sobre la reducción del riesgo cardiovascular para adolescentes, y ofrece una guía nutrimental para jóvenes en el Centro de Salud para Adolescentes en el *Mount Sinai Medical Center*. Elyse es la consejera de nutrición del programa *CHOICE* en el Centro de Salud para Adolescentes, donde se tratan los desórdenes alimentarios de los jóvenes. Da asesoría en embarazos de alto riesgo y en diabetes de la gestión para completar su cuidado hacia las mujeres.

Elyse es una conferencista de la *American Heart Association* y del programa de bienestar del *Mount Sinai*. Sus temas incluyen frecuentemente la reducción de peso y de riesgo cariovascular para adolescentes, la comida saludable y los desórdenes alimentarios.

Elyse tiene su consultorio privado en Manhattan.

Introducción

Algunas veces parece que usted tendría que ser un genio para comprender la enorme cantidad de información nutrimental que se propaga diariamente. Al escuchar constantemente historias contradictorias del gobierno, de los medios de comunicación y, por supuesto, de amigos queridos y parientes, ¿cómo es posible saber quién tiene la razón en cuanto a qué es qué en el mundo de la comida saludable? Seguramente, alguna vez en su vida ha visto u oído hablar de la píldora estimulante de vitaminas, de los seguidores de la dieta de moda, de la generación con fobia a las grasas, de los batidos de proteínas y de la gente que vive siempre a dieta.

Así que, ¿finalmente qué es lo que se debe comer? La buena alimentación requiere de todos los alimentos con moderación, balance y variedad. Se trata de hacer un compromiso de por vida para consentir a su cuerpo con combustible de calidad. Es preciso entender lo fundamental acerca de los carbohidratos, las proteínas y las grasas. Además, necesita entender que debe comer las proporciones correctas para verse y sentirse en su mejor forma.

¡En este libro, usted por fin encontrará una guía completa para alimentarse sanamente y ponerse en forma. Además de actualizada, es confiable y lo más importante: ¡es amigable con el lector! Fue escrita en base a experiencias profesionales y personales, para gente que desea adelgazar, subir de peso o simplemente verse y sentirse estupendamente.

Cómo usar este libro

Para hacer la lectura más fácil, el libro se dividió en siete áreas de interés.

Parte 1. Entienda la nutrición de hoy: esta sección aclara la confusión sobre las bases de la comida. Disecciona la pirámide alimentaria y ofrece estrategias simples para incorporar los cinco grupos de alimentos a su dieta. Usted también obtendrá una idea general de los carbohidratos simples y complejos, del poder de las proteínas, y de la relación entre la ingestión excesiva de las grasas y las enfermedades del corazón. Además, usted examinará las realidades sobre la fibra y la sal, y se convertirá en un experto en vitaminas y minerales vitales para su cuerpo.

Parte 2. Elección de alimentos sabrosos: aquí aprenderá que alimentarse saludablemente no significa abandonar el placer de comer. En esta sección, usted obtendrá la perspicacia de Sherlock Holmes en su tienda de abarrotes y podrá decodificar la información nutrimental en las etiquetas de los productos para así saber el tipo de alimento que adquiere. Hará un recorrido de prueba por el supermercado y llenará su carrito de artículos alimenticios inteligentes para su cocina. También encontrará muchas recetas creativas y fáciles de elaborar, y aprenderá la maestría del arte de la cocina baja en grasas. Después, descubrirá las mejores opciones de la cocina internacional y estará preparado para visitar cualquier tipo de restaurante.

Parte 3. Aprenda el ABC del ejercicio: esta parte ofrece las herramientas y la inspiración para empezar a moverse y seguir moviéndose. En efecto, es un curso intensivo para ponerse físicamente en forma. Escuchará la verdad sobre fortalecer su corazón y sus pulmones mediante ejercicios aeróbicos y consejos para alentarlo a tener un cuerpo escultural a través del entrenamiento con pesas y el acondicionamiento físico. Usted aprenderá la importancia de calentar, relajar y estirar adecuadamente su cuerpo, *además* de obtener la información necesaria para ingresar confiado a un gimnasio. También tendrá un panorama completo de la nutrición para el deporte y conocerá las habilidades necesarias para cargar su cuerpo de combustible tanto para el ejercicio casual como para los deportes competitivos.

Parte 4. Nutrición suplementaria: esta área le brinda una guía completa del vegetarianismo, dirigida a vegetarianos ortodoxos, a vegetarianos que consumen lácteos (lacto-vegetarianos), a vegetarianos que consumen lácteos y huevo (ovolacto-vegetarianos) y a seudovegetarianos. Esta sección también profundiza en los agentes comunes que causan las alergias y las intolerancias a los alimentos, así como otras hipersensibilidades relacionadas con los alimentos.

Parte 5. Embarazo: nutrición y buena forma para dos: esta sección ofrece información esencial que ayudará a la buena salud de la madre y la del bebé en desarrollo. Se habla sobre la importancia de sondear la nutrición y se ofrece una guía específica para un embarazo saludable. Usted conocerá cuánto peso debe subir, los alimentos que debe comer y los que debe evitar. Esta sección también le proporcionará los ejercicios que debe y no debe hacer durante el embarazo.

Parte 6. Niños saludables: desde la cuna hasta la graduación universitaria: en estos capítulos, usted encontrará consejos infalibles que le ayudarán a alimentar saludablemente a sus niños. Esta sección incluye ideas de tentempiés bajos en grasas para después de la escuela, formas estratégicas para disfrazar a los vegetales, y consejos para alentar a los niños a tener mayor actividad física. Para las multitudes universitarias, se señalarán las mejores comidas en el comedor del campus, la verdad acerca de las máquinas despachadoras, los antojitos de media noche, el alcohol y las fiestas, y por supuesto, la forma de evitar esas libras notorias en los jovencitos que parecen acercarse sigilosamente a los estudiantes universitarios.

Parte 7. Control del peso 101: esta sección ofrece un plan sensible de ataque. Ya sea que usted desee perder peso o ganarlo, lo más importante es que deje de obsesionarse; esta parte final cubre todo. Conocerá programas para perder peso que ayudarán a vencer (y no recuperar) esas indeseables libras de más, junto con las estrategias adecuadas para atiborrarse de calorías y ayudar a la gente muy delgada a robustecer su cuerpo. También se hablará de los desórdenes alimentarios que ponen en peligro la vida, y de dónde buscar ayuda cuando la comida y el ejercicio van más allá de la salud y se salen de control.

Extra

Para aprovechar al máximo este libro, usted encontrará las siguientes casillas de información útil:

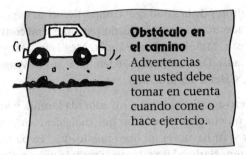

Obstáculo en el camino
Advertencias que usted debe tomar en cuenta cuando come o hace ejercicio.

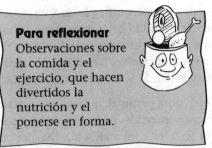

Para reflexionar
Observaciones sobre la comida y el ejercicio, que hacen divertidos la nutrición y el ponerse en forma.

Recursos
Donde usted encuentra información adicional.

P y R
Las preguntas que siempre se han querido hacer y sus respuestas.

Definición
Significado de los alimentos y la jerga usada en el práctica.

¡Bien hecho!
Dar la seguridad de que usted está haciendo algo bien.

Menús preparados
Muestra de menús para una vida menos ajetreada.

Dedicación

Este libro está dedicado a mi esposo Ian y a mi hija Jesse, quienes siempre están conmigo para hacerme sonreír.

Reconocimientos

Muchas gracias a mi maravilloso agente literario Mitch Douglas, que me dio la oportunidad de crear este libro. También quiero ofrecer un especial agradecimiento a las siguientes personas: Nancy Mikhail, mi talentosa y entusiasta editora; Michael Simon, el hombre que siempre me puso en contacto con la gente indicada; Meredith Gunsberg, por su invaluable participación; y

xxiii

Geralyn Coopersmith y Evan Spinks, dos consultores de la salud que compartieron su experiencia y sentido del humor. Además, estoy agradecida con muchas otras personas que contribuyeron con partes de este libro, como Elyse Sosin, M.A. R.D., Grace Leder, Meg Fein, Dany Levy, Candy Gulko, Jane Stern, Vanessa Grigoriadis, Dra. Catharine Fedeli, Dra. Susan Wagner, Betsy Keller, M.S. R.D., Lisa Delaney, M.S. R.D., y Heidi Skolnik, M.S.

Como nota personal, quisiera extender un sincero agradecimiento a mi adorada familia y amigos: mis increíbles padres Ellen y Artie Schloss, quienes me enseñaron que *cualquier cosa* y *todo* son posibles; a mi abuela Martha, por prometer vivir hasta ver mi libro publicado; "La banda": Debra, Steve, Glenn, Pam, Dan, Nancy, Jon, Karen, Harley, Lisa y Jason (Dan y Steve, gracias por todos los consejos expertos y la ayuda); Lisa Alexander, por bañar a mi hija con amor y cuidado; a mis geniales suegros Carol y Vic, junto con la abuela Mary y el abuelo Nat, por su apoyo y aliento. Sobre todo, quiero agradecer a mi maravilloso esposo Ian y a mi hermosa hija Jesse, por rodearme constantemente de amor y hacer que mi vida sea todo lo que he deseado.

Agradecimientos del editor a los revisores técnicos

Aliméntese sanamente ¡Fácil! fue revisado por dos expertos que no solamente revisaron la precisión técnica de todo lo que usted aprenderá aquí, también aportaron su perspicacia y sugerencias para ayudarle a comer sanamente y mantenerse en forma. Agradezco de manera especial a las siguientes dos personas:

Kerry McGarty Neville, M.S., R.D., es un dietista registrado con más de 10 años de experiencia diversa en el campo de la nutrición. Tiene un grado de Licenciatura en Ciencias en Dietética del Seton Hill College y un grado de Maestría en Ciencias en Comunicaciones de Nutrición de la Universidad de Boston. También tiene un Certificado de Cocina Profesional del Hospitality Institute of Chicago. Actualmente, Kerry trabaja para una firma internacional de relaciones públicas, como especialista en comunicaciones de nutrición y es dueña de su propia empresa de consultoría.

Alan E. Mikesky, Ph.D. es un profesor asociado a la Facultad de Educación Física de la Universidad de Indiana (Purdue University) en Indianapolis y es Director del Laboratorio de Desempeño Humano y Bioquímica de las mismas universidades. También es profesor adjunto tiene en la Facultad de Medicina, Departamento de Anatomía, y presta sus servicios como investigador asociado en el National Institute for Fitness and Sport. El Dr. Mikesky recibió su grado de Licenciatura en Ciencias en Biología de la Universidad A&M de Texas y su grado de Maestría en Ciencias en Educación Física de la Universidad de Michigan.

Parte 1
Entienda la nutrición de hoy

Después de leer y escuchar consejos confusos sobre la alimentación, de parte de algunos amigos, parientes y hasta personas que apenas conoce, no es extraño que usted se sienta más desconcertado que nunca sobre lo que debe comer.

La primera parte del libro muestra que comer de manera saludable no es necesariamente complicado o restrictivo. De hecho, es prácticamente lo contrario. Esta sección desenreda la compleja pirámide alimentaria y ofrece una probadita de carbohidratos, proteínas, fibras, grasas y sal. Después de comprender estas bases de la comida, usted estará preparado para adentrarse en la lectura de este libro y aprender los aspectos específicos de todo aquello que usted nunca entendió o tomó en cuenta. Muy bien, ¡es hora de empezar!

Capítulo 1

¡Tiempo de un ajuste nutrimental!

En este capítulo

➤ Entender la pirámide alimentaria

➤ Balancear los grupos de alimentos

➤ ¿Dónde encajan las calorías?

➤ Los secretos de una comida exitosa

➤ Horario de carga de combustible para su cuerpo

Después de haber leído cientos de anuncios publicitarios en revistas y artículos complicados sobre nutrición, de haber escuchado consejos de amigos y parientes sobre alimentación y de haber sido bombardeado de infomerciales que prometen un cuerpo escultural al instante (sólo añada agua), usted probablemente se sienta más confundido que nunca sobre qué rayos debe comer. *¿Entonces, qué es exactamente lo que debe comer?*

Aunque usted no lo crea, la comida saludable no significa que deba recorrer kilómetros y kilómetros en busca de productos orgánicos en alguna oscura tienda de alimentos naturistas. Tampoco significa comer retoños de frijol, espolvoreados con germen de trigo para la cena (mmh, mmh). ¡Uf, qué alivio!, ¿no? De hecho, de acuerdo con los expertos en nutrición, la comida saludable es más básica de lo que usted imagina.

Resolviendo el rompecabezas de la pirámide

En 1992, el Departamento de Agricultura de Estados Unidos (USDA) creó la *pirámide alimentaria*, la cual es una versión actualizada de los cuatro grupos de alimentos básicos que todo el mundo conoce. Seguramente ha visto este triángulo egipcio en los empaques de productos en la tienda de abarrotes y en el reverso de su caja de cereal favorito. Este enfoque visual y divertido de la nutrición hace que la comida saludable sea menos complicada, y proporciona una descripción global de lo que usted debería comer cada día. Aunque los individuos varían en sus requerimientos específicos, la pirámide alimentaria brinda información nutrimental sólida para la población en general.

Esta pirámide se centra en describir una variedad de elementos para los cinco principales grupos de alimentos. (En efecto, la USDA separó frutas y vegetales en dos diferentes grupos.) También limita la cantidad de grasas, aceites y dulces en su dieta. He aquí la lista del elenco:

Grupo 1: panes, cereales, arroz y pasta

Grupo 2: vegetales

Grupo 3: frutas

Grupo 4: leche, yogur y queso

Grupo 5: carnes, aves, pescados, frijoles, huevos y nueces

Fuente: Departamentos de Agricultura y de Salud y Servicios Humanos de Estados Unidos.

La forma de trabajar de este modelo es la siguiente:

1. **Grupo de panes, cereales, arroz y pasta**. Los alimentos provenientes de granos se encuentran en la parte inferior de la pirámide y crean un cimiento para construir una dieta saludable. Este cimiento proporciona vitaminas y minerales, junto con carbohidratos complejos, que funcionan como una fuente de energía importante. Para añadir un poco de fibra a su dieta, coma granos enteros siempre que sea posible. Las normas del USDA recomiendan de 6 a 11 porciones por día; puede parecer mucho, pero los tamaños de porciones son relativamente pequeños, así que se suman con facilidad.

   Una porción = 1 rebanada de pan,

   $^1/_2$ *muffin* (panecillo), o $^1/_2$ bollo pequeño, o 1 onza* de cereal de caja,

   o $^1/_2$ taza de cereal cocido (como avena), arroz o pasta.

2. **Grupo de vegetales**. Dependiendo de su elección, los vegetales están cargados de vitaminas y minerales, incluyendo la vitamina A y la vitamina C, ácido fólico, hierro, magnesio y varios otros. Los vegetales son naturalmente bajos en calorías y grasas, además están llenos de fibra (¡un punto más a su favor!). Las normas del USDA recomiendan de 3 a 5 porciones al día.

   Una porción = 1 taza de vegetales de hojas crudos,

   $^1/_2$ taza de vegetales cocidos o picados, o $^3/_4$ taza de jugo de vegetales.

3. **Grupo de frutas**. Las frutas y los jugos de fruta son extraordinarias fuentes de vitamina A, C y potasio. Coma frutas enteras con frecuencia, ya que tienen un contenido en fibra más alto que el jugo. Las normas del USDA recomiendan de 2 a 4 porciones al día.

   Una porción = 1 fruta mediana entera (manzana, plátano, naranja), o

   $^3/_4$ de taza de jugo de fruta, o

   $^1/_2$ taza de fruta picada, enlatada o cocida, o

   $^1/_4$ de taza de fruta seca, o una rebanada de melón.

*Una onza equivale a 28.35 gramos.

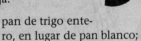

¡Bien hecho!
Para aumentar la fibra en su dieta, elija:

pan de trigo entero, en lugar de pan blanco;

arroz integral, en lugar de arroz blanco;

cereales que ofrezcan por lo menos 2 gramos de fibra por porción;

avena para el desayuno.

Para reflexionar
Observe la facilidad con que pueden sumarse los granos:

le apuesto a que no sabía que...

un plato de pasta = 4 a 5 porciones de granos

un bollo grande = 3 a 4 porciones

un *pretzel* grande caliente = 3 porciones

Obstáculo en el camino

Cuando compre jugos de fruta, ponga mucha atención a la palabrería en sus envases; podrían no ser tan saludables como los hacen parecer. Por ejemplo, las "Bebidas de fruta" y los "Cocteles de fruta" generalmente contienen mucha azúcar añadida, con pequeñas cantidades de jugo de fruta natural. Para no caer ante estos impostores, examine la etiqueta y seleccione las bebidas de fruta que indican "100% jugo de fruta".

4. Grupo de leche, yogur y queso. Es el campeón en el concurso del calcio. Estos alimentos proporcionan proteínas y otras vitaminas y minerales. Las normas del USDA recomiendan de 2 a 3 porciones por día: dos para la mayoría de la gente y tres para niños, jóvenes menores de 24 años y mujeres embarazadas o en lactancia.

Una porción = 1 taza de leche o yogur, o $1^1/_2$ a 2 onzas de queso, o una taza de queso cottage.

5. Grupo de carnes, aves, pescados, frijoles, huevos y nueces. Además de proporcionar grandes cantidades de proteínas, este grupo contiene vitamina B, hierro y zinc. Las normas del USDA recomiendan de 2 a 3 porciones por día, equivalentes a 5 a 7 onzas.

Una porción = 2 a 3 onzas de carne magra cocida, o de 2 a 3 onzas de pescado cocido o ave sin piel, o *calcule*: $^1/_2$ taza de frijoles cocidos, o 1 huevo o 2 cucharadas soperas de mantequilla de maní equivalen a 1 onza de carne magra.

Grasas, aceites y dulces. La punta de la pirámide se reserva para estos alimentos con "menos nutrientes". Se les conoce como "calorías nulas", ya que en términos de nutrición no ofrecen absolutamente nada. Toda persona puede tolerar un poquito de estos alimentos, pero la mayoría come demasiadas grasas y azúcar, y olvida los grupos importantes que forman 99% de los cimientos de la pirámide. Las normas del USDA recomiendan limitar el consumo de aderezos para ensaladas, aceites, crema, mantequilla, margarina, azúcares, bebidas gaseosas, caramelos y postres.

¡Bien hecho!

Llene su refrigerador con productos lácteos bajos en grasas. Usted seguirá obteniendo todas sus propiedades (calcio, proteínas, etc.), pero mucho menos grasa. Las elecciones adecuadas son: leche con 1% de grasa o descremada, queso, yogur y helado bajos en grasas o sin grasa.

Para reflexionar

Aunque los huevos son una buena fuente de proteínas, las yemas contienen altos niveles de colesterol. Limite el consumo de yema de huevo de 3 a 4 veces a la semana. Cuando coma huevo, intente acostumbrarse a su sustituto (sin colesterol) o mezcle un huevo entero con dos o tres claras.

¿Dónde encajan las calorías?

Prácticamente todas la personas mayores de 10 años han oído la palabra "caloría", pero pocas realmente entienden la forma en que ésta trabaja con respecto a su dieta. Por alguna razón, la palabra caloría da una mala impresión, cuando, en realidad, se trata sólo de la medición de comida como energía. Cuanto más calorías coma, más energía suministra a su cuerpo.

Todos los alimentos que usted come contienen calorías, algunos más que otros. La dieta ideal implica *ingerir la cantidad de energía de alimentos (calorías) que su cuerpo necesita. No más, no menos.* Aunque es más fácil decirlo que hacerlo, esta caminata sobre la cuerda floja le ayudará a mantener un peso corporal normal. Desafortunadamente, es muy fácil comer más calorías de las que su cuerpo necesita o quema realmente, dando como resultado el aumento de peso. Por otro lado, comer menos calorías de las que su cuerpo necesita, puede dar como resultado una pérdida de peso.

¿Cuántas calorías son necesarias para usted?

¿Cómo puede saber cuál es el balance perfecto entre las calorías que entran y las que salen de su cuerpo? ¡Seguramente no se pone a contarlas! Usted *debe* poner atención en qué y cuánto come, pero no al punto de cargar con una calculadora en su bolsillo y teclearla después de cada bocado. Hay tantas cosas en la vida que lo vuelven loco, que ciertamente no le hace falta una más.

Para tener una *idea* de la cantidad de calorías a ingerir, observe el cuadro de la siguiente página. Éste sólo ofrece tres rangos calóricos generales, así que tome en cuenta que sus requerimientos personales diarios podrían encajar entre alguno de estos rangos y no exactamente en uno. Recuerde que todo el mundo es diferente y que la ingestión calórica puede variar de acuerdo a su edad, sexo, complexión y nivel de actividad. Después de seleccionar la cantidad calórica que le parezca la correcta, simplemente experimente con las diversas cantidades de porciones de cada uno de los grupos (que no rebasen su nivel calórico), hasta encontrar las que mejor le sienten.

¿QUÉ?

Definición
Caloría: la cantidad de energía que provee la comida. La cantidad de calorías que la comida proporciona se determina al quemar ésta en un aparato llamado calorímetro y medir el calor que produce. Una caloría equivale a la cantidad de energía necesaria para elevar la temperatura de un litro de agua a un grado Celsius. Los carbohidratos y las proteínas, la grasa y el alcohol contienen 4, 9 y 7 calorías por gramo, respectivamente.

Para reflexionar
¡No todas las calorías se crean de la misma forma! Aunque los siguientes alimentos contienen la misma cantidad de calorías, note la diferencia en los nutrientes que proporcionan.

PAQUETE DE DULCE DE REGALIZ ~ 230 calorías; 0 miligramos de calcio; 0 proteínas; 0 Unidades Internacionales (UI) de vitamina D

8 ONZAS DE YOGUR DE FRUTAS ~ 230 calorías; 350 miligramos de calcio; 8 gramos de proteínas; 100 UI de vitamina D.

** Opte por comidas ricas en nutrientes.

¡QUÉ?

MENÚ

Definiciones
Generalmente, las personas **sedentarias** son las que trabajan frente a un escritorio, ven mucha televisión y tienden a estar sentados la mayoría del tiempo.

Las personas **activas** están en movimiento constante. Caminan mucho, suben y bajan escaleras, practican deportes y se mantienen en forma.

Todo el mundo debe, *por lo menos*, ingerir el número de calorías más bajo de la pirámide. Es posible que usted desee mantener un registro de alimentos durante una semana o más para que pueda seguir la pista de los grupos que necesita aumentar y la de aquellos que debe disminuir.

Deje la precisión en las medidas y los pesos a los amigos de Weight Watchers. Recuerde que los tamaños de las porciones son aproximaciones, así que no se preocupe por raciones exactas. Si usted no conoce el tamaño de una porción, mídala una o dos veces para darse una idea. Por ejemplo, mida una porción de pasta cocida ($^1/_2$ taza) y compárela con un plato de pasta en un restaurante; éste equivale a (aproximadamente) 4 o 5 porciones.

Cuadro 1.1 Requerimientos generales de calorías

1 600 calorías	Número de calorías necesarias para mujeres sedentarias y algunos adultos mayores.
2 200 calorías	Número de calorías necesarias para la mayoría de los niños, mujeres adolescentes y activas, y muchos hombres sedentarios. Las mujeres embarazadas y en lactancia podrían necesitar un poco más.
2 800 calorías	Número de calorías necesarias para varones adolescentes, muchos hombres activos y algunas mujeres muy activas.

Fuente: USDA 1992

Ahora que usted tiene una idea de la cantidad de calorías que debe ingerir al día, observe el cuadro siguiente para determinar el total de porciones de cada grupo necesario para usted.

	1 600 calorías	2 200 calorías	2 800 calorías
PORCIONES DEL GRUPO DEL PAN	6	9	11
PORCIONES DEL GRUPO DE VEGETALES	3	4	5
PORCIONES DEL GRUPO DE FRUTAS	2	3	4
PORCIONES DEL GRUPO DE LECHE	2-3*	2-3*	2-3*
PORCIONES DEL GRUPO DE CARNES	2	2-3	3

Las mujeres embarazadas o en lactancia, los niños y los jóvenes menores de 24 años necesitan por lo menos 3 porciones de lácteos al día.

He aquí algunos ejemplos de menús para cada uno de los niveles calóricos.

	1 600 Calorias	2 200 Calorias	2 800 Calorias
Desayuno	1 tazón de cereal 1 taza de leche baja en grasa 1 rebanada de pan tostado con mermelada 1 plátano	3 panqueques (*pancakes*) 1 taza de moras y un poco de miel de maple 1 taza de leche baja en grasa	1 tazón de cereal con pasas y leche baja en grasa 1 bollo grande tostado con queso crema 1 vaso de jugo de naranja
Comida	Pechuga de pavo (2 a 3 onzas aprox.) 2 rebanadas de queso suizo 2 rebanadas de pan de trigo entero Lechuga y tomate Zanahoria en tiras	Hamburguesa de pavo en un bollo (alrededor de 3 onzas) Ensalada verde con vinagreta	Ensalada grande con 1 taza de lentejas y un poco de aceite y vinagre 1 rebanada de pizza de brócoli y queso 1 manzana
Tentempié	1 manzana	Helado de yogur mediano plátano	2 galletas de higo Yogur batido de fresa
Cena	Ensalada con vinagreta Pescado asado (3 onzas aprox.) Arroz (1 onza aprox.) Brócoli con queso parmesano	Tomate en rebanadas con queso mozzarella (de preferencia bajo en grasa) Lingüini con camarones (3 onzas aprox.) y muchos vegetales en salsa marinara Rebanada de melón	1 bollo Pollo ligeramente frito (5 onzas aprox.), con muchos vegetales (2 tazas aprox.) Arroz integral (2 tazas aprox.) 1 naranja

Al añadir más alimentos de la punta de la pirámide (aceite, margarina, aderezos, etc.) aumentará sus calorías diarias.

Los secretos de una comida exitosa: variedad, moderación y balance

Ya que cubrió los requerimientos diarios de la alimentación, es hora de descubrir qué tipo de comedor es usted. ¿Es de las personas que ordenan exactamente *lo mismo,* en el *mismo* restaurante, día tras día? ¿Ha preparado el mismo almuerzo para llevar al trabajo durante los últimos 15 años? ¿O se brinca por completo el almuerzo? ¿Sus cinco grupos de alimentos son: McDonald's, Burger King, Pizza Hut, KFC y Dunkin Donuts? Si usted contestó "sí" a cualquiera de estas preguntas, ponga mucha atención a los siguientes párrafos.

Coma una variedad de alimentos saludables

Primero entienda por qué es importante la variedad. La variedad en sus alimentos le ofrece un rango mucho mayor de nutrientes. Si usted come lo mismo día tras día, suministra exactamente las mismas vitaminas y minerales una y otra vez. Aunque consuma diariamente las cantidades recomendadas de muchas vitaminas y minerales benéficos, *se está perdiendo de muchas cosas buenas que su cuerpo necesita*. Elija el número recomendado de porciones de cada uno de los grupos alimenticios, para cada día.

¡Además, variar sus alimentos es mucho más interesante! Olvídese de las repeticiones. ¡Aventúrese!

➤ Utilice nuevos libros de cocina. Mezcle alimentos que nunca se le hubiera ocurrido comer.

➤ Déle a su paladar un toque mundial. Vaya a un restaurante de comida internacional o pruebe una receta cada semana.

➤ Obtenga una lista de 20 frutas, vegetales y granos diferentes, y organícelos para probar algo nuevo cada día. ¡Sus papilas gustativas no creerán lo que se han perdido en tantos años!

Todos los alimentos con moderación

Es necesario darle mayor importancia a los alimentos saludables y sacar del juego a aquellos que no son tan nutritivos. Sin embargo, siempre queda un vacío en *todos* los planes de alimentación, para *todos* los tipos de alimentos; y hay que enfrentarlo: ¡el hombre no puede vivir solamente de comida saludable! Mucha gente etiqueta los alimentos altos en grasas y altos en azúcar como el enemigo, y como resultado se siente culpable cuando se permite una indulgencia. Recuerde, la punta de la pirámide indica que usted debe *limitar* la grasa y el azúcar, pero no *evitarlos* por completo.

Cuide de su mente al igual que de su cuerpo. Si usted se vuelve absolutamente loco por el pastel de chocolate, ¡entonces disfrute el placer de comerlo de vez en cuando! Obviamente, eso no significa que deba comer alimentos altos en grasas todo el tiempo, pero siempre hay un espacio para todo *con moderación*. (La gente que sufre de enfermedades específicas, como padecimientos cardiacos o gastrointestinales, diabetes, alergias alimentarias, etcétera, debe evitar por completo ciertos alimentos. Consulte con su médico para mayor información.)

Comer con moderación *también* significa controlar el *tamaño* de sus porciones. Una vez que usted ha determinado el número de porciones que debe comer de cada uno de los grupos alimenticios, repártalos a lo largo de sus comidas diarias. La planeación correcta le servirá para estar seguro de que come alimentos balanceados con moderación y de que cumple con sus requerimientos diarios.

Balancee sus comidas diarias con diversos grupos de alimentos

Mucha gente come cantidades excesivas de alimentos de un solo grupo y se olvidan de aquellos que ofrecen importantes vitaminas y nutrientes. Por ejemplo, ¿ha visto a alguien (*usted no, por supuesto)* que tome un par de bollos de la canasta del pan y después deje limpio un enorme plato de pasta? La comida probablemente estuvo deliciosa, ¡pero representa demasiados granos y nada más! ¿Qué pasó con las frutas, los vegetales, las proteínas y los lácteos?

De vez en cuando, una comida de este tipo está bien, pero como regla general, incorpore diferentes grupos de alimentos en cada comida. Por ejemplo, elija una ensalada casera, pasta con pollo y brócoli en salsa marinara, y un poco de queso parmesano. Esta comida balanceada ofrece una cantidad significativa de nutrientes. Todo lo que necesita es proponerse comer, por lo menos, dos o tres grupos de alimentos en cada una de las comidas.

Organice su horario para desayunar, almorzar y cenar

¿En qué tipo de horario de comida se encuentra usted? ¿Reserva un espacio de tiempo para el desayuno, el almuerzo y la cena; o se pasa el día con el estómago vacío hasta la cena sólo para darse un atracón porque se muere de hambre? Cada uno tiene su propio régimen de alimentación, algunos son mejores que otros. Sin embargo, debe cargar combustible para su cuerpo *a lo largo* del día, en el momento que usted necesite energía.

Desayune con un estallido

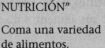

¡Bien hecho!
"PARA UNA EXCELENTE NUTRICIÓN"

Coma una variedad de alimentos.

Balancee los alimentos que come con una actividad física para mantener o mejorar su peso.

Elija una dieta baja en grasa, grasas saturadas y colesterol.

Elija una dieta con muchos productos de granos, vegetales y frutas.

Elija una dieta moderada en azúcares, sal y sodio.

Si toma bebidas alcohólicas, hágalo con moderación.

*Desarrollado por los departamentos de Agricultura y de Salud y Servicios Humanos de Estados Unidos, 1995.

Usted ha escuchado un millón de veces: ¡EL DESAYUNO ES IMPORTANTE! Piense que su cuerpo es un automóvil: necesita combustible para funcionar correctamente. Cuando duerme toda la noche, su cuerpo permanece en estado de ayuno durante ocho horas (si tiene suerte); "romper el ayuno" al despertar en la mañana sirve para activar su sistema y ponerlo en marcha al suministrarle energía en forma de comida. Si no tiene nada en el estómago, se sentirá cansado y con flojera.

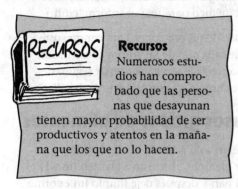

Recursos
Numerosos estudios han comprobado que las personas que desayunan tienen mayor probabilidad de ser productivos y atentos en la mañana que los que no lo hacen.

¡Además, el desayuno le ayuda a controlar su peso! Si desayuna bien y de manera inteligente, usted ayuda a regular su apetito durante el resto del día, de tal forma que comerá con moderación durante el almuerzo y la cena. ¿Alguna vez ha dejado de desayunar para "ahorrar calorías", y al momento del almuerzo se percata de que está tan hambriento que come de más? ¡Tanto sacrificio por la mañana para nada! Mejor inicie su día inteligentemente y reserve tiempo para el desayuno.

Cargue su cuerpo con combustible el resto del día

¡Recuerde, el desayuno solo no es suficiente! Su cuerpo necesita ser energizado constantemente a lo largo del día para ayudarle a seguir adelante. No necesariamente tiene que hacer las típicas tres comidas. En efecto, algunos prefieren hacer seis minicomidas (o, comer tentempiés constantemente) al día. Haga lo que mejor funcione para su estilo de vida, pero asegúrese de que el total de sus alimentos diarios sea similar a las normas de la pirámide alimentaria.

Lo mínimo que necesita saber

- ➤ Asegúrese de comer una variedad de alimentos de los cinco grupos.

- ➤ No se deje atrapar por el conteo de calorías (¡lo puede volver loco!). Simplemente enfóquese en comer alimentos de todos los grupos con moderación.

- ➤ ¡Salga de su rutina alimentaria y aventúrese! Pruebe comidas, recetas y restaurantes nuevos y exóticos.

- ➤ Aunque la pirámide alimentaria permite "un poco" de ingestión de grasa y azúcar, no se sobrepase ni consuma cantidades exageradas.

- ➤ Organice su horario para cargar de combustible su cuerpo *a lo largo* del día. La comida puede ayudar a mantenerlo alerta, enérgico y concentrado.

Capítulo 2

Un acercamiento a los carbohidratos

En este capítulo

➤ ¿Qué son exactamente los carbohidratos?

➤ Carbohidratos simples y carbohidratos complejos

➤ ¿Cuántos carbohidratos debe comer?

➤ Los carbohidratos almidonados hacen engordar

➤ ¿Se debe endulzar artificialmente o no?

Todos los alimentos que usted come se componen de tres macronutrientes conocidos como carbohidratos, proteínas y grasas. Algunos constan principalmente de un solo macronutriente (por ejemplo, el pan está constituido por carbohidratos, la carne de pavo es proteína y la mantequilla es grasa), en tanto que otros alimentos contienen la combinación de los tres (como la pizza, los emparedados y los burritos).

Su cuerpo necesita de estos tres macronutrientes para funcionar correctamente, ¡pero *no* en las mismas proporciones! La mayoría de los profesionales de la salud recomienda una dieta diaria formada por *55 a 60% de carbohidratos, 10 a 15% de proteínas y menos de 30% de grasa total* (*véase la figura en la siguiente página*). Lo que es más, al seguir las normas generales establecidas en la pirámide alimentaria, usted automáticamente cumplirá con estas proporciones.

55 a 60% de carbohidratos representa más de la mitad de los alimentos que usted consume, provenientes de un solo macronutriente. Gracias al creciente conocimiento del consumidor sobre nutrición, mucha gente reconoce ahora los beneficios de una dieta rica en carbohidratos. No hace mucho tiempo, la sociedad se preocupaba por comer proteínas en exceso (carne, pollo, puerco y similares). Afortunadamente, esta tendencia ha cambiado y ahora se pone la debida atención a las guarniciones ricas en carbohidratos, como arroz, pasta y vegetales. Recuerde que los carbohidratos proveen al cuerpo nutrientes importantes, que son una excelente fuente de energía; especialmente para aquellos que llevan una vida acelerada. Este capítulo presenta a los carbohidratos tal y como son, desde los simples hasta los complejos.

Desglose de una dieta saludable

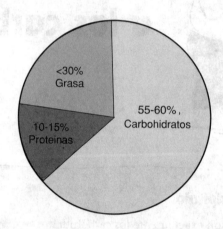

¿Qué es exactamente un carbohidrato?

En términos técnicos, un carbohidrato es un compuesto hecho de carbono, hidrógeno y oxígeno. Despreocúpese, la parte técnica ha terminado. Los carbohidratos más básicos se llaman azúcares simples e incluyen la miel, las mermeladas, las jaleas, los jarabes, el azúcar de mesa, los caramelos, las bebidas gaseosas, las frutas y los jugos de fruta. Como se observa en la siguiente figura, éstos son compuestos relativamente pequeños. Cuando varios de estos azúcares simples se vinculan, forman moléculas más complicadas conocidas como carbohidratos complejos.

Los carbohidratos complejos que provienen de las plantas se llaman *almidones* y se encuentran en alimentos de calidad como granos, vegetales, panes, semillas, legumbres y frijoles. ¡Trátese de un puñado de gomitas (*jelly beans*) o de un pan de grano entero recién rebanado, todos son carbohidratos!

¿QUÉ?

Definiciones

Carbohidratos simples (azúcares simples): moléculas de unidades de azúcar simples o pares de pequeñas unidades de azúcar agrupadas.

Carbohidratos complejos (azúcares complejos): compuestos que se forman por la unión de grandes hebras de muchos azúcares simples.

¿QUÉ?

Definición

Legumbre: vegetales que provienen de las vainas del frijol y del chícharo, los cuales son especialmente ricos en carbohidratos complejos, proteínas y fibra. Suministran hierro, zinc, magnesio, fósforo, potasio y varias vitaminas B, incluyendo el ácido fólico. Debido a que los alimentos que se encuentran dentro de esta categoría proporcionan cantidades grandes tanto de carbohidratos complejos como de proteínas, pueden encajar en el grupo de carnes y frijol *o* en el de los vegetales. Las legumbres que usted puede conocer por sus nombres más comunes son: los frijoles negros, blancos, pintos y de soya (tofú), las alubias chicas y grandes, los garbanzos, los chícharos, las lentejas, las nueces* y las semillas*.

*Éstas son más altas en grasas.

Un azúcar simple

Dulce satisfacción—La reducción en azúcares simples

Ya que sus caramelos favoritos se clasifican como carbohidratos (y se supone que se deben comer muchos carbohidratos) entonces *¿está bien atiborrarse de ositos de goma y dulce de regaliz, verdad?* NO, PARA NADA. He aquí el porqué.

¡La *calidad* de sus carbohidratos es muy importante! Los azúcares simples, como caramelos, bebidas gaseosas y endulzantes naturales de pasteles y galletas, ofrecen muy pocos nutrientes, pero sí brindan a su cuerpo mucha energía y calorías. Estos alimentos son literalmente "calorías nulas". Con moderación, es bueno consumir azúcares simples (¡y qué deliciosos son!), pero la gente que se satura de productos dulces, con frecuencia se encuentra tan llena que pierde el interés por consumir los alimentos saludables que su cuerpo requiere. El resultado final es demasiada azúcar sin la nutrición suficiente.

Definición

Calorías nulas: calorías sin valor nutrimental.

A propósito, el azúcar también daña sus dientes. La mayoría de las personas ha escuchado una y otra vez de sus dentistas (y madres) que el azúcar en exceso puede provocar una caries. Usted puede desentenderse de esto, pero éste es otro argumento para limitar su ingestión de azúcar.

¿Dónde encajan las frutas y los jugos de fruta?

Existen algunas excepciones para la regla "sin azúcar". Por ejemplo, las frutas y los jugos de fruta contienen fructosa (un tipo de azúcar simple que se presenta en forma natural), y de hecho ambos proporcionan varias vitaminas y minerales. Al comer fruta fresca o al beber jugo 100% natural, no está bombeando, en lo absoluto, "calorías nulas" a su cuerpo. Siempre que sea posible, trate de elegir la fruta entera en lugar del jugo de fruta, ya que, a pesar de que ambas proporcionan los mismos nutrientes, la cáscara y las membranas de la primera ofrecen más carbohidratos complejos y fibra que el jugo. Usted leerá más acerca de esto en el siguiente capítulo.

Como se observa en la siguiente información, el jugo y la cola contienen azúcares simples, pero el jugo proporciona mucho más nutrientes.

8 onzas de jugo de naranja suministran:

110 calorías

26 gramos de carbohidratos

25 gramos de azúcar

120% de vitamina C diaria

12% de potasio diario

20% ácido fólico diario

8 onzas de cola suministran:

100 calorías

26 gramos de carbohidratos

26 gramos de azúcar

0% de vitamina C diaria

0% potasio diario

0% ácido fólico diario

Todo acerca de los carbohidratos complejos

Ya sabe de lo que *no debe saturarse*, ahora aprenda lo que *sí debe* comer. Ya también tiene una idea de cuáles son las comidas ricas en carbohidratos complejos (pasta, arroz, granos, panes, cereales, legumbres y vegetales). Aunque están constituidos por cientos o hasta miles de azúcares vinculados conjuntamente, estos carbohidratos reaccionan de forma muy diferente dentro de su cuerpo. Después de ingerir un carbohidrato complejo (o almidón), varias enzimas se fragmentan en su forma más simple, llamada glucosa. La glucosa es el azúcar simple que su cuerpo reconoce y absorbe. Todos los tipos de carbohidratos (simples y complejos) deben fraccionarse y convertirse en glucosa, así su cuerpo podrá absorberlos y usarlos para obtener energía.

Si todos los carbohidratos terminan como glucosa, ¿por qué entonces no se deben comer azúcares simples? La primera razón (que ya se mencionó) es que muchos azúcares simples son cero nutritivos, en tanto que la mayoría de los carbohidratos complejos proporciona vitaminas, minerales y hasta fibra, según el alimento. Compare una papa chica horneada (carbohidratos complejos) con un vaso de 8 onzas de cola (carbohidratos simples). Ambos proporcionan alrededor de 100 calorías pero... aquí termina la similitud. La papa suministra vitamina C, potasio y fibra, junto con varias otras vitaminas y minerales; y la cola (bueno, usted ya lo habrá adivinado) *¡no provee nada de nada!* Como puede darse cuenta, comer carbohidratos complejos sí marca una diferencia, aunque todo termine como glucosa.

> **Definición**
> La **glucosa** (también conocida como dextrosa) es un azúcar simple que se encuentra en frutas, miel y vegetales. También es la sustancia que se mide en la sangre (glucosa en la sangre = nivel de azúcar en la sangre).

Otra razón para elegir los carbohidratos complejos es que la glucosa creada durante la digestión se libera más lentamente en su sangre. En cambio, los carbohidratos simples ya están divididos y van directa e instantáneamente a la sangre, dando como resultado lo que se conoce extraoficialmente como aumento súbito de azúcar; en tanto que los carbohidratos complejos son moléculas más grandes que primero deben dividirse. Al tiempo que su cuerpo procesa los carbohidratos complejos, se liberan pequeñas moléculas de glucosa dentro de la sangre durante periodos largos, y no todas juntas en un mismo momento. Esto ayuda a regular los niveles de azúcar en la sangre, especialmente en personas que tienen problemas con dichos niveles (por ejemplo: hiperglucemia, hipoglucemia y diabetes).

> **Definiciones**
>
> **Hiperglucemia:** un padecimiento que sufre una persona que concentra niveles altos (anormales) de glucosa en la sangre (azúcar en sangre). *Hiper* significa "demasiado"; *gluce*, "glucosa"; y *emia* "en la sangre".
>
> **Hipoglucemia:** un padecimiento que se caracteriza por niveles bajos (anormales) de concentración de glucosa en la sangre. En este caso, *hipo* significa "muy poco".
>
> **Diabetes:** un desorden de regulación en los niveles de azúcar en la sangre, causado normalmente por la incapacidad del cuerpo para producir suficiente insulina o para usarla de manera efectiva.

¿Cuántos carbohidratos debe comer?

Como ya se dijo, de 55 a 60% de su alimentación total diaria debe consistir en carbohidratos, específicamente carbohidratos complejos. De hecho, 80% o más de su consumo total de carbohidratos debe provenir de carbohidratos complejos y azúcares naturales que se encuentran en frutas y vegetales.

¿Qué significa esto en términos alimentarios? Significa que necesita cubrir, en cada comida, alrededor de 55 o 60% con alguno de estos alimentos ricos en carbohidratos. Recuerde: no se ponga quisquilloso con los porcentajes; tome el camino fácil y determine sus selecciones de comida.

Recursos

Algunas fuentes excelentes de carbohidratos se encuentran en las frutas, los vegetales, las legumbres, la pasta, el arroz, la cebada, el cuscús, la avena, los bollos, los *pretzels*, los panes, los cereales sin endulzantes, las patatas, las palomitas de maíz, las galletas de higo, los pasteles de arroz y los *muffins* bajos en grasas.

En lugar del típico desayuno de huevos con tocino, estimule su ingestión de carbohidratos consumiendo cereales, wafles, panqueques, avena o bollos. Para el almuerzo coma sopa de vegetales, ensaladas con frijoles y de pasta, pan de grano entero y fruta fresca. En la cena incluya bastante arroz, cuscús, pasta, vegetales, legumbres, y todo tipo de papas (pero no abuse de las papas fritas). Se trata de tener *mayores* cantidades de carbohidratos y ¡mucho *menores* cantidades de proteínas y grasas!

Nota: En casos poco comunes y generalmente debidos a enfermedades como la diabetes, algunas personas no pueden tolerar estas cantidades recomendadas de carbohidratos y deben someterse a la supervisión de un médico que guíe su dieta.

¿Quiere ser más específico? ¿Cuál es la cantidad de carbohidratos que usted necesita?

Fórmula   1. Tome su total de calorías al día.

2. Multiplíquelo por 0.55 o 0.60 (o por 55% o 60%)
   (esto le dará un rango de calorías de carbohidratos)

3. Divídalo entre 4 *(esto convertirá su rango de calorías de carbohidratos a gramos, ya que 1 gramo de carbohidrato = 4 calorías de carbohidratos)*

Calorías diarias	Calorías de carbohidratos	Gramos de carbohidratos
1 600 calorías =	880–960	220–240
1 800 calorías =	990–1 080	248–270
2 200 calorías =	1 210–1 320	303–330
2 800 calorías =	1 540–1 680	385–420

La cantidad de gramos de carbohidratos permanece proporcional a sus requerimientos calóricos. Cuanto más calorías requiere, mayor es la cantidad de carbohidratos que necesita comer.

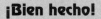

¡Bien hecho!

Asegúrese de incluir los siguientes granos "olvidados" en su dieta:

Cuscús: un producto básico en los países del Mediterráneo, es uno de los granos más fáciles de cocinar y se encuentra en muchas tiendas de abarrotes.

Quinoa (se pronuncia "quin-ua"): es alto en proteínas, calcio y hierro. Es un grano nativo de Sudamérica que se prepara en pudines, sopas y salteado.

Cebada: buena en sopas, asados, guarniciones, pudines y cereales. Se encuentra en las tiendas de abarrotes y también se conoce como "puchero" o "cebada escocesa".

Mijo: semilla disponible en tiendas de alimentos naturistas. Es bueno como guarnición o relleno de aves. Alto en fósforo y vitamina B.

Arroz silvestre: este seudograno es realmente una semilla de pasto. Es alto en proteínas y una buena fuente de vitamina B.

Amaranto: alto en proteínas, hierro y calcio. Es procedente de México y se encuentra disponible en las tiendas de alimentos naturistas y en algunas tiendas de abarrotes especializadas. Se sirve como guarnición o como cereal.

Grano de trigo: se encuentra en la mayoría de las tiendas de abarrotes y en las tiendas de alimentos naturistas. Es alto en fibra, se come como cereal y sustituto de arroz.

¿La pasta y otros carbohidratos engordan?

Un día escucha que debe comer muchos carbohidratos y al siguiente, un amigo le dice que la pasta le hará engordar. ¿Alguna vez se sintió como "yoyo" en temas de nutrición? ¿Qué le brindan la pasta y otros carbohidratos?

La historia es que el pan, la pasta y todos los demás carbohidratos complejos le suministran calorías de primera calidad que deben ser incluidas en todos los planes de comida saludable. Entonces, ¿a que se debe la confusión? Bueno, algunos principiantes confunden el aumento de peso causado por el consumo de grasas con el aumento de peso causado por el consumo de carbohidratos. Un gramo de grasa tiene más del doble de la cantidad de calorías que un gramo de carbohidratos. Y lo que algunas personas no toman en cuenta es que las grasas usualmente acompañan a los carbohidratos en una comida. Por ejemplo, la gente recuerda que comió pasta para la cena, pero olvida que la pasta estuvo nadando en aceite, mantequilla, queso o salsa tipo Alfredo. Es claro que el culpable del peso que usted ganó fue la grasa (mantequilla, aceite, etc.) y no los carbohidratos (pasta).

Otro ejemplo es el producto favorito de los neoyorquinos: el bollo (*bagel*). Un bollo solo es un maravilloso carbohidrato complejo. Añádale mantequilla o queso crema y usted terminará con muchas más calorías y grasa de las que hubiera querido. La próxima vez que usted se pregunte si la pasta u otros carbohidratos le engordan o no, piénselo dos veces. Es más probable que sea la grasa lo que le haga engordar.

19

Carbo-adictos. ¡Cuidado!

Por supuesto que existen excepciones y en este libro se llaman "Carbo-adictos". Ésta es la gente que exagera en el consumo de carbohidratos con almidón y puede, de hecho, subir de peso. ¿Usted come tres bollos en el desayuno, una barra de pan para la comida y una bolsa de *pretzels* tamaño familiar como tentempié y remata con dos tazones de pasta en la cena? ¡Oiga! ¡Para ver el partido de *futbol del lunes en la noche* no necesita una cargamento de carbohidratos! A menos que en realidad esté jugando en el partido, usted no necesita comer todos esos carbohidratos, y en especial aquellos más densos en calorías, a diferencia de los que se encuentran en las frutas y los vegetales. Con esta ingestión diaria de alimentos es probable que usted haya tomado más carbohidratos y calorías de los que su cuerpo necesita.

Recuerde que para mantener un peso ideal, usted requiere que "las calorías que entren equivalgan a las que salen". El hecho de que éstas provengan de carbohidratos, proteínas o grasa adicionales no marca ninguna diferencia. *El exceso de calorías se almacena en su cuerpo como grasa*. Esto no significa que los carbohidratos le hagan engordar. Así de fácil: casi todo lo que come de más, de manera constante, le hará subir de peso.

¿Se debe endulzar artificialmente o no?

Antes de abrir su enésimo sobre de endulzante sin azúcar, lea lo siguiente.

Hasta la fecha, los endulzantes están sujetos a mucha controversia. Uno de los primeros sustitutos de azúcar que recibió la aprobación de la Administración de Alimentos y Fármacos de Estados Unidos (FDA) fue la sacarina (Sweet & Low®), que sigue siendo un endulzante popular en la actualidad. A pesar de que varios estudios a ratas de laboratorio han demostrado que la sacarina en grandes cantidades puede provocar cáncer (específicamente tumores en la vejiga), aún no se han probado efectos dañinos en los humanos.

Otro endulzante artificial popular es el aspartame, mejor conocido como Nutrasweet® o Equal®. El aspartame se compone de dos fragmentos de proteína (fenilalanina y ácido aspártico) y ha contado con la aprobación de la FDA desde 1981. Actualmente, se encuentra en más de 5 000 productos diferentes y no existe evidencia alguna de que su uso causa algún efecto dañino. Sin embargo, como el aspartame contiene fenilalanina, las personas que padezcan el desorden metabólico PKU (una enfermedad hereditaria que impide al cuerpo desechar el exceso de fenilalanina) deben consultar con su médico antes de consumir este producto.

El endulzante artificial que entró en el mercado más recientemente se llama acesulfame K. Este endulzante, aprobado por la FDA, se vende bajo la marca de Sunett™ y, hasta la fecha, los estudios han demostrado que es seguro para el consumo humano.

¿Por qué la gente usa endulzantes artificiales?

Una de las razones por la que se usan endulzantes artificiales se relaciona con algún padecimiento médico. Por ejemplo, los sustitutos de azúcar pueden ser una excelente herramienta para los diabéticos. Como ya se mencionó, la gente con diabetes no puede tolerar el azúcar *real*, porque su cuerpo no tiene la capacidad de producir la hormona de la insulina. La insulina es la responsable de sacar el azúcar de la sangre y llevarla a las células, donde se utiliza como energía. Cuando el cuerpo no recibe suficiente insulina, el azúcar se acumula en la sangre y no puede llegar a las células. Este padecimiento se conoce como nivel alto de azúcar en la sangre y puede ser extremadamente peligroso para gente con diabetes. Debido a que los sustitutos de azúcar no contienen glucosa (y por lo tanto no requieren de insulina), pueden ser endulzantes efectivos para las personas con diabetes.

Una razón más popular para utilizar los endulzantes artificiales es la de ahorrar calorías. ¡Sin embargo, no resulta tan efectivo como se cree! Si bien es cierto que las bebidas gaseosas de dieta y otros alimentos endulzados artificialmente pueden ahorrarle de muchas calorías de azúcar, varios estudios han demostrado que la gente que "evita las calorías" con estos alimentos y bebidas de dieta, usualmente terminan por comer esas calorías ahorradas en un momento posterior del día. ¿Irónico, no? Otros estudios sugieren que los endulzantes artificiales pueden provocarle más apetito. Uno nunca sabe: podría ser benéfico que de vez en cuando usted consuma dulce de verdad. Por cierto, un sobre de azúcar sólo tiene 16 calorías. Usted puede quemarlas si sube un piso más por las escaleras. Ciertamente, esto es algo que usted debe considerar la próxima vez que tome un endulzante artificial.

En resumidas cuentas, los endulzantes artificiales pueden formar parte, de manera segura, de una dieta bien balanceada. Sólo que no se deje llevar por la idea de ver el azúcar como el enemigo. Recuerde que las pautas dietéticas sugieren que coma azúcar real *con moderación* y no que la evite totalmente.

Lo mínimo que necesita saber

- ➤ De 55 a 60% de sus alimentos totales del día deben provenir de carbohidratos (la mayoría de carbohidratos complejos). Los alimentos ricos en carbohidratos que deben incluirse en su dieta son vegetales, legumbres, pan, cereales, arroz, pasta y todos los demás productos de grano.

- ➤ Limite su ingestión de caramelos, cola y otros dulces. Aunque sean carbohidratos, los azúcares simples no le brindan otra cosa más que "azúcar simple".

- ➤ Las frutas y los jugos de fruta son la excepción a la regla del "azúcar simple". Aunque se consideran carbohidratos simples, éstos proporcionan una variedad de nutrientes importantes.

- ➤ Aunque los carbohidratos no provocan el aumento de peso, casi cualquier cosa que coma en exceso, de manera constante, le hará engordar, incluyendo los carbohidratos.

- ➤ Tomados con moderación, los endulzantes artificiales pueden ser un sustituto efectivo del azúcar para la gente con diabetes y parte de una dieta bien balanceada para la gente en general. La elección entre el azúcar y los sustitutos es suya.

21

flex
flex
flex flex

Capítulo 3

El poder de las proteínas

En este capítulo

➤ Importancia de las proteínas

➤ Aminoácidos: las bases de la construcción

➤ Proteína animal y proteína vegetal

➤ Combinación de proteínas incompletas

➤ Cálculo de requerimientos personales

➤ Aclaración de los mitos

De un tiempo a la fecha, cada revista que usted hojea tiene algo que decir acerca de los carbohidratos y la grasa. Las frases como "consuma muchos carbohidratos" o "coma menos grasa" aparecen en todas partes. Ha llegado la hora de aprender las características de la proteína, una molécula increíblemente versátil. Mucha gente tiene una idea básica sobre cuáles son los alimentos ricos en proteínas, pero ¿sabe cuántas requiere usted? o ¿entiende por qué son importantes y cómo funcionan?

¿Por qué son tan importantes las proteínas?

Primero, hay que destacar que las proteínas no sólo se encuentran en los alimentos, también flotan dentro *de todo* su cuerpo. ¿Sabía usted que sus huesos, órganos, tendones, ligamentos, músculos, cartílagos, cabello, uñas, dientes y piel están hechos de proteínas? Y eso es sólo el principio. Las *proteínas trabajadoras* están muy ocupadas realizando tareas especiales en su cuerpo. Éstas incluyen:

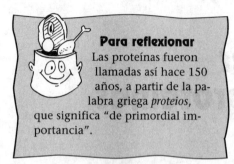

Para reflexionar
Las proteínas fueron llamadas así hace 150 años, a partir de la palabra griega *proteios*, que significa "de primordial importancia".

Definición
Proteínas: componentes formados de carbono, hidrógeno, oxígeno y nitrógeno, y dispuestos en grupos de aminoácidos.

➤ **Enzimas:** proteínas que facilitan y aceleran las reacciones químicas. También se conocen como catalizadores de proteínas. Cada enzima tiene una función específica que realizar en el cuerpo.

➤ **Anticuerpos:** proteínas que ayudan a combatir las enfermedades y padecimientos. Se localizan en las células rojas de la sangre.

➤ **Hemoglobina:** proteínas que transportan oxígeno por todo el cuerpo.

➤ **Hormonas (la mayoría):** proteínas que regulan muchas de las funciones del cuerpo. Las hormonas envían señales a las enzimas para que hagan su trabajo, como balancear los niveles de azúcar en la sangre, los niveles de insulina y el crecimiento.

➤ **Proteínas de crecimiento y mantenimiento:** proteínas que sirven como materiales de construcción para el crecimiento y reparación de los tejidos del cuerpo.

¡La lista es interminable! Pero es un hecho que con que este libro no volverá a vivir la clase de biología de la preparatoria, ¡así que manténgase despierto el resto del capítulo!

Un breve interludio con la química 101

Aminoácidos construyendo una proteína

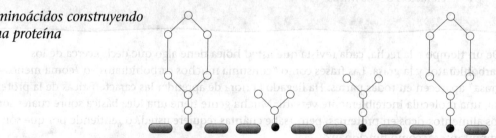

Las proteínas se componen de carbono, hidrógeno, oxígeno y nitrógeno. El nitrógeno es el único elemento que distingue a las proteínas de los carbohidratos y grasa, al mismo tiempo que construye sus bases, es decir los aminoácidos. Similares a los azúcares simples, que se unen para formar un carbohidrato *complejo* (capítulo 2), los aminoácidos son las bases de la construcción de la molécula de las proteínas más complejas.

Los aminoácidos: las bases de la construcción de proteínas

Existe un total de 20 diferentes aminoácidos, y según sea el orden de su aparición, realizan un trabajo o función específico en su cuerpo. Piense en los aminoácidos como algo similar al alfabeto: un total de 26 letras que pueden combinarse de un millón de formas diferentes. Estas combinaciones de letras crean palabras, las cuales pueden ser traducidas a un lenguaje completo. Las combinaciones de aminoácidos crean el "lenguaje proteico" de su cuerpo, el cual dicta las tareas exactas que deben efectuarse. Por lo tanto, las proteínas que fabrican sus enzimas tendrán una secuencia, en tanto que aquellas que forman sus músculos, tendrán otra completamente diferente.

Definición
Aminoácidos: bases que construyen las proteínas y que son necesarias para cualquier función corporal.

Su cuerpo: la planta de reciclaje de aminoácidos

¿Cómo es que obtiene su cuerpo continuamente todos los aminoácidos que necesita para funcionar bien? Los consigue del almacén de aminoácidos de su propio cuerpo y de alimentos provenientes de una dieta que cumpla con los requerimientos diarios de proteína. Después de comer un alimento que contiene proteínas, su cuerpo se pone a trabajar, descomponiéndolas en diversos aminoácidos (los diferentes alimentos proveen diferentes aminoácidos). Cuando las proteínas se dividen por completo, su cuerpo absorbe los aminoácidos (que resultan de su comida ya digerida) y los reconstruye en el orden que usted necesita para una tarea específica del cuerpo. ¡Parecido a la función de una planta de reciclaje!

Ahora, esta charla sobre aminoácidos irá un poco más a fondo (pero siempre dentro de química 101). De los 20 aminoácidos, 11 se pueden producir dentro del cuerpo. Sin embargo, eso no significa que los otros nueve no se puedan obtener. Usted no puede funcionar sin todos y cada uno de los aminoácidos, Es "esencial" que usted consiga estos otros nueve de fuentes alimenticias externas. Por esta razón, se denominan *"aminoácidos esenciales"*.

Definición
Aminoácidos esenciales: los aminoácidos que el cuerpo no puede producir. Se deben obtener de fuentes alimenticias externas.

Tabla 3.1 Aminoácidos

Aminoácidos esenciales	Aminoácidos no esenciales
Histidina	Glicina
Isoleucina	Ácido glutámico

continúa

Tabla 3.1 Continuación

Aminoácidos esenciales	Aminoácidos no esenciales
Leucina	Arginina
Lisina	Acido aspártico
Metionina	Prolina
Fenilalanina	Alanina
Treonina	Serina
Triptófano	Tirosina
Valina	Cisteína
	Asparagina
	Glutamina

Proteína animal y proteína vegetal

En general, las proteínas animales, como carne, pescado, aves, leche, queso y huevos, se consideran una buena fuente de *proteínas completas*. Las proteínas completas contienen fuertes cantidades de aminoácidos esenciales.

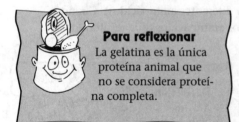

Para reflexionar
La gelatina es la única proteína animal que no se considera proteína completa.

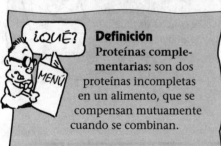

Definición
Proteínas complementarias: son dos proteínas incompletas en un alimento, que se compensan mutuamente cuando se combinan.

Por otro lado, las proteínas vegetales (granos, legumbres, nueces, semillas y otros vegetales) son *proteínas incompletas* porque les falta uno o más aminoácidos esenciales.

Usted no dejaría una proteína incompleta, ¿o sí?

Las proteínas vegetales son incompletas. ¡Bueno, esto no representa un problema! Usted ya sabe que los granos y las legumbres son ricos en carbohidratos complejos y fibra. También pueden ser una excelente fuente de proteínas; sólo se necesita un poquito de trabajo y saber cómo hacerlo. Al combinar los alimentos de dos, o más, de las columnas siguientes, usted puede crear una proteína completa autofabricada. Observe cómo los alimentos de una de las columnas pueden carecer de los aminoácidos que están presentes en los alimentos de la otra columna. Cuando se comen en combinación, su cuerpo recibe los nueve aminoácidos esenciales.

La siguiente tabla presenta las proteínas vegetales que pueden combinarse para formar proteínas completas.

Tabla 3.2   Fuentes de proteínas complementarias

Granos	Legumbres	Nueces, almendras y semillas
cebada	frijoles	semillas de ajonjolí
trigo tostado	lentejas	semillas de girasol
harina de maíz	chícharos secos	nueces de Castilla
avena	cacahuates	almendras
trigo sarraceno	garbanzos	calabaza
arroz	productos de soya	otras nueces
pasta		
centeno		
trigo entero		

Tabla 3.3   Combinaciones para crear proteínas completas

Granos y legumbres combinados	Granos y nueces/almendras/semillas combinados	Legumbres y nueces/almendras/semillas combinadas
mantequilla de maní con pan de trigo	bollo de trigo entero con semillas de ajonjolí	humus (garbanzos y pasta de ajonjolí)
arroz y frijoles	palitos de pan cubiertos con semillas de ajonjolí	mezcla de frutos secos (cacahuates y semillas de girasol)
sopa de frijoles y un *muffin*	pastel de arroz con mantequilla de maní	
ensalada con garbanzos y pan de maíz		
tofú con vegetales fritos sobre arroz o pasta		
chile vegetariano con pan		

También, al ingerir pequeñas cantidades de proteína animal (carne, huevo, leche o queso) con cualquiera de los otros grupos, usted puede crear una proteína completa. Por ejemplo:

➤ avena con leche

➤ macarrones con queso

➤ cocido con una porción pequeña de carne

➤ ensalada con frijoles y huevo cocido (duro)

➤ yogur con granola

➤ burrito con frijoles y queso

Cálculo de sus requerimientos personales de proteína

La cantidad de proteínas que la mayoría de la gente necesita consumir, está entre 10% y 15% del total de calorías diarias, siendo las necesidades más altas para niños en crecimiento y mujeres embarazadas o en lactancia. Como las proteínas se encuentran en abundancia en una gran variedad de alimentos, usted no debe preocuparse por no obtener esta cantidad requerida. Sin embargo, si usted desea tener una idea de lo que debe comer, es muy fácil calcular sus necesidades personales de proteína al día.

Pautas para personas de 19 años en adelante

Fórmula: consuma 0.36 gramos de proteína por cada libra* del peso ideal corporal por día

➤ Averigüe cuál es su peso (o lo que debería pesar en caso de sobrepeso)

Para reflexionar

No olvide que las mujeres embarazadas o en lactancia tienen requerimientos más altos de proteínas. Las embarazadas necesitan 10 gramos más de proteínas al día, en tanto que las mujeres en lactancia necesitan de 12 a 15 gramos más al día, durante los primeros seis meses.

➤ Multiplíquelo por 0.36 para conocer su requerimiento diario de proteínas

Ejemplo:

➤ Peso = 130 libras

➤ 130 libras × 0.36 gramos = 47 gramos de proteínas por día

Para ir aún más lejos, convierta 47 gramos de proteínas entre las calorías de proteínas:

➤ Un gramo de proteínas = 4 calorías

➤ 47 gramos de proteínas × 4 = 188 calorías de proteínas

En un plan alimentario de 1 800 calorías, esto representa alrededor de 10% de calorías provenientes de proteínas.

➤ 1 800 calorías × 0.10 = 180, que es un número muy cercano a las 188 calorías de proteínas del ejemplo anterior.

Proteínas para el día en un abrir y cerrar de ojos

El cálculo anterior le dio un resultado de 47 gramos; ahora vea qué rápido se convierten estos 47 gramos en comida. La siguiente tabla presenta una lista del contenido de proteínas en los alimentos que se consumen más a menudo.

*Una libra equivale a 453.592 gramos.

Tabla 3.4 Contenido de proteínas en los alimentos más comunes

Proteínas animales	Gramos de proteínas	Proteínas vegetales	Gramos de proteínas

Todas son porciones de tres onzas (aproximadamente el tamaño de un mazo de cartas), a menos que se indique lo contrario.

Proteínas animales	Gramos de proteínas	Proteínas vegetales	Gramos de proteínas
bistec, sirloin	26	cacahuates (1 oz)	7
carne molida	20	nueces de Castilla (1 oz)	4
hamburguesa	14	mantequilla de maní (2 cucharadas)	8
pasta con salsa boloñesa	10	ajonjolí (1 oz)	5
salchicha	10	semillas de girasol (1 oz)	6
tocino (1 rebanada)	2	alubias ($^1/_2$ taza)	8
jamón	21	lentejas ($^1/_2$ taza)	9
pechuga de pavo	26	garbanzos ($^1/_2$ taza)	10
rosbif	21	chícharos ($^1/_2$ taza)	8
pollo, ligero c/s piel	26	tofú (5 oz)	10
pez espada	17	avena (1 taza)	6
atún blanco en agua	25	pasta (1 taza)	7
lenguado	19	arroz silvestre (1 taza)	5
camarón	17	arroz blanco (1 taza)	3
queso cottage ($^1/_2$ taza)	14	pan de trigo entero (2 rebanadas)	5
queso cheddar (1 oz)	7	papa horneada (pequeña)	3
queso amarillo (1 oz)	6	brócoli ($^1/_2$ taza)	2
leche entera (1 taza)	8	maíz ($^1/_2$ taza)	2
leche descremada (1 taza)	8	espinacas ($^1/_2$ taza)	3
yogur natural bajo en grasas (1 taza)	10	ejotes ($^1/_2$ taza)	4
yogur con fruta bajo en grasas (1 taza)	10		
huevo (1)	6		

Fuente: ©1996 First Databank

Se puede imaginar la rapidez con que se suman estos números, especialmente cuando la gente tiende a comer, en una sentada, mucho más de 3 onzas por porción.

Observe los alimentos de un día común.

Desayuno:

2 huevos revueltos

3 rebanadas de tocino

2 rebanadas de pan tostado con margarina

vaso de leche

Para reflexionar

Oiga, ¿sabía usted que el *hierro* se absorbe mejor si proviene de las siguientes proteínas animales: hígado, res, puerco, cordero, pollo, pavo, moluscos y otros pescados?

Comida:

un emparedado grande de ensalada de atún (6 oz)

2 rebanadas de pan

manzana

Cena:

bistec (6 oz)

algunos vegetales y arroz

Total de proteínas = 137 gramos... ¡¡HUY!!

Como se mencionó antes, la gente en los países industrializados no tiene ningún problema en alcanzar sus requerimientos de proteínas. De hecho, como puede ver, es muy fácil *exceder* la cantidad que usted necesita en realidad, ya que tiende a consumir carne, pescado, huevos, mariscos o lácteos en casi cada comida.

¿Debe preocuparse por comer proteínas de más?

Bueno, puede ser. El problema es que su cuerpo sólo utiliza lo que necesita. ¿Y, el resto? Pues bien, algunas se usan como energía, pero la mayoría son un cúmulo de calorías adicionales; *y normalmente no sólo calorías de proteínas.* Muchas de estas comidas altas en proteínas también están acompañadas de grasa; por lo tanto, el asunto del exceso de calorías finalmente se traduce en aumento de peso, y puede convertirse en un problema mayor. Además, el hecho de saturarse de porciones enormes de proteína animal provoca la eliminación de granos, frutas y vegetales que se hayan consumido, dando como resultado un "macrocaos de nutrientes". Recuerde que la proporción final es: 55 a 60% carbohidratos, 10 a 15% proteínas, <30% de grasas.

¡Bien hecho!

Las fuentes más ligeras de proteínas incluyen pechuga de pavo, pechuga de pollo sin piel, clara de huevo, carne roja magra, yogur bajo en grasas, leche descremada o con 1% de grasa, queso bajo en grasas, frijol y lenteja, todos los mariscos y pescados, chícharos, garbanzos y tofú.

Determine sus requerimientos personales de proteínas y ajuste sus comidas de acuerdo a ellos. Tal vez le gustaría preparar porciones más pequeñas de proteína animal (~3 onzas) y llenar su plato de una gran variedad de vegetales y granos. Otra forma de enfrentar esta situación es dividir mentalmente su plato en tres partes: un tercio con proteínas, otro con almidones y uno más con vegetales.

Obstáculo en el camino

Tenga cuidado con la dieta *"alta en proteínas"*, que promete una rápida pérdida de peso si come más proteínas y menos carbohidratos. Seguramente bajará de peso, pero no gracias a una combinación mágica de "altas proteínas y bajos carbohidratos". Una de las razones por las que pierde peso puede ser por el agua, debido a que la descomposición de proteínas en exceso provoca que orine con más frecuencia. Otra explicación es que sus calorías totales generalmente disminuyen cuando usted se limita a comer estrictamente alimentos altos en proteínas. Píenselo, ¿cuántas proteínas, sin nada que las acompañe, puede usted comer realmente? Muchas personas prefieren comer *una* hamburguesa de pavo en un bollo, que *cuatro* hamburguesas de pavo sin pan. ¡Ninguna de estas dos alternativas suena muy saludable y mucho menos, atractiva! Y lo que es más, la mayoría de la gente que bajó de peso a partir de este tipo de plan, por lo general lo recupera cuando introduce nuevamente los carbohidratos a su alimentación.

Es importante mencionar que un porcentaje *bajo* de personas tiene problemas para digerir los carbohidratos (resistencia a la insulina) y por lo tanto necesita seguir un régimen alto en proteínas. Sin embargo, *no* dé por hecho que usted cae dentro de esta categoría, a menos que sea diagnosticado por su médico. Para la mayoría de la población, un programa saludable para perder peso debe incluir una actividad física regular y una disminución en el total de calorías, a partir de una dieta baja en grasas, rica en carbohidratos complejos y moderada en proteínas.

¿Las proteínas en exceso pueden desarrollar mayor musculatura?

Bueno, es hora de poner las cosas en claro. Es cierto que las proteínas son necesarias para el desarrollo muscular, pero lo que no es verdad es que las proteínas "extras" ayuden al crecimiento de los músculos. Los levantadores de peso y otros atletas necesitan un poquito más de proteínas que la cantidad diaria recomendada (CDR); sin embargo, este incremento ya se encuentra integrado en la típica dieta estadounidense. Como ya se mencionó, no podemos almacenar el exceso de proteínas. Por lo tanto, todas las calorías de proteínas extra (y seguramente se incluyen muchas grasas) probablemente se sumarán a su... ¡bueno, ya se dio cuenta de que no se está hablando de su patio!

Además, cualquiera que coma proteínas en exceso orinará con más frecuencia, ya que la descomposición de proteínas produce un incremento en la *urea*, un producto de desecho de la orina. Usted puede imaginarse lo incómodo que es correr al baño cada diez minutos; mejor no corra el riesgo de deshidratarse. Además, los levantadores de peso, que atiborran sus estómagos con cantidades tremendas de proteínas, tienden a escatimar en los carbohidratos, que son una fuente de energía clave para un entrenamiento óptimo.

Un vistazo a los suplementos de aminoácidos

Los suplementos de aminoácidos son innecesarios. Su cuerpo sólo requiere cierta cantidad de cada tipo de aminoácido, y la mayoría de las personas recibe más de lo necesario de los alimentos que come (proteínas animal y vegetal). Si bien la cantidad que necesita es vital, nada "milagroso" sucederá si se sobrecarga de proteínas. En efecto, excederse puede resultarle costoso e ineficaz. Píenselo bien: es mejor que se prepare una pieza de pollo asada en lugar de gastar más del doble en uno de esos "polvos para batidos" cargados de aminoácidos.

Lo mínimo que necesita saber

➤ Las proteínas no sólo se encuentran en los alimentos, sino que están en todo su cuerpo, realizando funciones vitales.

➤ Existe un total de 20 diferentes aminoácidos que actúan como bases para la construcción de las moléculas de proteínas más complicadas. Nueve de estos aminoácidos deben obtenerse de fuentes alimenticias externas y se llaman "aminoácidos esenciales".

➤ Las proteínas animales se consideran "proteínas completas", porque contienen grandes cantidades de los nueve aminoácidos esenciales.

➤ Las proteínas vegetales son "proteínas incompletas" ya que carecen de uno o más de los aminoácidos esenciales. Al combinar dos o más proteínas vegetales incompletas, usted puede crear una proteína completa con los nueve aminoácidos esenciales.

➤ Para calcular su requerimiento diario de proteínas, determine el peso de su cuerpo y multiplíquelo por 0.36.

➤ Algunas personas tienden a *sobrecargarse de proteínas*, lo que también puede significar más grasa y más calorías, porque los alimentos altos en proteínas también pueden ser altos en grasas.

➤ Las proteínas excesivas y los suplementos de aminoácidos no desarrollan más los músculos. De hecho, este mito puede dar cabida a muchos problemas, incluyendo la deshidratación y un incremento en la ingestión de grasas.

PAT

PAT

Capítulo 4

Un asunto grasoso

En este capítulo

➤ Varios tipos de grasas

➤ Conexión con enfermedades del corazón

➤ Niveles de colesterol y su significado

➤ Subir de peso por exceso de grasa

➤ Aprender a vivir con un estilo de alimentación bajo en grasas

A menos que usted viva en otro planeta, habrá escuchado que demasiada grasa puede crear muchos problemas. A pesar de todas las "advertencias" que sobre la grasa se hacen continuamente, mucha gente sigue comiendo demasiado y está pasada de peso. Una cosa es *saber* qué comer (porque seguramente está muy enterado de lo qué es la grasa y qué alimentos la contienen en exceso) y otra completamente diferente, hacer el compromiso real de comer saludablemente y mantener esa dieta.

Y no olvide este pequeño detalle: ¡bajo en grasas no significa sin grasa! Algunas personas llevan esta nueva "religión de bajo en grasas" a extremos radicales convirtiéndose en ortodoxos absolutos. "Comeré pescado hervido, seco y sin aceite; ensalada con mostaza a un lado, sin aderezo; vegetales al vapor, nada sobre ellos; y papa horneada, al natural." ¡Probablemente sus papilas gustativas salgan corriendo antes de probar esa comida! ¡Por favor, no haga eso! Se supone que la comida se debe disfrutar ¿o no?

Este capítulo destacará que la grasa en exceso lo puede conducir a una serie de problemas, incluyendo aumento de peso y algunas enfermedades. Sin embargo, también explica a todas aquellas personas que sufren de "fobia a la grasa" que *un poco* de grasa es buena y que, con un poco de esfuerzo y planeación realista, cada quien puede encontrar el justo medio.

¿Por qué es fabulosa la grasa?

Antes de iniciar con la sesión de palizas a la grasa, se examinará todo lo positivo sobre ésta. No se frote los oídos, oyó usted bien, realmente hay cosas buenas sobre ese macronutriente de cinco letras.

➤ La grasa le ofrece una fuente de energía lista para usarse.

➤ Los niños necesitan grasa para crecer sanos.

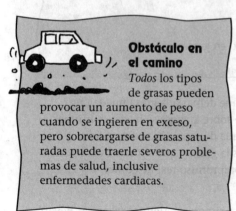

Definición
Los nutrientes **solubles en grasa** la disuelven. Algunos nutrientes esenciales, como las vitaminas A, D, E y K, requieren de grasa para su circulación y absorción.

Obstáculo en el camino
Todos los tipos de grasas pueden provocar un aumento de peso cuando se ingieren en exceso, pero sobrecargarse de grasas saturadas puede traerle severos problemas de salud, inclusive enfermedades cardiacas.

➤ La grasa da soporte a las paredes celulares dentro de su cuerpo.

➤ La grasa permite a su cuerpo poner en circulación, almacenar y absorber las vitaminas A, D, E y K, que son solubles en la grasa. Sin ella usted tendría una deficiencia de estas vitaminas.

➤ La grasa suministra el ácido graso esencial que su cuerpo no puede fabricar y que, por lo tanto, debe obtenerse de los alimentos.

➤ La grasa ayuda a generar una piel y un cabello saludables.

➤ La grasa hace que su comida sepa mejor, pues le añade sabor, textura y aroma.

➤ La grasa crea una capa de aislamiento justo debajo de la piel. La gente extremadamente delgada tiende a sentir frío por carecer de esta capa de grasa subcutánea. En cambio, las personas con sobrepeso sienten mucho calor.

➤ La grasa rodea sus órganos vitales y les da protección y soporte. ¿Alguna vez se ha preguntado por qué su corazón y sus riñones no se balancean de arriba a abajo cuando monta a caballo?

¿Todas las grasas se crean de la misma manera?

¡Si tan sólo la vida pudiera ser así de sencilla! Las grasas se generan de diferentes maneras; algunas son más dañinas que otras. Además, al estudiar su ingestión total de grasas, usted también pondrá atención al *tipo* de grasa que consume. Pero antes, averigüe quién es quién en el mundo de las grasas.

Miniglosario de grasas

La siguiente sección incluye todo un "vocabulario de grasas" que usted necesitará para hablar como un experto en su próxima reunión social.

Triglicérido: término general usado para la principal forma de grasa encontrada en los alimentos. La estructura de un TG (apócope de triglicérido) es un *glicerol* (enlace de átomos de carbono) más tres ácidos grasos. Existen varias categorías de triglicéridos y, de acuerdo a la composición de los ácidos grasos, un TG se clasifica en: saturado, monoinsaturado o poliinsaturado.

Tal vez, haya usted escuchado algo acerca de su "nivel de triglicérido" al hacer un análisis de sangre. Eso se deba a que los TG, al igual que el colesterol, son una forma de almacenamiento de grasa en su cuerpo, que circulan en su caudal sanguíneo y se depositan en el tejido adiposo (mejor conocido como sebáceo).

P y R
¿Cómo reducir los triglicéridos?

Es muy fácil: reduzca su ingestión de grasas, específicamente las grasas saturadas; disminuya los azúcares simples como dulces, jugo de fruta y productos similares; evite las bebidas alcohólicas; y haga ejercicios aeróbicos periódicamente.

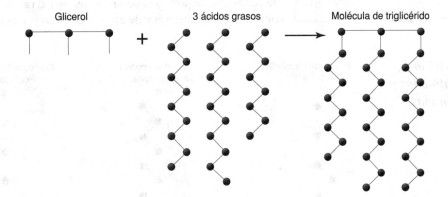

Glicerol   +   3 ácidos grasos   →   Molécula de triglicérido

Tipos básicos de grasas:

Grasas monoinsaturadas: como ya se mencionó, la composición molecular de un triglicérido puede variar. Cuando se presenta un enlace doble de carbono en una molécula de ácidos grasos (c=c), la grasa se agrupa como "monoinsaturada" (una parte que *no* está saturada). El aguacate y los aceites de oliva, de cacahuate, de ajonjolí y de *canola* son altos en grasa monoinsaturada. De acuerdo con ciertos estudios, estas grasas le ayudan a disminuir los niveles de colesterol en la sangre. Pero si de peso se trata, ¡cuídese del aceite de oliva!, ya que a pesar de ser grasa "buena", contiene muchas calorías de grasa!

Grasas poliinsaturadas: otro tipo de grasas no saturadas son las poliinsaturadas. Cuando la grasa "mono" tiene un enlace doble de carbono, la grasa "poli" tiene varios (c=c=c, varios partes que *no* están saturadas). La mayonesa y los aceites de maíz, de semilla de algodón, de cártamo, de girasol y de soya son, todos, predominantemente grasas poliinsaturadas. La grasa en el pescado también se califica como poliinsaturada (de un tipo llamado ácido graso Omega-3). ¿Pensaba que el pescado no tenía grasa? Bueno, pues sí tiene (especialmente el salmón, el atún y las sardinas), pero mucho menos que la mayoría de las carnes. También se ha demostrado que las grasas poliinsaturadas ayudan a reducir el riesgo de las enfermedades cardiacas. ¡Así que vaya de pesca, pero no se le ocurra freír el pescado!

Grasas saturadas: cuando las moléculas de triglicéridos sólo contienen un enlace de carbono (c-c-c, a diferencia de los enlaces dobles de las grasas mono y poliinsaturadas, c=c), la grasa se agrupa como "saturada". Las grasas saturadas son los demonios de todas las grasas, ya que pueden elevar el colesterol en la sangre, lo que puede causarle una enfermedad cardiaca. Cuesta creer que un simple cambio molecular pueda hacer tanta diferencia, pero así es, ¡y resulta muy destructivo! Las grasas animales encontradas en las carnes, las aves y los productos lácteos de leche entera son altos en grasas saturadas. Y aunque la mayoría de los aceites vegetales son insaturados, existen algunas excepciones "saturadas" como los aceites de coco, de palma y de corazón de palma (encontrados en galletas dulces y saladas y otros productos horneados). Hágale un favor a su cuerpo y esfuércese por reducir este tipo de grasas. Así, se protegerá de una enfermedad cardiaca, de ciertos tipos de cánceres y de otros problemas graves de salud.

Obstáculo en el camino

Tal vez piense que: "si un poco hace bien, entonces mucho hará mejor". Esto no es necesariamente cierto cuando se habla de los suplementos de aceite de pescado. La comprobación está en proceso, pero nadie debe tomarlos sin la aprobación del médico.

Grasas saturadas, monoinsaturadas y poliinsaturadas.

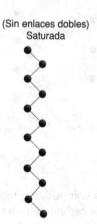

(Sin enlaces dobles)
Saturada

(Un enlace doble)
Monoinsaturada

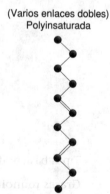

(Varios enlaces dobles)
Polyinsaturada

Ácidos grasos-*trans*: este tipo de grasa *no* se presenta de manera natural, se crea cuando las inocentes grasas insaturadas pasan por un proceso de fabricación, llamado hidrogenación. La hidrogenación convierte una grasa líquida o semisuave en una más sólida. Los ácidos grasos-*trans* pueden ser muy dañinos, ya que actúan como grasas saturadas dentro del cuerpo y elevan el colesterol en la sangre.

Entonces, ¿para qué cambiar algo bueno en dañino? Porque el proceso de hidrogenación ayuda a conservar la comida y permite a una compañía de alimentos cambiar la textura de cierto producto. Por ejemplo, la margarina en forma líquida es insaturada, con un poco de hidrogenación se vuelve semisuave (margarina en tubo), y con más hidrogenación se vuelve dura (barra de margarina). Desafortunadamente, la mayoría de la gente prefiere la margarina en tubo o en barra que la margarina líquida, y su cuerpo paga caro el costo de los "grasos-*trans*". Otros culpables de los grasos-*trans* son los aceites vegetales "parcialmente hidrogenados", que se encuentran en pasteles, galletas dulces y saladas y otros productos horneados. Si alguna vez lee los ingredientes que contienen los productos alimenticios, sabrá que los grasos-*trans* se encuentran por todos lados.

¿Entonces, qué se puede hacer? Sería casi imposible evitar por completo los grasos-*trans*. Si reduce el total de grasas y limita los productos que contengan aceites parcialmente hidrogenados, usted disminuye en gran porcentaje la ingestión de ácidos grasos-*trans*.

P y R

¿Qué es mejor, la mantequilla o la margarina?

La mantequilla está cargada de grasas saturadas, la margarina de ácidos grasos-*trans*. ¿Cuál de las dos elegir? Aunque ambas contienen grasas que saturan las arterias, una porción de mantequilla contiene *más* grasa que satura las arterias que la mayoría de las margarinas. Así que déle a sus vasos sanguíneos un respiro y mejor unte margarina (de preferencia la margarina suave de tubo en lugar de la de barra). Mejor aún, compre untables de tubo *bajos en grasas*. ahorrará grasas y calorías.

Así que para los amantes de la mantequilla ... bueno, sólo usen con moderación ese cuchillo.

Tabla 4.1 La mayoría de las grasas contienen combinaciones de los tres tipos de grasas, pero uno es predominante.

Saturadas	Monoinsaturadas	Poliinsaturadas
grasa de carne de res	aceite de *canola*	aceite de maíz
mantequilla	aceite de oliva	aceite de semilla de algodón
leche entera	aceite de cacahuate	aceite de alazor
queso	aceite de ajonjolí	aceite de soya
aceite de coco	la mayoría de las nueces	aceite de girasol
aceite de palma	aguacate	margarina (suave)
aceite de corazón de palma		mayonesa
		aceites de pescado
		aceite de ajonjolí

La conexión del colesterol y las enfermedades del corazón

Si alguna vez ha leído la etiqueta de nutrición de un producto, ya sabrá que la grasa y el colesterol forman dos categorías muy diferentes. De hecho, se miden con unidades diferentes: la grasa en gramos y el colesterol en miligramos. Ya exploró las grasas, ahora llegó la hora para el colesterol.

El colesterol es una sustancia cerosa que contribuye a la formación de muchos compuestos esenciales, incluyendo la vitamina D, la bilis, los estrógenos y la testosterona. ¡Sólo imagine, sin el colesterol no podría tener sexo! En este punto, usted podría pensar: "si esta sustancia hace cosas tan maravillosas, ¿porqué no puedo comerla tanto como quisiera?". ¡Ésa es una buena pregunta! El problema es que su hígado elabora todo el colesterol que necesita su cuerpo y la porción que no se usa, se almacena a menudo como una plaqueta en sus arterias.

Para reflexionar

A pesar de que lo mariscos contienen una cantidad considerable de colesterol, contienen menos grasas y grasas saturadas que la carne roja. Definitivamente es una mejor opción.

Todos los alimentos y bebidas de procedencia animal contienen colesterol, debido que todos los animales tuvieron un hígado en un momento de su vida. Los huevos, las carnes, el pescado, el queso, la leche y las aves son fuentes de colesterol. No se necesita decir que el pedazo de hígado que su mamá comió la otra noche ¡estaba cargado de esa sustancia! Por cierto, los alimentos provenientes de plantas no contienen colesterol, por el simple hecho de que nunca tuvieron hígado. Suena coherente, ¿no cree?

No se deje engañar por etiquetas malintencionadas

Cuando usted lee en la etiqueta de un producto: "sin colesterol", el alimento en cuestión no es necesariamente bajo en calorías y grasas. He aquí un ejemplo perfecto. En una tienda, famosa por sus galletas, había unas de mantequilla de maní y junto a ellas un letrero que decía: "Galletas sin colesterol". Bueno, está claro que un cacahuate nunca ha tenido hígado y por lo tanto la mantequilla de maní no tiene colesterol. Pero OJO, estas galletas están saturadas de grasa, porque uno de los ingredientes incluye mantequilla de maní, margarina y aceite vegetal. Desafortunadamente, la mayoría de las personas malinterpreta las propiedades de estas galletas y las consideran bajas en calorías y grasas, por el solo hecho de que sobre la etiqueta dice "sin colesterol". La moraleja de este ejemplo es fácil de entender: la próxima vez que piense comprar algún producto donde se lea "sin colesterol", revise el contenido de grasa; podría no ser todo lo sano que aparenta.

Entonces, ¿cómo hace la grasa saturada para abrirse camino en el colesterol? Como se mencionó antes, esta grasa, culpable de obstruir arterias, también puede elevar los niveles de colesterol. Y por si fuera poco: los alimentos de origen animal altos en grasa, que contienen grasas saturadas (por ejemplo, la carne roja con vetas de grasa y los productos lácteos con leche entera), atacan con un golpe doble, porque a usted lo apalean con colesterol y grasa saturada.

Tabla 4.2 Grasa total, grasa saturada y el contenido de colesterol en los alimentos más comunes

Nombre del alimento	Porción	Grasa total (gr)	Grasa saturada (gr)	Colesterol (mg)
Carne molida, media grasa	3 oz.	17.7	6.9	76
Carne molida, sin grasa	3 oz.	15.7	6.2	74
Salchicha	3 oz.	24.8	9.1	43
Pechuga de pollo, sin piel	3 oz.	3.0	0.9	72
Pechuga de pavo, sin piel	3 oz.	1.0	0.2	71
Hígado, cocido	3 oz.	4.2	1.6	331
Lenguado	3 oz.	1.3	0.3	58
Pescado (pez espada)	3 oz.	4.4	1.2	43
Salmón	3 oz.	6.9	1	60
Huevo entero	1	5.0	1.6	213
Yema de huevo	1	5.0	1.6	213
Clara de huevo	1	0.0	0.0	0
Leche entera	1 taza	8.1	5.1	33
Leche descremada	1 taza	0.4	0.3	4
Queso cheddar	1 oz.	9.4	6.0	30
Queso amarillo	1 oz.	8.8	5.6	27
Queso mozzarela	1 oz.	4.5	2.9	16
Nueces	1 oz.	14.1	2.0	0
Mantequilla	1 cuch.	11.4	7.1	31
Margarina	1 cuch.	11.4	2.1	0
Margarina baja en grasas	1 cuch.	5.7	1.0	0
Aceite de oliva	1 cuch.	13.5	1.8	0

Fuente: © First Databank

La boleta de calificaciones del colesterol

¡OH, NO! El médico acaba de enviarle un informe que indica que su nivel de colesterol en la sangre es alto. ¿Se encuentra ahora ante el riesgo de una enfermedad cardiaca?

Aunque, ciertamente, el hecho de que tenga las arterias tapadas no es un punto a su favor, antes de cancelar sus cuentas bancarias y regalar todas sus pertenencias, usted debe saber que mucha gente tiene que bajar sus índices de colesterol. Si limita las grasas y los aceites en su dieta, aumenta los alimentos ricos en fibra soluble, baja de peso en caso de que esté excedido y se vuelve más activo físicamente, usted estará en el camino correcto para un "corazón sano".

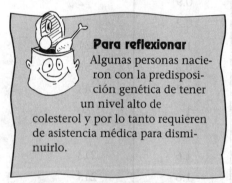

Para reflexionar
Algunas personas nacieron con la predisposición genética de tener un nivel alto de colesterol y por lo tanto requieren de asistencia médica para disminuirlo.

¡Bien hecho!
De 40 a 60% de todos los cánceres se relacionan con la dieta. Los estudios sugieren que las personas que llevan una alimentación baja en grasas tienen un riesgo sustancialmente menor de adquirir ciertos tipos de cánceres.

Y a todo esto, ¿qué significan los números en la boleta de calificaciones?

Colesterol total en la sangre: este número se refiere a la cantidad de colesterol que circula en el caudal sanguíneo y se correlaciona directamente con la cantidad de plaquetas depositadas en las arterias. Es una combinación de los dos tipos de colesterol: el HDL, que es bueno, y el LDL, que es malo. Los niveles totales de colesterol menores a 200 mg/dL se consideran aceptables. Para ayudar a reconocer cuál "DL" es cuál, recuerde esto: "L" en LDL quiere decir "lamentable", en tanto que "H" en HDL quiere decir "honorable".

HDL: los "chicos buenos" ayudan a su cuerpo a sacar el colesterol de su sangre. Por eso, cuanto más alto sea su número de colesterol HDL, usted estará mejor. Un colesterol HDL menor a 35 mg/dL se considera bajo e incrementa el riesgo de contraer una enfermedad del corazón.

LDL: Los "chicos malos" causan acumulaciones de colesterol en las paredes de sus arterias. Por eso, cuanto más alto sea el número de colesterol LDL, mayor será su riesgo de contraer una enfermedad cardiaca. El colesterol LDL menor a 130 mg/dL es aceptable.

Acumulación de grasa por comer grasa

Todo el mundo conoce la consecuencia de comer grasa en exceso: *subir de peso*. Gramo a gramo, la grasa suministra más del doble de la cantidad de calorías provenientes de carbohidratos y proteínas. En otras palabras, los alimentos altos en grasas (por ejemplo, carnes y productos lácteos de leche entera) son más densos calóricamente que los alimentos bajos en grasas (como los granos, las frutas y los vegetales) y ¡caramba, qué fácil y rápido se suman esas calorías de grasa! Una simple barra de chocolate contiene 240 calorías; exactamente las mismas que tiene un plato lleno de comida baja en grasas, como una manzana, un plátano y un puñado de *pretzels*. No existe comparación; usted obtiene más comida, por la misma cantidad de calorías, cuando está en el equipo bajo en grasas. Es obvio que la barra de chocolate es más sabrosa, pero considere las otras grasas que quizás haya consumido ese mismo día: aderezos para ensalada, comida frita, lácteos de leche entera y carnes grasosas. Eso es mucha grasa, lo que significa una cantidad tremenda de calorías.

No lo tome tan a pecho, nadie debe privarse de las cosas que ama (a menos, claro, que sean chicharrones de cerdo, ¡fuchi!). Al igual que el dinero, también su grasa necesita presupuestarse estratégicamente para que no se sobregire al final del día. En este caso, si se excede constantemente de su presupuesto, no se irá a la bancarrota, pero sí se pondrá gordo.

Llenarse con comidas grasosas también puede eliminar los elementos saludables que lo mantienen en forma. Grandioso ¡ahora está gordito y malhumorado! Es difícil hacerlo con todas esas deliciosas donas, pasteles y chocolates que lo miran fijamente todo el tiempo. Y seguramente usted no es una de esas personas que parecen "máquinas genéticas sin grasa", que pueden comer lo que desean y no suben ni un gramo de peso (¡son odiosas!). Así que, para la mayoría de la gente, mantenerse en un peso ideal significa tener cuidado con la ingestión total de grasas.

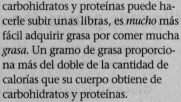

Obstáculo en el camino
Aunque el exceso de calorías de carbohidratos y proteínas puede hacerle subir unas libras, es *mucho* más fácil adquirir grasa por comer mucha *grasa*. Un gramo de grasa proporciona más del doble de la cantidad de calorías que su cuerpo obtiene de carbohidratos y proteínas.

1 gramo de carbohidratos = 4 calorías

1 gramo de proteínas = 4 calorías

1 gramo de grasa = 9 calorías

¿Cuántas grasas y cuánto colesterol se deben comer?

La Asociación estadounidense del corazón recomienda lo siguiente:

➤ Menos de 30% de las calorías totales diarias deben provenir de las grasas.

➤ Menos de 10% de las calorías totales diarias deben provenir de grasas saturadas.

➤ Menos de 300 miligramos de colesterol proveniente de alimentos al día.

Tabla 4.3 Una guía sobre la ingestión de grasas recomendadas

Calorías díarias	Calorías de grasa	Grasa total en gramos	Grasa saturada en gramos
1 200	<360	<40	<13
1 500	<450	<50	<17

continua

Tabla 4.3 Continuación

Calorías díarias	Calorías de grasa	Grasa total en gramos	Grasa saturada en gramos
1 800	<540	<60	<20
2 000	<600	<67	<22
2 500	<750	<83	<28
2 800	<840	<93	<31
3 000	<900	<100	<33

Algunas grasas son más fáciles de localizar que otras

Aunque algunas grasas y aceites están a la vista, otros se esconden muy bien en nuestros alimentos. ¡Eche un vistazo!

Grasas visibles: *mantequilla, *queso crema, *manteca de cerdo, *crema ácida, mayonesa, aderezos para ensalada con base de aceite, *aderezos para ensalada con base de queso o crema, *grasa de origen animal, guacamole, aceites para cocinar, mantequilla de maní y margarina.

Grasas invisibles: *lácteos de leche entera, *carnes altas en grasas (incluyendo carne molida a la boloñesa, salchicha, mortadela, tocino, res ahumado, costillas de cerdo), *donas, *pasteles, *galletas, nueces, *caramelos, *chispas de chocolate, aguacate, *helado, comida frita, *pizza, ensalada de col, ensalada de macarrón y ensalada de papa.

*Contienen grasas saturadas

Vida después de la grasa: consejos para reducir la grasa en su dieta

Prepárese para un estilo de vida bajo en grasas. Lea esto y memorice las siguientes sugerencias para cortar la grasa sin cuchillo.

➤ Elija los productos lácteos bajos en grasas siempre que sea posible: leche descremada o con 1% de grasa, queso y yogur bajos en grasas, cremas ácidas bajas en grasas y helado bajo en grasas.

➤ Prepare comidas asadas, al horno, hervidas, al vapor, ligeramente salteadas o a la parrilla. ¡No las fría!

➤ Retire toda la piel de las aves y elimine toda la grasa visible de las carnes.

➤ Limite su ingestión de carnes rojas y trate de evitar por completo las selecciones altas en grasas, como salami, carne molida, mortadela, salchicha y tocino.

➤ Compre margarina, mantequilla, mayonesa y queso crema bajos en grasas.

➤ Compre aderezos para ensalada bajos en grasas o prepare su propia mezcla con vinagre balsámico, muchas especias y una gota de aceite de oliva.

➤ En lugar de usar mantequilla y salsas aceitosas, sazone sus vegetales con hierbas y especias. También intente el jugo de limón, la mostaza condimentada, la salsa y los vinagres de distintos sabores.

➤ Cuidado con las pastas que nadan en aceite y salsa de crema. Mejor sustitúyalo por salsa marinara u a base de tomates.

➤ Opte por comer tortilla de clara de huevo (o sustitutos de huevo) en lugar de huevo entero con yema. Si usted no puede vivir sin los huevos enteros, limítese a comer de tres a cuatro yemas por semana.

➤ Evite los helados, las papas fritas y las galletas. En su lugar, coma tentempiés como *pretzels*, barras de higo, fruta fresca y helado de yogur.

➤ Use carne molida de pechuga de pavo magra, en lugar de carne molida de res, en sus recetas favoritas.

La generación "con fobia a las grasas"

Seguro que un estilo de vida bajo en grasas es lo correcto, pero algunos interpretan mal este mensaje y se vuelven neuróticos. ¿Tiene usted miedo de tocar cualquier cosa que alguna vez pudo estar en contacto con la grasa? ¿Cuándo toman su orden en un restaurante, es tan quisquilloso que su mesero o mesera corre a ver a su siquiatra?

Suena chistoso, pero el hecho de estar obsesionado con la grasa no es un asunto de risa. Ciertamente, una dieta baja en grasas es una parte esencial para estar saludable; sin embargo, llevar este concepto a extremos radicales puede imponer restricciones increíbles en las comidas de tipo social, además de que puede causarle desórdenes serios en la alimentación. ¡Si su razonamiento es el control de peso, entonces piénselo dos veces! La grasa con moderación es buena y es un hecho que usted podrá mantener su peso ideal (un peso razonable, por supuesto), disfrutando de vez en cuando de alimentos con grasa.

El unirse a un "culto libre de grasa" no siempre significa que usted perderá peso automáticamente. Hay mucha gente que no puede bajar esas 5 o 10 libras que le molestan, aun siguiendo un régimen estricto libre de grasas. ¿Cómo es posible?

La respuesta es bastante lógica: estas personas comen productos libres de grasas en exceso. Para la mayoría, la explosión en el mercado de los alimentos bajos en grasas ha sido una herramienta maravillosa, que permite a la gente bajar su colesterol y su ingestión total de grasas sin sufrimientos. Desafortunadamente, para algunas personas, la palabra "bajo en grasas" significa carta blanca para comer enormes cantidades; que un producto sea bajo en grasas no quiere decir que esté libre de calorías. En efecto, muchos productos bajos en grasas están tan llenos de calorías que igualan a su contraparte con el contenido original de grasas.

¿Tiene usted algún amigo o amiga que por ningún motivo se acerque a una galleta "real" con chispas de chocolate, pero que no dude en comerse de un sólo bocado una caja entera de la versión baja en grasas? ¿Qué es peor, la galleta con grasa y 75 calorías o 15 galletas sin grasa con 750 calorías? Seguramente usted ha escuchado esto un millón de veces: no importa de donde provengan, las calorías siempre cuentan en la batalla contra la pancita.

¿Se preocupa demasiado por la grasa? Relájese, respire profundamente y fanfarronee un poco de vez en cuando. ¡No por eso explotará!

Lo mínimo que necesita saber

➤ Las grasas efectúan una función vital en nuestro cuerpo como proporcionar la energía almacenada, retener y poner en circulación las vitaminas solubles en grasas y crear una capa de aislamiento debajo de la piel.

➤ Existen tres tipos de grasas: la monoinsaturada, la poliinsaturada y la saturada.

➤ Todos los tipos de grasas, cuando se comen en exceso, pueden causar una serie de problemas de salud, así como el aumento de peso.

➤ Las grasas saturadas tienen la capacidad de ser destructivas, pues aumentan el colesterol en la sangre y por lo tanto pueden provocar enfermedades cardiacas.

➤ La Asociación estadounidense del corazón recomienda un consumo diario de menos de 30% de calorías provenientes de las grasas totales, menos de 10% de calorías provenientes de grasas saturadas y menos de 300 miligramos de colesterol.

➤ Viva con un "estilo de vida bajo en grasas" al limitar su ingestión de carnes rojas, lácteos de leche entera, comida frita, untables altos en grasas y salsas aceitosas. Cambie a leche, yogures y queso bajos en grasas y avive sus alimentos con hierbas, especias, jugo de limón y mostaza condimentada.

➤ Aunque los alimentos bajos en grasas y libres de grasas son grandiosos para su dieta, ésta debe tener algún tipo de grasa. Una "dieta totalmente libre de grasas" es peligrosa porque ella es responsable de funciones corporales vitales.

SHUCKA
SHUCKA

SAL

Capítulo 5

No "a-sal-te" su cuerpo

En este capítulo

➤ ¿Qué puede hacer el sodio por usted?

➤ El sodio y la retención de agua

➤ La conexión con la presión arterial alta

➤ ¿Cuánto sodio es recomendable?

➤ Disminución de su consumo

Ésta es una historia verdadera. Una joven universitaria compraba en el cine una gran cubeta de palomitas de maíz saladas. Una vez sentada en la sala, sacaba un salero que llevaba escondido en su chaqueta y ponía más sal a cada una de las palomitas que se iba a meter a la boca. ¡Eso es ser adicta a la sal! Sería la ganadora del concurso "Señorita retención de agua" (si es que existiera una competencia de esta naturaleza). Lo mejor para ella es que nadie comía de sus palomitas, además de que ningún estómago soportaría esa cantidad de sal.

El uso que de la sal hace una persona, tiene que ver con la forma en la que creció y con sus antecedentes culturales. (Algunas cocinas internacionales están cargadas de condimentos salados.) ¿Sus padres no podían empezar a comer sin ponerle sal a cada platillo? ¿Los tres ingredientes principales en la receta secreta de su abuela eran sal, sal y sal? ¡Si es así, usted fue claramente "contaminado por la sal" cuando era niño! ¿Y, qué tal la nueva percepción alimentaria? Actualmente, la gente se siente feliz porque compra alimentos ya preparados, preempaquetados, congelados y para horno de microondas, pero no se da cuenta de las cantidades colosales de sal que ingieren.

¿Cuál es el problema de vivir enamorado de la sal? El consumir sal en exceso puede conducirlo a una incómoda retención de agua y a problemas más serios de presión arterial alta. Aunque se ha comprobado que *no* todo el mundo es "sensible a la sal", no hay forma de pronosticar si usted desarrollará un problema de presión arterial alta por comer demasiada sal. Así que es mejor prevenir que lamentar. ¡Lea y aprenda la forma de dejar el salero sin dejar a un lado el sabor!

Todo acerca de la sal

La sal se compone de 40% de sodio y 60% de cloruro. Cuando la gente habla de los problemas relacionados con la sal, usualmente se refiere a la parte de ésta llamada sodio. ¿Qué es exactamente el sodio y cómo actúa?

El sodio es un mineral esencial para muchas funciones importantes, como:

➤ Controlar el balance de los fluidos dentro de su cuerpo

➤ Transmitir impulsos nerviosos eléctricos

➤ Contraer los músculos (incluso el corazón)

➤ Absorber los nutrientes a través de las membranas celulares

➤ Mantener el balance ácido/base de su cuerpo

Con un currículum tan maravilloso, ¿por qué preocuparse por la ingestión de sal? A pesar de que el sodio es un elemento esencial para la salud, su cuerpo requiere menos de $1/_{10}$ de una cucharadita de sal al día. ¿Sabía usted que los estadounidenses consumen, en promedio, de 5 a 18 veces más sal de lo que se requiere diariamente? ¡Es una sociedad verdaderamente salada! Pero la mayoría de la gente podría reducir sustancialmente esta cantidad.

¿Se siente un poco hinchado de agua?

¿Alguna vez se le han hinchado tanto los dedos que no puede ni quitarse los anillos? ¡Ése es el incómodo periodo posterior a un exceso de consumo de sal!

Es común experimentar una inflamación o hinchazón después de comer alimentos altamente salados. Su cuerpo necesita un cierto balance de sodio y de agua en todo momento. La sal extra requiere de agua extra, dando como resultado la retención de agua. ¿De dónde proviene el agua o el fluido adicional? Normalmente, de su propio vaso de agua. La sal despierta la sed con el fin de balancear la concentración de sodio-agua. ¿Alguna vez se ha preguntado por qué después de comer *pretzels* o nueces tiene tanta sed? No es mera coincidencia que todas los tentempiés ofrecidos en los establecimientos de bebidas estén cubiertos con sal. ¡Qué gran estrategia: mientras más coma, más beberá!

Trate de realizar esta prueba. Registre su peso una mañana. Después, antes de ir a la cama por la noche, coma una gran porción de palomitas saladas o cualquier otro alimento salado (y beba mucha agua). Pésese nuevamente la mañana siguiente. ¡Es asombroso cuánta agua puede retener la sal! A todos aquellos que hacen dietas, recuerden que ¡ese es peso de agua, no peso de grasa! Así que no sienta pánico, este peso desaparecerá en un par de horas.

Nota: Bajo ninguna circunstancia, intente llevar a cabo la prueba anterior si usted padece de algún problema médico.

¡No soporta la presión!

Por razones que aún no se entienden del todo, la sal juega un papel activo en la elevación de la presión arterial en las personas sensibles a esta sustancia.

¿Que significa exactamente presión arterial alta?

Cuando su corazón palpita, bombea sangre a sus arterias y crea presión dentro de éstas. La presión arterial alta (también conocida como hipertensión) es un padecimiento que se presenta cuando literalmente se ejerce demasiada presión en las paredes de las arterias. Esto puede ocurrir si hay un aumento del volumen de la sangre o cuando los vasos sanguíneos se constriñen o se angostan.

La gente genéticamente sensible a la sal no es capaz de liberarse eficientemente del sodio adicional a través de la orina; por lo tanto, ese sodio extra permanece en el cuerpo, cargando agua adicional, lo que significa un aumento del volumen de la sangre. Este aumento puede estimular la constricción de los vasos, provocando un incremento en la presión.

Por ejemplo, imagínese un flujo normal de agua que corre por la manguera del jardín. Fluye suavemente, sin problemas. Ahora, piense en el incremento de la presión en la manguera si usted aumenta drásticamente la cantidad de agua. Y, ¿qué pasaría si apretara algunas

Recursos

Aunque su ingestión de sal varíe cada día, generalmente la cantidad de sodio en su cuerpo no cambia en más de un 2%. Su cuerpo es muy eficiente para conservar el sodio, en caso de que usted lo necesite, o desecharlo si usted tiene un excedente.

Definición

Hiponatremia: pérdida excesiva de sodio y agua debido a vómito o diarrea constantes o por sudor profuso. En este caso, tanto el agua como la sal deben reabastecerse para mantener el balance correcto de su cuerpo.

Definición

Hipertensión: es el término médico para la presión arterial alta, y, contrariamente a lo que la palabra parece indicar, no se refiere a estar tenso, nervioso o hiperactivo.

partes de la manguera como si fueran vasos sanguíneos constreñidos? Una manguera de jardín puede soportar el uso y el desgaste, pero sus arterias pueden dañarse extremadamente por la presión constante. "¿Qué tanto se pueden dañar?", podría usted preguntar. Como ya lo dijo alguna vez Billy Joel: "Ataque-que-que-que al Corazón". Y no olvidemos otros resultados de la hipertensión, que incluyen las embolias (un ataque cerebral) y enfermedades del riñón.

Para reflexionar

➤ 1.5 millones de estadounidenses sufren un ataque al corazón cada año.

➤ 500,000 estadounidenses sufren una embolia cada año.

Fuente: American Heart Association 1996

¿Que causa la presión arterial alta?

De acuerdo con estadísticas recientes, uno de cada cuatro adultos estadounidenses (casi 60 millones de personas) padece de presión arterial alta. Un porcentaje menor de gente sufre de aumento en la presión a causa de un problema oculto, por ejemplo, una enfermedad del riñón o un tumor en la glándula adrenal o suprarrenal. Sin embargo, 90 a 95% de todos los casos, la causa no es clara. Es por esto que se conoce como *"el asesino silencioso"*, simplemente aparece sin advertir. En tanto que algunos de los factores que contribuyen a este mal *no* son controlables, hay otros que sí lo son.

Factores de riesgo que no pueden controlarse:

➤ **Edad:** cuanto más grande, mayor probabilidad de desarrollar una presión arterial alta. ¡Otra cosa de la que se debe cuidar!

➤ **Raza:** los afroamericanos tienden a padecer de presión arterial alta con más frecuencia que los blancos. También tienden a desarrollarla a más corta edad y con mayor severidad.

➤ **Herencia:** la presión alta puede transmitirse en las familias. Si tiene una historial familiar en este sentido, usted tiene una doble posibilidad de desarrollarla.

Los factores de riesgo que se pueden controlar son:

➤ **Obesidad:** estar muy pasado de peso se relaciona claramente con la presión arterial alta. En efecto, casi 60% de todos los casos de presión arterial alta se relacionan con pacientes con sobrepeso. Los individuos obesos pueden reducir significativamente su presión arterial si bajan de peso, aun en pequeñas cantidades.

➤ **Consumo de sodio:** para la gente sensible a la sal, el reducir la ingestión de esa sustancia ayuda a bajar la presión arterial.

➤ **Consumo de alcohol:** el uso regular del alcohol puede aumentar de manera drástica la presión arterial de algunas personas. Afortunadamente, el efecto del alcohol en la presión arterial es reversible. Limítese a un máximo de dos bebidas al día.

➤ **Fumar:** aunque, para la presión arterial, el efecto a largo plazo por fumar es todavía incierto, el efecto a corto plazo es una elevación ligera. Sin embargo, dado que fumar y tener la presión arterial alta se relacionan estrechamente con las enfermedades cardiacas, fumar es el componente de riesgo.

➤ **Anticonceptivos vía oral:** las mujeres que toman pastillas para el control de la natalidad pueden desarrollar presión arterial alta.

➤ **Inactividad física:** la falta de ejercicio puede contribuir a padecer presión arterial alta. Al volverse más activa con ejercicio moderado, una persona inactiva puede mejorar su condición física, sentirse de maravilla y ayudar a mantener su presión arterial en orden.

Investigue los números de su presión arterial

Su médico mide dos números cuando revisa su presión arterial: el número de la presión sistólica y el número de la presión diastólica.

P y R

¿Cuál es la lectura de presión arterial normal?

La lectura de presión arterial cae dentro de un rango (no son sólo una serie de números) que debe ser *menor* a 140/90, si usted es un adulto.

¿QUÉ?

Definiciones

La **presión sistólica** es la superior, el número mayor. Representa la cantidad de presión que hay en sus arterias mientras su corazón se contrae (o late). Durante esta contracción, la sangre se expulsa desde el corazón hasta los vasos sanguíneos que viajan por todo su cuerpo.

La **presión diastólica** es la inferior, el número más bajo. Representa la presión que hay en sus arterias mientras su corazón se relaja entre los latidos. Durante este periodo de relajación, su corazón se llena de sangre para el siguiente apretón. Aunque los dos números son muy importantes, los médicos se preocupan más si el número diastólico es elevado porque indica que hay un incremento de presión en las paredes arteriales aun cuando su corazón está en reposo.

P Y R

¿Cómo puede saber si tiene la presión arterial alta?

¡No lo puede saber! La presión arterial alta se conoce como el "asesino silencioso" porque no tiene síntomas. En efecto, mucha gente padece de hipertensión desde hace muchos años y no lo sabe; para cuando se entere, sus órganos podrían ya estar dañados. Manténgase en buena salud y revise su presión arterial con regularidad (lo debe hacer un profesional calificado).

Cómo bajar la presión arterial

Si su presión arterial es alta, no se asuste. La mayoría de la gente puede bajar significativamente sus números con cierto conocimiento y determinación. Un diagnóstico de presión arterial alta con frecuencia requiere una reducir el consumo de sal, perder el exceso de peso, incrementar el ejercicio y, en algunos casos, tomar algún medicamento.

➤ **Dieta:** baje de peso (si usted lo requiere) reduciendo las calorías y las grasas. Reduzca la ingestión de sodio evitando los alimentos salados y limite el consumo de alcohol o, aún mejor, evítelo completamente.

➤ **Ejercicio:** actívese físicamente y haga algún tipo de ejercicio por lo menos cuatro veces a la semana. Hágase una revisión médica antes de iniciar cualquier dieta o programa de ejercicio.

➤ **Medicación:** para algunas personas, la dieta y el ejercicio no son suficientes. En ese caso, el médico puede recetarle un medicamento que ayude a bajar su presión arterial.

➤ Si usted fuma, ¡¡DEJE DE HACERLO!!

¿Cuánto sodio se recomienda?

Muchos se cuestionan la siguiente premisa: "Lo que le queda a uno le queda a todos", ya que no todo el mundo es "sensible a la sal". Sin embargo, no existe una prueba de sensibilidad a la sal,

Para reflexionar
Ciertos estudios sugieren que el calcio, el potasio y el magnesio pueden jugar un papel benéfico en la regulación de su presión arterial. Consulte a su médico para mayor información.

por lo tanto, tiene sentido, para *todos*, mantenerse del lado seguro y seguir un método prudente. La mayoría de los profesionales de la salud recomienda limitar la ingestión de sodio a un máximo de 2 400 miligramos al día. Esto incluye la sal que usted añade y el sodio ya presente en los alimentos que come. Familiarícese con la siguiente lista de alimentos altos en sodio y aprenda a balancear su dieta para no absorberlo de más. Note que si usted tiene una presión arterial alta, su médico puede prescribirle una restricción más severa de sodio.

Alimentos altos en sodio

Auxiliares para condimentar y cocinar	Tamaño de la porción	Sodio(mg)
Polvos para hornear	1 cucharadita	426
Bicarbonato de sosa	1 cucharadita	1 259
Sal de mesa	1 cucharadita	2 300
Sal de ajo	1 cucharadita	2 050
Cubo de consomé de pollo	1 cucharadita	1 152
Cubo de consomé de res	1 cucharadita	864
Glutamato monosódico (MSG)	1 cucharada	1 914 mgms
Aderezo para ensalada, tipo italiano	1 cucharada	116
Salsa de soya	1 cucharada	1 029
Salsa de soya baja en sodio	1 cucharada	660
Bolitas de mantequilla	1 cucharada	177

Comida enlatada	Tamaño de la porción	Sodio (mg)
Atún enlatado	3 onzas	303
Sardinas enlatadas	3 onzas	261
Caviar negro y rojo	1 cucharada	240
Sopa de pasta con pollo	1 taza	1 106
Sopa de vegetales	1 taza	795
Sopa de vegetales con res (baja en sodio)	1 taza	57
Elote (maíz) enlatado	$^1/_2$ taza	266
Espárragos enlatados	$^1/_2$ taza	472
Col agria enlatada	$^1/_2$ taza	780

Carnes procesadas, curadas y ahumadas	Tamaño de la porción	Sodio (mg)
Carne molida con salsa boloñesa	3 onzas	832
Salami	3 onzas	1 922
Salchicha	1 artículo	639
Pavo ahumado	3 onzas	916
Pescado ahumado	3 onzas	619
Mortadela ahumada	3 onzas	853

continúa

51

continuación

Tentempiés	Tamaño de la porción	Sodio (mg)
Nueces saladas	1 onza	230
Pretzels	1 onza	476
Totopos de maíz	1 onza	164
Papas fritas	1 onza	133
Palomitas de maíz	1 onza	179
Galletas saladas	5 piezas	180
Mantequilla de maní	1 cucharada	76

Productos lácteos	Tamaño de la porción	Sodio (mg)
Queso amarillo	1 onza	336
Queso cheddar	1 onza	176
Queso parmesano	1 onza	527
Queso cottage	$^1/_2$ taza	459
Mantequilla	1 cucharada	116
Margarina	1 cucharada	132

Cereales comunes para el desayuno	Tamaño de la porción	Sodio (mg)
Rice Krispies	1 onza	294
Corn Flakes	1 onza	351
All-Bran	1 onza	320
Cheerios	1 onza	307
Special K	1 onza	306
Raisin Bran	1 onza	155

Fuente: © First Databank 1996, Bowes & Church's Food Values of Portions Commonly Used, 15 ed., 1989.

Soluciones con menos sal

Dejar la sal no significa renunciar al placer de comer. Sin embargo, usted necesitará volverse un poco más selectivo ante ciertos productos alimenticios y mucho más creativo a la hora de sazonar. Las siguientes pautas le pueden mostrar la forma de reducir drásticamente la cantidad de sal en su comida y en su cuerpo.

➤ Intensifique el sabor de sus comidas con especias y hierbas. Use pimienta inglesa, albahaca, hojas de laurel, cebollín, canela, polvo de curri, eneldo, ajo (no sal de ajo), cebolla (no sal de cebolla), romero, nuez moscada, tomillo, salvia, cúrcuma, macero y sustitutos de sal.

➤ Evite poner un salero en la mesa a la hora del desayuno, de la comida y de la cena.

➤ Elija vegetales frescos y congelados siempre que sea posible (los enlatados generalmente contienen mucha sal). Si son enlatados, drene el líquido y enjuáguelos con agua antes de comerlos para reducir la sal.

➤ Nuevamente otro beneficio de la fruta fresca: ¡es naturalmente baja en sodio!

➤ Cuídese de los condimentos que contienen cantidades considerables de sal, como la salsa de tomate, la mostaza, el glutamato monosódico (MSG), los aderezos para ensaladas, las salsas, los cubos de consomé, las aceitunas, la col agria y los pepinillos. Llene su cocina con las versiones bajas en sodio de salsa de soya, salsa teriyaki, salsa para carne y cualquier otro producto similar que encuentre al viajar.

➤ Seleccione nueces, semillas, almendras, galletas saladas, palomitas de maíz y *pretzels* sin sal (o bajos en sal).

➤ Cuídese del queso. Desafortunadamente, no sólo contiene mucha grasa, también contiene demasiado sodio. Si se siente muy atraído por este alimento, llene su refrigerador con las marcas bajas en sal y bajas en grasas.

➤ Lea las etiquetas cuidadosamente y elija los alimentos más bajos en sodio, especialmente cuando se trate de productos congelados, sopas de lata y platillos combinados.

➤ Cuídese de los cortes de carnes frías procesadas, así como de las carnes curadas y ahumadas, porque están saturadas de sodio. Entre los productos ahumados se encuentran el tocino, el salami, la mortadela, la salchicha, el pavo, el pescado y la carne. También tenga cuidado con el pescado enlatado (atún, salmón y sardinas), es extremadamente alto en sodio.

Obstáculo en el camino
Esté prevenido, ya que algunos medicamentos de uso frecuente contienen mucho sodio. Por ejemplo dos tabletas de efervescentes Alka-seltzer (plop plop fizz fizz) tienen una dosis exagerada de "1134 miligramos de sodio" (cada una de estas tabletas le provee 567 miligramos). En lugar del producto efervescente, opte por las pastillas para tomar, sólo contienen 1.8 miligramos de sodio. ¡Qué diferencia!

➤ Cuando cene en un restaurante chino o japonés, pida los platillos sin MSG y sin sal añadida. Actualmente, también puede pedir la salsa de soya baja en sodio. Si no la tienen, diluya la normal con una cucharada de agua.

53

Lo mínimo que necesita saber

➤ La sal contiene 40% de sodio y 60% de cloruro. El sodio es esencial para muchas funciones importantes. Mantiene los fluidos del cuerpo y la contracción de músculos, y transmite los impulsos nerviosos.

➤ El sodio y el agua deben equilibrarse en su cuerpo. Después de comer alimentos con mucha sal, su cuerpo retendrá el exceso de agua. El resultado final es una retención "temporal" de agua. No se asuste, estas libras de más de agua desaparecerán en un par de horas.

➤ Comer una dieta alta en sodio elevará la presión arterial de las personas "sensibles a la sal".

➤ La gente con presión arterial alta necesita reducir su ingestión de sal, perder el exceso de peso, hacer ejercicio y, en algunos casos, tomar algún medicamento para bajarla.

➤ Ya que la sensibilidad a la sal *no* se puede determinar, todo el mundo debe ser prudente y limitar su ingestión de sodio a menos de 2 400 miligramos por día.

➤ Modere el consumo de sodio usando hierbas y especies, en lugar de sal. Reduzca las comidas enlatadas, los tentempiés salados, los cortes de carnes frías y las carnes ahumadas o curadas. Cuídese de los condimentos altos en sodio, como la salsa de soya, la salsa teriyaki, la mostaza, la salsa de tomate, las aceitunas, los pepinillos y la col agria. También lea las etiquetas cuidadosamente y consuma los alimentos más bajos en sodio.

Paseando con las fibras

¿Está un poco estreñido?, ¿tiene alto el nivel de colesterol?, ¿quiere reducir el riesgo de cáncer en el colon? ¡Existe un alimento para estos males! ¿Cuál es esta comida mágica y dónde se obtiene? Pues bien, lo mejor de todo es que usted no tiene que comprar ninguna poción o fórmula especial, o buscar consejos con su médico; este increíble curador se encuentra en algunas de sus comidas favoritas ricas en carbohidratos.

Las realidades de la fibra: de cualquier modo, ¿qué es la fibra?

La fibra es una mezcla de diferentes sustancias encontradas en las paredes celulares de las plantas, que no digiere el cuerpo humano. *Así como entra, sale.* ¿Cómo puede una sustancia, imposible de digerir (y, por cierto, sin valor nutrimental), ser tan benéfica? Suena ilógico, pero se ha demostrado que una vez en el cuerpo, la fibra hace algunas cosas muy sorprendentes. Cuando el término *fibra dietaria* aparece en la etiqueta de nutrición de algún producto, se refiere a la cantidad de sustancias no digeribles de dicho producto. Es así como se identifica un alimento rico en fibra.

Soluble e insoluble: ¿cuál es la diferencia?

La fibra se divide en dos categorías: insoluble y soluble, dependiendo de su capacidad para disolverse (o no disolverse) en agua. Algunos alimentos contienen los *dos* tipos de fibras, en tanto que en otros predomina uno. La clave es comer una variedad de alimentos ricos en fibra cada día y recibir los efectos benéficos de ambos tipos.

Fibra soluble

La fibra *soluble en agua* se diluye con facilidad. Técnicamente, las fibras solubles incluyen pectina, gomas y mucílagos. Sin embargo, es obvio que estos términos no le serán muy útiles en la tienda de abarrotes. Así que, traducido a términos de "comida", usted encontrará fibra soluble en:

➤ avena

➤ arroz integral

➤ cebada

➤ salvado de avena

➤ frijoles

➤ centeno

➤ semillas

➤ vegetales

➤ frutas (especialmente manzana, fresa, naranja, plátano, nectarina y pera)

¿A qué se debe todo este barullo? Bueno, para explicar a los principiantes, se ha demostrado que las comidas ricas en *fibras solubles* ayudan a disminuir el colesterol en la sangre, por lo tanto, reducen el riesgo de una enfermedad cardiaca. Otro beneficio es que la fibra hace más lenta la absorción de la glucosa (azúcar en la sangre), lo cual ayuda a controlar los niveles de azúcar en la sangre de los diabéticos.

Fibra insoluble

El tipo de fibra que no se disuelve fácilmente en el agua se llama *insoluble en agua*. La fibra insoluble incluye lignina, celulosa y hemicelulosa. Y nuevamente, convertido a términos de comida comprensibles, se trata de los siguientes alimentos:

➤ salvado de trigo

➤ panes y cereales de trigo entero

➤ frutas

➤ vegetales

Como puede ver, algunos alimentos mencionados en ambas listas proporcionan *tanto* fibra soluble *como* fibra insoluble.

La fibra insoluble es la principal responsable de la aceleración del tiempo del tránsito intestinal, así como de una mayor cantidad y suavización de las heces. En otras palabras, la fibra insoluble es responsable de hacer "que las cosas marchen bien", usted sabe lo que esto quiere decir. Además de ayudar a la regularidad, se ha demostrado que la fibra insoluble disminuye el riesgo de padecer cáncer de colon y diverticulosis.

Definición
Diverticulosis: padecimiento en el que se forman pequeñas bolsitas (divertículas) en la pared del colon. Con frecuencia, el padecimiento aparece sin síntomas, pero cuando las bolsitas se infectan o se inflaman, es muy doloroso. Cuando esto sucede, la enfermedad se conoce como diverticulosis y provoca fiebre, dolor abdominal y diarrea.

Reduzca el riesgo de padecer cáncer de colon

¿Puede una dieta rica en fibra realmente bajar sus posibilidades de desarrollar cáncer en el colon? Varios estudios afirman que sí y ¡esto tiene sentido! Piénselo. La *fibra insoluble* ayuda a mover el material de desperdicio a través de los intestinos de forma más rápida. Por lo tanto, cualquier sustancia sospechosa tiene menos tiempo de vagar dentro del colon y llegar a dañarlo. Además, la fibra puede unirse a las bacterias posiblemente dañinas y transportarlas a través de los intestinos para extraerlas del cuerpo. También es importante señalar que los movimientos intestinales más suaves y más regulares previenen el estreñimiento y reducen la oportunidad de desarrollar hemorroides.

Definición
Hemorroide: inflamación dolorosa de una vena en el área rectal.

Reducción de su nivel de colesterol

Si su colesterol tiende a estar un poco alto o si usted solamente quiere mantener su nivel bajo, entonces probablemente quiera incrementar su *fibra soluble*. Se ha demostrado que las fibras solubles se enlazan con el colesterol y lo sacan del cuerpo. Las frutas, los vegetales, las legumbres, la avena y todos los alimentos que contengan salvado de avena pueden reducir el riesgo de contraer enfermedades cardiacas y arteriales, ya que disminuyen el nivel de colesterol en la sangre. También, los alimentos altos en fibra pueden desplazar otros altos en grasas (que obstruyen las arterias), logrando así un doble impacto.

Sí, usted puede sentirse satisfecho con menos comida

Obstáculo en el camino
El hecho de que un alimento parezca saludable no necesariamente significa que lo sea. Algunos *muffins* de salvado están cargados de grasa y azúcar, y proveen muy poca fibra.

¿Alguna vez ha sentido cómo un platillo de vegetales se expande en su estómago después de comerlos? ¡Seguramente sí! Comer alimentos ricos en fibra causa una sensación de plenitud, porque absorben el agua y se hinchan en su cuerpo. También puede sentirse satisfecho durante un periodo más largo si elige una comida rica en fibra soluble. A diferencia de la fibra insoluble, la cual mueve más rápidamente la comida en su cuerpo, la soluble tiende a permanecer más tiempo dentro de él, manteniéndolo lleno y satisfecho.

¿Esto quiere decir que usted perderá peso si come mucha fibra? Sí, siempre y cuando coma estos alimentos *en lugar* de los productos altos en grasas y calorías. Pero si usted los come además de toda la comida chatarra, entonces su oportunidad de adelgazar, simplemente, se adelgaza.

"¡Creo que está comiendo demasiada fibra!"

¿Cuánta fibra necesita?

Aunque no existe una cantidad diaria recomendada (CDR), la mayoría de los expertos en salud coincide en que se debe comer de 25 a 35 gramos de fibra dietaria diariamente (una mezcla de fibra soluble e insoluble). En la siguiente página encontrará algunas ideas que le ayudarán a elevar su ingestión de fibra.

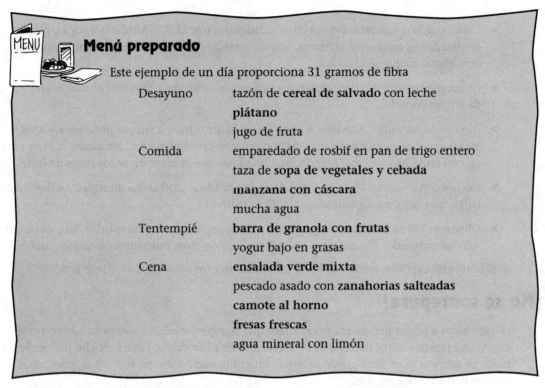

Menú preparado

Este ejemplo de un día proporciona 31 gramos de fibra

Desayuno	tazón de **cereal de salvado** con leche
	plátano
	jugo de fruta
Comida	emparedado de rosbif en pan de trigo entero
	taza de **sopa de vegetales y cebada**
	manzana con cáscara
	mucha agua
Tentempié	**barra de granola con frutas**
	yogur bajo en grasas
Cena	**ensalada verde mixta**
	pescado asado con **zanahorias salteadas**
	camote al horno
	fresas frescas
	agua mineral con limón

Consejos para aumentar la fibra en su dieta

Mientras lee los consejos que se encuentran más adelante, recuerde estos puntos. Es importante aumentar el consumo de fibra *gradualmente* (algunas veces durante varias semanas), porque el cuerpo necesita acostumbrarse. Por ejemplo, si usted es novato en el mundo de la fibra, empiece con 20 gramos al día, durante la primera semana. Aumente a 25 gramos al día la segunda semana, y, si su estómago lo soporta, incremente a 30 gramos al día para la tercera semana. También, beba muchos líquidos. La fibra actúa como un agente rellenador cuando absorbe algunos fluidos de su cuerpo. Los líquidos adicionales le ayudarán a evitar la deshidratación y, lo más importante, ¡le ayudarán a extraer ese relleno!

➤ Lea las etiquetas de nutrición. Generalmente, un alimento que se considera una buena fuente de fibra debe contener, al menos, 2.5 gramos por porción.

➤ Empiece su día con un cereal alto en fibra para el desayuno. Los supermercados están atestados de estos cereales. Lea la etiqueta de nutrición y seleccione un cereal que ofrezca más de 2 gramos de fibra por porción.

➤ Añada algunas cucharadas de salvado de trigo a su cereal, queso cottage, yogures y ensaladas.

➤ Coma muchos vegetales frescos o congelados durante el día. Añádalos a sopas, pizzas, emparedados, alimentos salteados, pastas, tortillas de huevos, arroz, o sobre cualquier otro alimento que se le ocurra.

➤ Coma pan y pasta de trigo, centeno y productos de avena, junto con arroz integral, cebada y trigo cortado.

➤ ¡No olvide las frutas! Añádalas a su cereal (caliente o frío), a sus panqueques y wafles, mézclelas con yogur y ensaladas, o simplemente disfrútelas solas. Recuerde, la fruta entera, con semillas y cáscara, proporciona más fibra que la mayoría de los jugos de fruta.

➤ Cocine con frijoles y lentejas: están cargados de fibra. Disfrútelos en sopas, asados, ensaladas, burritos y en un millón de platillos creativos.

➤ Obtenga su fibra de fuentes alimenticias y no de suplementos alimenticios. La comida no es sólo un proveedor natural no sólo de fibra, sino de otros nutrientes esenciales también.

Al final de este capítulo, encontrará una lista de alimentos altos en fibra que le será útil.

¡No se sobrepase!

¿Puede llegar a comer demasiada fibra? Claro que sí, especialmente cuando su cuerpo no la usa. Si una persona come media caja de cereal alto en fibra diario, pasará mucho tiempo en el baño. La sobrecarga de fibra puede provocar una inflamación severa, espasmos, gases, diarrea y otros malestares abdominales.

Además, las cantidades excesivas de fibra pueden disminuir la absorción de vitaminas y minerales importantes. Con todo esto en mente, una vez más, asegúrese de incrementar su consumo de fibra *gradualmente*, durante un período de varias semanas, y beba muchos líquidos adicionales para ayudar a la fibra a pasar a través de su sistema. La clave está en poner atención a la respuesta de su cuerpo, para que, así, usted sepa la cantidad que puede consumir cada vez.

Lo mínimo que necesita saber

➤ La fibra es una sustancia no digerible encontrada en las plantas; se clasifica en dos categorías: *soluble en agua e insoluble en agua.*

➤ La mayoría de los alimentos contiene ambas fibras. Los alimentos particularmente ricos en fibras solubles son: la avena, el salvado de avena, las legumbres, el centeno, las frutas y los vegetales. Los alimentos ricos en fibras insolubles son: el salvado de trigo, panes y cereales de trigo entero, frutas y vegetales.

➤ La evidencia sugiere que la fibra *soluble* puede ayudar a bajar el nivel de colesterol en la sangre y mejorar el control del azúcar en la sangre en los diabéticos. Se ha comprobado que la fibra insoluble disminuye el riesgo de cáncer en el colon y diverticulosis y previene las hemorroides y el estreñimiento.

➤ La ingestión de fibra recomendada es de 20 a 35 gramos al día y es una parte importante de cualquier plan alimentario bien estructurado para el adulto promedio.

➤ Aumente su fibra gradualmente para que su cuerpo se acostumbre a ella. También, asegúrese de beber muchos líquidos adicionales.

FRUTAS	GRAMOS DE FIBRA
Frambuesas (1 taza)	5.50
Pera (1)	4.65
Zarzamoras (1 taza)	4.00
Ciruelas pasas (5)	3.00
Manzana (1)	3.00
Naranja (1)	3.00
Fresas (1 taza)	2.70
Uvas (1 $\frac{1}{2}$ tazas)	2.30
Plátano (1)	2.00
Durazno (1)	2.00
Toronja ($\frac{1}{2}$)	1.70
Nectarina (1)	1.60

VEGETALES (todas las porciones de $\frac{1}{2}$ taza cocidos)	GRAMOS DE FIBRA
Chícharos verdes	4.00
Brócoli	3.60
Coles de bruselas	3.00
Camote (pequeño)	3.00
Papa al horno con cáscara (chica)	2.50
Zanahorias	2.50
Espinacas	2.20
Maíz	1.70

PANES Y GRANOS	GRAMOS DE FIBRA
Cebada cocida (1 taza)	8.80
Pan de trigo entero (2 rebanadas)	3.20

continúa

continuación

PAN Y GRANOS	GRAMOS DE FIBRA
Arroz integral cocido (³/₄ de taza)	2.50
Muffin de salvado (1)	2.50

CEREALES (medidos por peso, por lo tanto, las porciones varían)	GRAMOS DE FIBRA
Fibra Uno (¹/₂ taza)	12.90
100% Salvado (¹/₂ taza)	9.75
All Bran (¹/₃ de taza)	8.40
Cuadritos de avena (¹/₃ de taza)	7.70
Bran Flakes (³/₄ de taza)	5.00
Raisin Bran (³/₄ de taza)	4.50
Shredded Wheat (³/₄ de taza)	4.00
Avena (¹/₂ taza cocida)	2.20
Salvado de trigo (4 cucharadas)	2.00
Germinado de trigo (2 cucharadas)	1.50

FRIJOLES COCIDOS (todas las porciones son de ¹/₂ taza)	GRAMOS DE FIBRA
Pinto	6.40
Alubia chica	4.70
Blanco	4.40
Alubia grande	4.30
Negro	3.60

Fuentes: © 1996 First Databank
Valores de alimentos de las porciones usadas comúnmente de Bowes & Church, 15a. Ed., 1989

Capítulo 7

Vitaminas y minerales: los "microchicos"

En este capítulo

➤ ¿Qué son las vitaminas y los minerales?

➤ Las TDR y los nutrientes individuales

➤ La función de los antioxidantes

¿Qué sucede aquí?

Una mujer entró a un consultorio de nutrición por primera vez. Después de presentarse, sacó una gran bolsa llena hasta el tope de envases de vitaminas y minerales. "Yo tomo una al día, todos los días, porque un vecino me habló sobre las extra B, mi peinador me recomendó extra hierro y los demás, ya no recuerdo."

Esto es algo alarmante y desafortunadamente esta situación se presenta a menudo. Ciertamente, las píldoras para reanimar se han convertido en un ritual popular mañanero en todo Estados Unidos. Además, todo el mundo ha oído sobre las historias dramáticas de las vitaminas y los minerales. Desde las tiendas de alimentos naturistas hasta los infomerciales, todos hablan de megadosis de una u otra cosa. No es necesario decir que la industria de las vitaminas es un gran negocio, con ventas anuales que alcanzan el nivel *multimillonario de dólares*.

Pero, ¿realmente necesita todas esas píldoras? Las probabilidades indican que no. Con tanta y tanta información errónea, no es raro que la gente tome cantidades exorbitantes de suplementos que no necesita. Por cierto, esos suplementos adicionales literalmente son dinero tirado al caño, porque el cuerpo filtra todos los elementos extra. ¡Es una orina muy cara! ¡Lo que es peor, algunas vitaminas no se eliminan y pueden ser potencialmente tóxicas!

No lo mal interprete, las vitaminas y los minerales son esenciales para tener un funcionamiento normal y sin ellas no podría sobrevivir. Sin embargo, su cuerpo sólo requiere cantidades mínimas de estos "microchicos" y la mayoría de los expertos en nutrición coincide en que la mejor forma de obtener todas las vitaminas y los minerales que usted requiere es a través de una dieta balanceada y variada. Aunque algunas personas *pueden* beneficiarse con los suplementos, es importante consultar a un profesional de la salud antes de correr a la farmacia más cercana.

Prepárese para examinarse y descubrir si usted toma lo que su cuerpo necesita. Este capítulo le ayudará a aclarar sus dudas acerca de las vitaminas y los minerales.

¿Qué son las vitaminas y los minerales?

En capítulos anteriores, usted se ha familiarizado con los carbohidratos macronutrientes, las proteínas y las grasas. Ahora es hora de entender los micronutrientes (es decir, las vitaminas y los minerales), que existen *dentro* de los macronutrientes. Aunque éstos reciben la denominación más alta, los microchicos son igualmente importantes en la dieta, porque desempeñan trabajos específicos que permiten a su cuerpo operar eficientemente.

Piense en los carbohidratos, las proteínas y las grasas como estrellas de rock en el escenario. Ahora imagine a las vitaminas y los minerales como los cantantes del coro, la banda y toda la gente que ayuda a realizar el concierto. Los chicos grandes y pequeños deben trabajar en conjunto para lograr a cabo un espectáculo magnífico.

Esa es la forma en la que trabaja su cuerpo. Usted come carbohidratos, proteínas y grasas, y ellos proveen a su cuerpo 13 vitaminas y por lo menos 22 de los minerales que usted necesita. Aunque son pequeños en tamaño y pocos en cantidad, estos nutrientes desempeñan tareas muy importantes que ayudan a su cuerpo a funcionar. Además, la falta de alguno de ellos causaría una deficiencia única en su género, que sólo puede corregirse suministrando ese nutriente en particular.

Las TDR: tolerancias dietéticas recomendadas

Las tolerancias dietéticas recomendadas (TDR) son normas establecidas por un comité experto, conocido como Asamblea de Alimentos y Nutrición de la Academia Nacional de Ciencias y el Consejo Nacional de Investigación de Estados Unidos. Estas recomendaciones marcan el promedio diario de requerimientos de una variedad de nutrientes (es decir, vitaminas y minerales) destinados para formar gente saludable. Nota: Las personas con ciertas enfermedades pueden requerir mayor o menor cantidad de ciertos nutrientes en específico. Las normas de las TDR se establecen ligeramente arriba del nivel de nutrientes que su cuerpo realmente necesita con el fin de construir una red de seguridad preventiva.

Aunque la siguiente tabla es una buena referencia para consulta personal, no existe razón alguna para calcular o memorizar estos números. Con el simple hecho de comer una variedad de alimentos incluidos en los cinco grupos, automáticamente se obtienen los niveles que el cuerpo requiere. No se asuste si a usted le falta un poco de algún nutriente de vez en cuando, una deficiencia no se desarrolla de la noche a la mañana. Sin embargo, usted puede estar en problemas si, constantemente, carece de alguna vitamina o algún mineral en específico.

Tolerancias dietéticas recomendadas (TDR), 1989[a]

Edad (años)	Peso Altura (kg)	(lb)	(cm)	(pulgadas)	Proteínas (g)	(RE) Vitamina A	(µg) Vitamina D	(mg) Vitamina E	(µg) Vitamina K	(mg) Vitamina C	(mg) Tiamina	(mg) Riboflavina	(mg equiv.) Niacina	(mg) Vitamina B_6	(µg) Folato	(µg) Vitamina B_{12}	(mg) Calcio	(mg) Fósforo	(mg) Magnesio	(mg) Hierro	(mg) Zinc	(µg) Yodo	(µg) Selenio
Bebés																							
0.0–0.5	6	13	60	24	13	375	7.5	3	5	30	0.3	0.4	5	0.3	25	0.3	400	300	40	6	5	40	10
0.5–1.0	9	20	71	28	14	375	10	4	10	35	0.4	0.5	6	0.6	35	0.5	600	500	60	10	5	50	15
Niños																							
1–3	13	29	90	35	16	400	10	6	15	40	0.7	0.8	9	1.0	50	0.7	800	800	80	10	10	70	20
4–6	20	44	112	44	24	500	10	7	20	45	0.9	1.1	12	1.1	75	1.0	800	800	120	10	10	90	20
7–10	28	62	132	52	28	700	10	7	30	45	1.0	1.2	13	1.4	100	1.4	800	800	170	10	10	120	30
Hombres																							
11–14	45	99	157	62	45	1000	10	10	45	50	1.3	1.5	17	1.7	150	2.0	1200	1200	270	12	15	150	40
15–18	66	145	176	69	59	1000	10	10	65	60	1.5	1.8	20	2.0	200	2.0	1200	1200	400	12	15	150	50
19–24	72	160	177	70	58	1000	10	10	70	60	1.5	1.7	19	2.0	200	2.0	1200	1200	350	10	15	150	70
25–50	79	174	176	70	63	1000	5	10	80	60	1.5	1.7	19	2.0	200	2.0	800	800	350	10	15	150	70
51+	77	170	173	68	63	1000	5	10	80	60	1.2	1.4	15	2.0	200	2.0	800	800	350	10	15	150	70
Mujeres																							
11–14	46	101	157	62	46	800	10	8	45	50	1.1	1.3	15	1.4	150	2.0	1200	1200	280	15	12	150	45
15–18	55	120	163	64	44	800	10	8	55	60	1.1	1.3	15	1.5	180	2.0	1200	1200	300	15	12	150	50
19–24	58	128	164	65	46	800	10	8	60	60	1.1	1.3	15	1.6	180	2.0	1200	1200	280	15	12	150	55
25–50	63	138	163	64	50	800	5	8	65	60	1.1	1.3	15	1.6	180	2.0	800	800	280	15	12	150	55
51+	65	143	160	63	50	800	5	8	65	60	1.0	1.2	13	1.6	180	2.0	800	800	280	10	12	150	55
Embarazadas					60	800	10	10	65	70	1.5	1.6	17	2.2	400	2.2	1200	1200	320	30	15	175	65
Lactantes																							
Primeros 6 meses					65	1300	10	12	65	95	1.6	1.8	20	2.1	280	2.6	1200	1200	355	15	19	200	75
Segundos 6 meses					62	1200	10	11	65	90	1.6	1.7	20	2.1	260	2.6	1200	1200	340	15	16	200	75

[a]Las tolerancias están destinadas a proporcionar las variaciones individuales entre la gente saludable, en un ambiente de estrés normal. Las dietas deben basarse en una variedad de alimentos, con el fin de proveer otros nutrientes que aún no tienen definidos los requerimientos humanos. Consulte el texto para una información más detallada de las TDR y de los nutrientes no contemplados en esta tabla.

Fuente: 1989 Academia Nacional de Ciencias, Prensa de la academia nacional, Washington, D.C.

Evaluación de los consumos dietéticos diarios seguros y adecuados de vitaminas y minerales seleccionados (Estados Unidos)[a]

Edad (años)	Vitaminas		
	Biotina (µg)		Ácido pantoténico (mg)
Bebés			
0–0.5	10		2
0.5–1	15		3
Niños			
1–3	20		3
4–6	25		3–4
7–10	30		4–5
11 +	30–100		4–7
Adultos			
	30–100		4–7

Edad (años)	Elementos de traza[b]				
	Cromo (µg)	Molibdeno (µg)	Cobre (mg)	Manganeso (mg)	Fluoruro (mg)
Bebés					
0–0.5	10–40	15–30	0.4–0.6	0.3–0.6	0.1–0.5
0.5–1	20–60	20–40	0.6–0.7	0.6–1.0	0.2–1.0
Niños					
1–3	20–80	25–50	0.7–1.0	1.0–1.5	0.5–1.5
4–6	30–120	30–75	1.0–1.5	1.5–2.0	1.0–2.5
7–10	50–200	50–150	1.0–2.0	2.0–3.0	1.5–2.5
11 +	50–200	75–250	1.5–2.5	2.0–5.0	1.5–2.5
Adultos	50–200	75–250	1.5–3.0	2.0–5.0	1.5–4.0

[a]Debido a la escasa información sobre qué basar la tolerancia, estas cantidades no se presentan en la tabla principal de las TDR y aquí aparecen en forma de rangos de consumo recomendado.
[b]Debido a que los niveles tóxicos, para muchos de los elementos de traza, se dan sólo gracias a varias tomas continuas, los niveles superiores para los elementos de traza presentados en esta tabla no se deben exceder.

Requerimientos mínimos, estimados, de sodio, cloro y potasio

Edad (años)	Sodio[a] (mg)	Cloro (mg)	Potasio[b] (mg)
Bebés			
0.0–0.5	120	180	500
0.5–1.0	200	300	700
Niños			
1	225	350	1000
2–5	300	500	1400
6–9	400	600	1600
Adolescentes	500	750	2000
Adultos	500	750	2000

[a]Los requerimientos de sodio están basados en estimaciones de las necesidades de crecimiento y para remplazo de pérdidas obligadas. Cubren una amplia variación de los patrones de actividad física y exposición climática, pero no bastan en caso de pérdidas prolongadas por sudor.
[b]El potasio dietético puede ayudar a la prevención y al tratamiento de la hipertensión. Las recomendaciones de incluir varias porciones de frutas y vegetales pueden elevar el consumo de potasio hasta 3,500 mg/día.

Fuente:©1989 Academia Nacional de Ciencias, Prensa de la academia nacional, Washington, D.C.

Vitaminas solubles en grasa

Las vitaminas son compuestos orgánicos (es decir, que contienen carbono), y de las 13 que necesita su cuerpo, cuatro son solubles en grasa (A, D, E y K). Las vitaminas solubles en grasa no se disuelven en agua y se almacenan en la grasa de su cuerpo. Así, se acumulan en los tejidos y se vuelven ligeramente tóxicas (específicamente las vitaminas A y D).

Vitamina A (retinol)

Como siempre dicen las madres: "come muchas zanahorias y verás en la obscuridad". Eso es porque las zanahorias contienen beta-caroteno, una sustancia que su cuerpo convierte en vitamina A. Ésta ayuda a tener una buena visión, así como una piel sana y el crecimiento y mantenimiento normales de huesos, dientes y membranas mucosas. Lo que no dicen las madres es que el beta-caroteno también se encuentra en la mayoría de las frutas anaranjadas-amarillas y en los vegetales verde oscuro.

Su cuerpo convierte el beta-caroteno en vitamina A sólo cuando usted lo necesita, así que comer alimentos ricos en beta-caroteno no puede provocar una toxicidad de vitamina A. Sin embargo, si come enormes cantidades, su piel puede ponerse un poco anaranjada. No se preocupe, este problema no es serio. Simplemente olvídese de los vegetales anaranjados durante algunos días y el color desaparecerá.

Aunque su cuerpo controla la creación de vitamina A a partir del beta-caroteno, pierde ese control cuando usted la ingiere directamente como vitamina A, por ejemplo, en tabletas. La ingestión excesiva de vitamina A puede ser extremadamente tóxica, dando como resultado fatiga y debilidad generales, severos dolores de cabeza, visión borrosa, insomnio, pérdida de cabello, irregularidades menstruales, erupciones en la piel y dolor en las articulaciones. En casos extremos, puede haber daños hepáticos y cerebrales. Si se toman enormes dosis durante el periodo prenatal, el bebé puede nacer con defectos.

¿Qué pasa si usted no obtiene suficiente? La deficiencia de la vitamina A puede provocar ceguera nocturna o total y bajar la resistencia a las infecciones, ya que esta vitamina tiene una función muy importante en la integridad estructural de las células. ¡Cuidado con los gérmenes!

Alimentos ricos en vitamina A	Alimentos ricos en beta-caroteno
hígado	melón
huevos	zanahorias
leche	camote
mantequilla	calabaza
margarina	espinacas
	brócoli

Vitamina D: la vitamina del rayo de Sol

¿Puede usted creer que el Sol produzca esta vitamina? Es una razón más para mudarse a Florida (primero Disneylandia y ahora esto). La vitamina D juega un papel indispensable en la formación y el mantenimiento de huesos y dientes duros. De hecho, la vitamina D es responsable de que el cuerpo absorba y utilice el mineral calcio.

La insuficiencia de vitamina D puede provocar serias anormalidades óseas, como el raquitismo en los niños (huesos suaves y mal formados) y la osteoporosis u osteomalacia (suavización de huesos) en los adultos.

Por otro lado, la vitamina D es soluble en grasa, así que tomar fuertes dosis en suplementos puede ser peligroso. Algunos de los efectos tóxicos son: mareo, diarrea, pérdida de apetito, dolores de cabeza, presión arterial alta, colesterol alto, huesos frágiles y depósitos de calcio en todo el cuerpo (incluyendo corazón, riñones y vasos sanguíneos). Si usted toma suplementos, asegúrese de no tomar más de lo recomendado por las TDR (400 UI) de vitamina D diariamente.

Entre los alimentos ricos en vitamina D se encuentran:

leche fortificada	margarina
yema de huevo	atún
salmón	aceite de hígado de bacalao

exposición al Sol

Una parte de colesterol en su piel se convierte en vitamina D después de exponerse a los rayos del sol por 10 o 20 minutos. Lo que es más, tres días soleados a la semana le ofrecen toda la vitamina D que usted necesita.

Vitamina E (tocoferol)

¡Éste es un tema controvertido! Todo el mundo, desde los científicos hasta los lecheros, piensa que esta vitamina tiene tremendas propiedades; ¡sólo falta que pueda pagar sus multas por estacionarse en lugar prohibido o encender su coche! En una sección posterior se explicará el papel de la vitamina E como antioxidante, pero por ahora se investigará su lado más tradicional.

La vitamina E ayuda a la formación y funcionamiento de los glóbulos rojos, músculos y otros tejidos, además protege los ácidos grasos esenciales (grasas especiales necesarias para su cuerpo). Debido a que la vitamina E se encuentra en una variedad de alimentos, es raro que se presente una deficiencia. Sin embargo, en un caso extremo de carencia de vitamina E, se presenta un desgaste de los músculos y desórdenes neurológicos. A la fecha, no se han demostrado efectos tóxicos por tomar dosis mayores a las recomendadas por las TDR.

Entre los alimentos ricos en vitamina E se encuentran:

aceites vegetales	margarina
aderezos para ensaladas	cereales de trigo entero
vegetales de hoja verde	nueces y semillas
mantequilla de maní	germinado de trigo

Vitamina K

Gracias a la vitamina K, usted no se desangrará hasta morir después de una lesión. Esto se debe a que la vitamina K es esencial para una coagulación normal. Las investigaciones actuales también sugieren que esta vitamina juega un papel importante en la conservación de huesos resistentes en la gente mayor. ¿Dónde se obtiene esta vitamina? Esto es muy interesante. Las bacterias que viven en sus intestinos ayudan a producir el 80% de la vitamina K que usted necesita, y el 20% restante lo encuentra en una variedad de alimentos, listados a continuación.

Una deficiencia de vitamina K puede provocar hemorragias (sangrado incontrolable), principalmente a los recién nacidos, ya que su canal digestivo inmaduro no tiene suficientes bacterias para elaborar esta vitamina. La gente que toma antibióticos también puede perder temporalmente la habilidad de producir esta vitamina, debido a que el medicamento destruye todas las bacterias, buenas y malas.

Entre los alimentos ricos en vitamina K se encuentran:

vegetales de hoja verde oscuro

hígado

Vitaminas solubles en agua

A diferencia de las vitaminas solubles en grasa, las vitaminas solubles en agua se disuelven fácilmente en los fluidos acuosos de su cuerpo. Debido a que generalmente se expulsan grandes cantidades de éstas en la orina, existe una menor oportunidad de que se presenten efectos secundarios de tipo tóxico, pero es más probable que existan deficiencias. Por lo tanto, es importante reabastecer regularmente estas vitaminas comiendo alimentos saludables que suministren grandes cantidades de las mismas. Tenga especial cuidado durante la preparación de la comida, ya que la luz, el aire y el calor pueden eliminar o destruir fácilmente algunas de estas vitaminas; use pequeñas cantidades de agua para evitar la sobrecocción y corte frutas y vegetales justo antes de comerlas. A continuación se hará un rápido recorrido sobre cada una de las nueve vitaminas solubles en agua: ocho vitaminas B y la vitamina C.

P y R

¿Por qué las vitaminas se clasifican en B1, B2, B3, luego se saltan a B6 y de ahí hasta B12? ¿Qué pasa con todos los números intermedios?

En algún momento de la historia, las sustancias se etiquetaron como B7, B8, B9, etcétera. Sin embargo, con investigaciones posteriores, los científicos encontraron que éstas eran duplicados de vitaminas ya conocidas o que, finalmente, no eran vitaminas. Como resultado, se eliminaron estos números de la lista.

Tiamina (B1)

La tiamina es necesaria para convertir los alimentos ricos en carbohidratos en energía. La B1 también desempeña un papel importante al mantener saludables su cerebro, sus nervios y sus células cardiacas. Una deficiencia de esta vitamina puede provocar pérdida de energía, náuseas, depresión, calambres musculares, daño nervioso y debilidad muscular. Aunque no es común en Estados Unidos, la disminución de tiamina puede provocar la enfermedad de beriberi, causando un desgaste potencial de los músculos y parálisis.

Entre los alimentos ricos en tiamina (B1) se encuentran:

puerco	cordero	res
hígado	productos de grano entero	chícharos
semillas	legumbres	

Obstáculo en el camino

Tenga cuidado con las "tabletas anti-estrés" que contienen vitaminas B adicionales. Su cuerpo sólo reconoce y absorbe una cierta cantidad de cada una de las vitaminas B, el resto se va por el drenaje. ¡Si usted se siente menos tenso después de tomar una de estas píldoras, es probable que sea psicológico!

Riboflavina (B2)

Al igual que la tiamina, la riboflavina juega un papel importante en el metabolismo de la energía. Además, ayuda a la formación de glóbulos rojos y es necesaria para una piel saludable y una visión normal.

La deficiencia de riboflavina puede causar resequedad, piel áspera, grietas en los labios y en las comisuras de la boca. Y eso no es todo, sus ojos se vuelven extremadamente sensibles a la luz.

Entre los alimentos ricos en riboflavina (B2) se encuentran:

leche	yogur
queso	panes y cereales de grano entero
vegetales de hoja verde	carne
	productos alimenticios fortificados con vitaminas B

Nota: Esta vitamina puede ser fácilmente destruida si estos alimentos se exponen al Sol, por lo tanto, guárdelos en el refrigerador, en gabinetes o en la alacena.

Niacina (B3)

Esta vitamina B también se involucra en generar la energía a las células que convierten la comida en energía. Además, la niacina ayuda a mantener la piel saludable, y los nervios y el sistema digestivo en buen estado. En algunos casos, se pueden emplear fuertes dosis de niacina para bajar el nivel de colesterol. Sin embargo, esto sólo puede hacerse bajo la supervisión de su médico. Las megadosis pueden provocar sofocaciones, comezón, úlceras, nivel de azúcar alto en la sangre y daños hepáticos.

En los casos raros de deficiencia de niacina, los síntomas incluyen diarrea, llagas en la boca, cambios en la piel, desórdenes nerviosos y la enfermedad de pelagra, que causa las "Cuatro D": diarrea, dermatitis, demencia (confusión mental) y deceso.

Entre los alimentos ricos en niacina (B3) se encuentran:

carne	pescado	aves
hígado	leche	huevos
nueces	granos enteros	panes y cereales enriquecidos

Piridoxina (B6)

La vitamina B6 es un componente vital para las reacciones químicas relacionadas con las proteínas y los aminoácidos (¿recuerda esas bases de construcción de proteínas?). También participa en la formación de glóbulos rojos, anticuerpos, insulina, además de mantener al cerebro en funcionamiento normal. La deficiencia causa cambios en la piel, convulsiones en niños, demencia, desórdenes nerviosos y anemia.

Obstáculo en el camino

Cuídese de los suplementos que presumen de aliviar el "síndrome premenstrual (SPM)". Éstos generalmente contienen grandes cantidades de B6 (dosis de 100 mg o más, tomadas constantemente por un largo período), que pueden conducir a graves daños neurológicos, como la pérdida de sensación en los dedos y en las piernas. Por cierto, no ayudan a aliviar el SPM.

Entre los alimentos ricos en piridoxina (B6) se encuentran:

carnes magras	aves	pescado
legumbres	vegetales de hoja verde	cereales de trigo entero
plátanos		

Cobalamina (B12)

Esta vitamina ayuda a la formación de glóbulos rojos, al funcionamiento del sistema nervioso, y se requiere para la síntesis del ADN (su resumen genético). Ya que la B12 sólo se encuentra en alimentos de origen animal, los vegetarianos estrictos deben tomar un suplemento con el fin de evitar la deficiencia. Además, esta vitamina única en su género necesita la ayuda de otra sustancia llamada *factor intrínseco* para ser absorbida. Como el revestimiento del estómago produce el factor intrínseco, las personas con desórdenes gastrointestinales (especialmente la gente mayor) deben inyectar B12 directamente a su flujo sanguíneo. Los síntomas de la deficiencia de B12 incluyen desórdenes nerviosos y anemia perniciosa.

Debido a que el hígado almacena una buena cantidad de vitamina B12, pueden pasar muchos años antes de detectar una deficiencia. Como resultado, la gente debe revisarse los niveles de B12 a partir de los 60 años de edad, cada diez años.

Entre los alimentos ricos en cobalamina (B12) se encuentran:

carne	pescado
aves	huevos
productos lácteos	

Ácido fólico (folacina, folato)

El ácido fólico obtiene su nombre de la palabra *follaje*, ya que principalmente se encuentra en los vegetales de hoja verde oscuro. Además de desempeñar una función vital en la división de las células y en la formación de los glóbulos rojos, esta vitamina es necesaria para crear el material genético ADN.

En años recientes, el ácido fólico ha recibido mucha atención debido a su capacidad para reducir los defectos del tubo neural en recién nacidos. No es necesario decir que es imperativo que las madres embarazadas y las mujeres fértiles (ya que algunas no saben que están embarazadas hasta el momento del parto) tomen las cantidades correctas de ácido fólico tanto en alimentos como en suplementos. Por esta razón, el ácido fólico es un ingrediente fundamental en la mayoría de los suplementos vitamínicos prenatales. Debido a que este nutriente participa en la división celular, una deficiencia puede dejarlo vulnerable ante la anemia y provocarle una función digestiva anormal, ya que los glóbulos rojos y las células del canal digestivo se dividen más rápidamente.

Entre los alimentos ricos en ácido fólico se encuentran:

vegetales de hoja verde	hígado
frijoles	chícharos

Ácido pantoténico y biotina

El ácido pantoténico y la biotina son parte de la "pandilla de la vitamina B", que participan en el metabolismo de la energía. Además, el ácido pantoténico también juega un papel importante en la formación de ciertas hormonas y neurotransmisores. Aunque las dos vitaminas son vitales para el funcionamiento normal, actualmente no existe una TDR establecida para ellas. Esto se debe a que casi no se presentan deficiencias porque se encuentran en una amplia variedad de alimentos vegetales y animales.

Vitamina C (ácido ascórbico)

Ahora, la pregunta del millón de dólares: "¿La vitamina C realmente protege del resfriado común?" ¡Los científicos dicen que no! Hasta la fecha no existe ninguna evidencia comprobada de esta noción. Esta vitamina puede aligerar la severidad de los síntomas tan molestos, experimentados *durante* el resfriado, porque la vitamina C tiene un ligero efecto antihistamínico.

¿Qué más puede hacer la vitamina C? Si todas las vitaminas y minerales se presentaran en una escala de valor, de acuerdo con las funciones que desempeñan, ¡la vitamina C podría ser Rockefeller! La vitamina C es muy versátil, desde mantener saludables sus huesos, dientes y vasos sanguíneos, hasta curar heridas, activar su resistencia a las infecciones y participar en la formación de colágeno (una proteína que ayuda a dar soporte a las estructuras del cuerpo). Otro beneficio de comer alimentos ricos en vitamina C es que aumenta la absorción del mineral hierro, lo que beneficia a la gente con mayores requerimientos o deficiencias de hierro.

Aunque la deficiencia de vitamina C es poco común, puede provocar una disminución en la resistencia a las infecciones, encías ulceradas, hemorragias y, en casos severos, la enfermedad de escorbuto.

Por otro lado, algunos estudios han demostrado que una megadosis de vitamina C puede ayudar a reducir el riesgo de ciertas enfermedades (esto se discutirá posteriormente en la sección de antioxidantes). Sin embargo, altas dosis también pueden provocar efectos secundarios incómodos, como diarrea y náusea. Por esta razón, es mejor obtener cantidades adicionales por medio de fuentes alimenticias y no a través de suplementos.

> **Definición**
> **Escorbuto:** una enfermedad que resulta de la deficiencia de vitamina C. Se caracteriza por sangrado e inflamación de encías, dolor en articulaciones, desgaste de músculos y moretones. Actualmente, el escorbuto es muy raro, excepto en los alcohólicos, y puede curarse con sólo cinco a siete miligramos de vitamina C.

> **Obstáculo en el camino**
> Por razones aún inexplicables, parece que los fumadores requieren 50% más vitamina C que los no fumadores. En lugar de tomar más vitamina C ¿por qué no, simplemente dejan de fumar?

Entre los alimentos ricos en vitamina C se encuentran:

---

frutas cítricas (naranjas, toronjas, etc.)   melones

moras   tomates

papas   brócoli

jugos fortificados

Las vitaminas se dividen en dos clases: solubles en grasa y solubles en agua.

Vitaminas solubles en grasa	Vitaminas solubles en agua
vitamina A	vitaminas B
vitamina D	tiamina
vitamina E	riboflavina
vitamina K	niacina
	vitamina B6
	folato
	vitamina B12
	ácido pantoténico
	biotina
	vitamina C

Un día en la vida de un antioxidante

Son las noticias más importantes de la ciudad: los antioxidantes reducen el riesgo de una enfermedad cardiaca y ciertos cánceres. Entonces, ¿qué son exactamente los antioxidantes y cómo trabajan?

¿QUÉ?

Definición
Los **radicales libres** son como átomos hiperactivos e inestables que literalmente viajan por todo el cuerpo, dañando las células y los tejidos saludables.

Como usted sabe, cada una de las células en su cuerpo necesita oxígeno para funcionar de manera normal. Desafortunadamente, la utilización de este oxígeno genera subproductos dañinos, llamados *radicales libres*. Aún más, la contaminación del medio ambiente, algunos químicos industriales y fumar también producen radicales libres.

Fuera del cuerpo, el proceso de oxidación es el responsable de la coloración café de una manzana rebanada (usted sabe, la manzana que nadie se comerá) y del óxido en el metal. Dentro del cuerpo, la oxidación contribuye a las enfermedades cardiacas, al cáncer, a las cataratas, al envejecimiento y a una gran cantidad de enfermedades degenerativas. Así que, en otras palabras, ¡los radicales libres son el enemigo!

Entonces, ¿cómo es que nadie se cae a pedazos? Las células tienen su técnica propia y especial de defensa para pelear contra estos monstruos radicales. Lo que es más, los científicos han descubierto evidencias concluyentes que sugieren que ciertas vitaminas (específicamente C, E y beta-caroteno) pueden realmente mejorar la habilidad de su cuerpo para cuidarse de estos radicales libres y, por lo tanto, prevenir la oxidación. La forma apropiada de llamar a estas vitaminas es antioxidantes.

Obstáculo en el camino

Aunque los beta-carotenos todavía se consideran un antioxidante poderoso, no se recomiendan en forma de suplemento. Varios estudios, recientemente publicados, encontraron que los fumadores que tomaban suplementos de beta-caroteno, mostraban un aumento en el riesgo de cáncer de pulmón. Sin embargo, estos hallazgos ciertamente no significan que los beta-carotenos hayan perdido importancia entre los antioxidantes. Lo que *sí* significa es que, hasta no tener mayor información, la gente debe enfocarse a obtener beta-carotenos de las fuentes alimenticias y no de las megadosis suplementarias.

¿Qué pueden hacer los antioxidantes?

A la fecha, numerosos estudios han demostrado que los antioxidantes protegen al ser humano de lo siguiente:

➤ **Enfermedad cardiovascular.** Los hallazgos de los estudios sugieren que las vitaminas C y E podrían desempeñar una función en estrategias futuras para la prevención de enfermedades del corazón, al reducir el nivel de colesterol LDL alojado en las arterias (¿recuerda a estos chicos malos de un capítulo anterior?).

➤ **Cáncer.** Los estudios sugieren que las vitaminas E, C y el beta-caroteno pueden tener un efecto protector contra varios tipos de cánceres. Tenga en mente que muchos factores influyen en el desarrollo del cáncer, incluyendo el factor hereditario, fumar, exceso y deficiencia nutrimentales y el medio ambiente.

➤ **Cataratas.** Los científicos sospechan que las cataratas se desarrollan a partir de la oxidación de las proteínas en el cristalino del ojo. Los antioxidantes ayudan a reducir el riesgo de que esta enfermedad se desarrolle.

➤ **Inmunidad.** Los investigadores tienen la teoría de que los antioxidantes ayudan a fortalecer el sistema inmune al prevenir la acción de los radicales libres.

➤ **Daño de los radicales libres, inducido por el ejercicio.** Estudios recientes han demostrado que la actividad de los radicales libres aumenta después de un ejercicio intenso. Por lo tanto, la función de la vitamina E es reducir la inflamación y el dolor muscular después de entrenamientos vigorosos.

¿Qué nivel de antioxidantes es correcto?

Para reflexionar
Popeye estaba seguro de que con sólo una lata de espinacas (2 tazas), ingería hasta 29,000 unidades internacionales de beta-caroteno, 50 miligramos de vitamina C y 12 miligramos de vitamina E. ¡Es un marinero realmente saludable!

Para reflexionar
Lo que la mayoría de la gente *sí* sabe es que el arsénico en grandes cantidades se convierte en una poción letal. Lo que mucha gente *no* sabe es que el arsénico en pequeñas cantidades es un mineral esencial que su cuerpo necesita para funcionar correctamente.

Su primer enfoque (y su segundo también) debe ser el de comer *alimentos* ricos en vitaminas antioxidantes. Contrariamente a lo que la gente pueda pensar, no existen píldoras mágicas para la buena salud. ¡La vida sería mucho más fácil! Otro punto a favor de la comida es que los científicos descubren constantemente en los alimentos sustancias nuevas que pueden ayudar al bienestar. Además, hallazgos futuros podrían revelar que no sólo se trata de vitaminas aisladas y que las interacciones entre varios ingredientes alimenticios podrían intensificar la prevención de las enfermedades.

Hasta la fecha, no se han encontrado efectos secundarios dañinos por dosis suplementarias de las vitaminas E y C, que exceden las TDR, pero nunca se sabe lo que se revelará en el futuro. La ciencia de la nutrición vive un reto constante debido a nuevos descubrimientos (así que piense en esto antes de tomarse la próxima píldora). Se sabe que obtener los nutrientes de las fuentes alimenticias es una forma segura y efectiva, pero no se sabe todo acerca de las megadosis en los suplementos. Por ejemplo, el año pasado, el beta-caroteno "curaba todo" y todo el mundo lo tomaba. Ahora, esta imagen ha cambiado sustancialmente.

En resumen: si usted decide tomar suplementos de antioxidantes, manténgase al corriente de la investigación actual y hable con un profesional de la salud.

La cucharada de minerales

A continuación se presenta una breve introducción al mundo de los minerales. El siguiente capítulo se enfoca en dos minerales poderosos: el calcio y el hierro.

Junto con las vitaminas, su cuerpo necesita, por lo menos, 22 minerales para hacer que las cosas sucedan. Los minerales principales, como el calcio y el potasio, son necesarios en grandes cantidades, en tanto que los minerales de traza, como el hierro y el zinc, sólo se requieren en cantidades mínimas.

Pero no se deje engañar sólo porque un mineral se clasifica como traza, eso no le resta importancia. La pequeña cantidad TDR de hierro es tan importante para su cuerpo como la gran cantidad TDR de calcio. Parecido al pan; mucha harina y una gota de levadura... ambos son igualmente importantes para hacer una barra de pan perfecta.

Minerales principales	Minerales de traza
Calcio	Hierro
Cloruro	Zinc
Magnesio	Yodo
Fósforo	Selenio
Potasio	Cobre
Sodio	Manganeso
Azufre	Fluoruro
	Cromo
	Molibdeno
	Arsénico
	Níquel
	Silicio
	Boro
	Cobalto

Lo mínimo que necesita saber

➤ Más de 13 vitaminas y 22 minerales son esenciales para las funciones normales del cuerpo. Si sigue una dieta bien balanceada y variada, usted proveerá a su cuerpo de las tolerancias dietéticas recomendadas (TDR), para todos los nutrientes.

➤ Las vitaminas solubles en agua (ocho vitaminas del complejo B y la vitamina C) se disuelven fácilmente en los fluidos corporales acuosos y las cantidades excesivas generalmente se eliminan a través de la orina.

➤ Las vitaminas solubles en grasa (A, D, E y K) no se diluyen en agua y se almacenan en la grasa del cuerpo. Por eso esas vitaminas tienen la capacidad de acumularse en los tejidos y convertirse en tóxicas si se ingieren fuertes dosis suplementarias (específicamente la vitamina A y la vitamina D).

➤ Los antioxidantes ayudan a prevenir ciertos tipos de cánceres, enfermedades cardiacas, cataratas, dolor inducido por el ejercicio y otras enfermedades degenerativas, protegiendo al cuerpo de los radicales libres. ¡Coma muchos alimentos ricos en vitamina C y E y beta-caroteno para obtener los beneficios!

Capítulo 8

Dos minerales poderosos: el calcio y el hierro

En este capítulo

➤ Las funciones del calcio y el hierro

➤ ¿Cuánto es lo necesario?

➤ ¿Dónde se encuentran las mejores fuentes alimenticias?

➤ ¿Es usted un candidato para tomar suplementos de vitaminas y minerales?

Como se dijo en el capítulo anterior, existen por lo menos 22 minerales esenciales para llevar a cabo un gran número de funciones vitales y procesos corporales. Al parecer no pasa un solo día sin que alguien pida información acerca del calcio y el hierro. Debido a esto, este libro separa estos dos impresionantes minerales y les dedica un capítulo entero para responder a diversas preguntas.

Calcio y huesos saludables

El calcio es, por mucho, el mineral más abundante en su cuerpo, alrededor de 99% se almacena en sus huesos. El otro 1% se localiza en los fluidos corporales, donde ayuda a regular funciones como presión sanguínea, transmisión nerviosa, contracción de los músculos (incluyendo los latidos del corazón), coagulación de la sangre y secreción de hormonas y enzimas digestivas. El calcio, junto con la ayuda de la vitamina D, el fluoruro y el fósforo, es mejor conocido por su habilidad para mantener huesos fuertes y saludables. El calcio es vital para la estructura ósea, ya que proporciona integridad y densidad al esqueleto. A cambio, los huesos actúan como un "banco de calcio", liberando calcio al cuerpo cuando la alimentación es deficiente (con la esperanza de que no sea muy frecuente).

Mucha gente cree que una vez rebasada cierta edad, ya no es necesario obtener tanto calcio. ¡INCORRECTO! El calcio es fundamental *a lo largo* de toda su vida, es lo primero y lo más importante para una buena formación ósea, y posteriormente para un buen mantenimiento de los huesos. Por lo general, los primeros 24 años son importantes porque todo el cuerpo está creando el cimiento de un esqueleto y dientes fuertes. En las primeras tres décadas de vida, los huesos alcanzan su *masa ósea máxima de adulto* (es cuando los huesos terminan de crecer en tamaño y densidad). Los niños que beben mucha leche y comen otros productos lácteos llegarán a la edad adulta con huesos más fuertes que los que escatiman en alimentos ricos en calcio.

Una ingestión de calcio en los años posteriores es igualmente importante para mantener huesos sanos (con la esperanza de que usted ya hizo lo correcto durante sus primeros 30 años). Con la edad, los huesos pierden gradualmente su densidad (es decir, calcio), principalmente en las mujeres menopáusicas. La gente que, con regularidad, toma cantidades adecuadas de calcio puede retrasar este proceso y retar a esos huesos quebradizos de la edad avanzada.

PYR

¿Por qué molestarse con el calcio?

Imagine sus huesos como su banco de calcio. Con el paso del tiempo, usted puede acumular en su cuenta de ahorros muchos alimentos ricos en calcio, complementado su dieta con píldoras de calcio. ¡Siga trabajando en esa cuenta de ahorros aun siendo adulto y sus huesos se mantendrán ricos en calcio!

Por otro lado, si usted escatima con este mineral, ¡terminará en banca rota de calcio! Sus fluidos corporales también necesitan calcio para regular sus funciones corporales normales. Si estos fluidos no reciben el calcio de los alimentos, lo tomarán del banco de calcio de los huesos. Al pedir prestado día tras día, años tras año, agotará la cuenta de ahorros y le provocará osteoporosis (huesos quebradizos que se pueden romper fácilmente).

P Y R

¿Debo tomar suplementos de calcio?

Si se le complica recibir suficiente calcio de fuentes alimenticias, usted debe hablar con su médico para que le recete un suplemento. De preferencia, elija un suplemento de calcio en forma de **carbonato de calcio** o con **citrato de calcio** y no tome más de 500 miligramos en una sola dosis (cualquier cantidad mayor a 500 mg no será absorbida). Además esté consciente de que la mayoría de los suplementos de calcio se toman con alimentos o jugos para que se absorban correctamente.

¿Cuánto calcio se recomienda?

La tolerancia dietética recomendada (TDR) de calcio es de 1 200 miligramos para niños, adolescentes y adultos jóvenes (hasta de 24 años), y para mujeres embarazadas y en etapa de lactancia. La TDR para el resto de población es de 800 miligramos. Los expertos en calcio opinan que la mayoría de la población puede beneficiarse al tomar cantidades diarias superiores a las establecidas por la TDR.

Requerimientos óptimos de calcio

Grupo	Ingestión diaria óptima (mg)
Bebés	
Nacimiento - 6 meses	400
6 meses - 1 año	600
Niños	
1-5 años	800
6-10 años	800-1 200
Adolescentes y adultos jóvenes	
11-24 años	1 200-1 500
Hombres	
25-65 años	1 000
Más de 65 años	1 500
Mujeres	
25-50 años	1 000
Más de 50 años (post-menopáusicas)	
Con estrógenos	1 000
Sin estrógenos	1 500
Más de 65 años	1 500
Embarazadas o en lactancia	1 200-1 500

Fuente: Optimal Calcium Intake.
NIH Consensus Statement 1994 junio 6-8; 12(4): 1-31.

¿Obtiene usted suficiente calcio? Los alimentos a escoger

Busque en el cuadro siguiente y anote los alimentos lácteos, junto con el jugo fortificado y las sardinas, que le proporcionan la mayor cantidad de calcio. Una cosa más: no deje que las cantidades altas en grasas en el queso lo desanimen. Simplemente compre marcas bajas en grasas en su tienda local; tienen menos grasas, pero contienen grandes cantidades de calcio.

Las mejores fuentes de calcio en diversos alimentos

Grupo de leche	Cantidad	Calcio en mg
Yogur simple (bajo en grasas)	1 taza	415
Yogur sabor a frutas (bajo en grasas)	1 taza	345
Leche sin grasa (seca)	¹/₄ taza	377
Leche descremada	1 taza	302
Leche con 1% o 2% de grasa	1 taza	300
Leche entera*	1 taza	291
Suero de leche	1 taza	285
Leche de chocolate (baja en grasas)	1 taza	284
Queso parmesano (gratinado)	¹/₄ taza	338
Queso suizo*	1 oz.	272
Queso monterey jack*	1 oz	212
Queso mozzarella bajo en humedad, semidescremado	1 oz.	207
Queso cheddar*	1 oz.	204
Queso colby*	1 oz.	194
Queso amarillo	1 oz.	174
Helado	¹/₂ taza	88
Queso cottage acremado 1%	¹/₂ taza	63

Grupo de frutas y vegetales	Cantidad	Calcio en mg
Col cocinada	¹/₂ taza	168
Nabos cocinados	¹/₂ taza	134
Col rizada cocinada	¹/₂ taza	103
Espinacas cocinadas	¹/₂ taza	84
Brócoli cocinado	¹/₂ taza	68

Grupo de frutas y vegetales	Cantidad	Calcio en mg
Alcachofa cocinada	1/2 taza	64
Zanahoria cruda	1 med.	27
Naranja	1 med.	60
Dátiles picados	1/4 taza	26
Pasas	1/4 taza	22
Grupo de proteínas (carnes, frijoles, huevos)	**Cantidad**	**Calcio en mg**
Sardinas (enlatadas c/espinas)	3 oz.	372
Salmón rosa (enlatado c/espinas)	3 oz.	165
Tofú (procesado c/calcio)	4 oz.	145
Almendras con cáscara*	1 oz.	66
Frijoles de soya cocinados	1/2 taza	66
Frijoles secos cocinados (haba, frijol blanco, alubia)	1/2 taza	35-48
Huevo	1 grande	27
Mantequilla de maní*	2 cucharadas	18
Hamburguesa de res cocinada (21% grasa)*	3 oz.	9
Grupo de granos	**Cantidad**	**Calcio en mg**
Cereales fortificados con calcio (total) c/leche	1 oz. con 1/2 taza de leche	350
Fécula enriquecida (instantánea, cocinada)	1 taza	189
Tortilla de maíz	1 mediana	60
Pan de trigo entero	1 rebanada	25
Alimentos fortificados con calcio	**Cantidad**	**Calcio en mg**
Jugo de naranja y jugo de toronja (Citrus Hill, Minute Maid)	8 oz.	300
Cereales fortificados con calcio (total)	1 taza	300

Denota alimentos demasiado altos en grasas.
Fuente: Calcium Information Center

Hierro fuera de su cuerpo

La deficiencia de hierro es el tipo de deficiencia de vitaminas y minerales más frecuente en todo el mundo. ¿Padece usted constantemente de pereza, irritabilidad y dolores de cabeza? He aquí las razones.

Alrededor de 70% del hierro en su cuerpo se localiza en una porción de sus glóbulos rojos, conocida como hemoglobina. La hemoglobina es su servicio de entrega de oxígeno, el cual se suministra a cada célula con la cantidad que necesita para realizar sus funciones metabólicas. El hierro es también un componente de la mioglobina. Al igual que la hemoglobina en los glóbulos rojos, la mioglobina asegura una adecuada entrega de oxígeno a todos los músculos. Probablemente con esta ecuación le quede más claro la importancia del hierro: a muy poco hierro, muy poco oxígeno. El resultado final es fatiga, irritabilidad, debilidad, dolores de cabeza, tendencia a sentir frío y, en el caso de un agotamiento severo, anemia por deficiencia de hierro.

Afortunadamente, el hierro se encuentra en una gran variedad de alimentos de origen animal y vegetal, facilitando la obtención de sus requerimientos diarios. El hierro *hemático,* el tipo de hierro encontrado en productos de origen animal (carne roja, hígado, pescado, aves y huevo) es más fácil de absorber que el hierro *no hemático,* que se encuentra en los vegetales y otros alimentos de origen vegetal (frijol, nueces, semillas, frutas secas, panes y cereales fortificados). La manera en que el cuerpo ajusta la cantidad a absorber, de acuerdo con sus necesidades, es muy interesante. En otras palabras, una persona con una anemia por deficiencia de hierro absorberá de un alimento alrededor de dos o tres veces más hierro que una persona en estado normal.

Ciertos grupos de personas tienen mayor riesgo de desarrollar una deficiencia de hierro. Si usted piensa que cae dentro de las siguientes categorías, pida a su médico que le revise su condición de hierro antes de autoprescribirse (un simple análisis de sangre le indica si tiene o no deficiencia de hierro).

Grupos en riesgo por deficiencia de hierro:

➤ Bebés y niños. Su rápido crecimiento y sus hábitos alimentarios un tanto melindrosos demandan la obtención de hierro en una variedad de formas.

➤ Mujeres que sangren profusamente durante la menstruación. Pierden sangre rica en hierro cada mes.

➤ Mujeres embarazadas. Mantienen las crecientes necesidades de su bebé, así como las propias.

➤ Vegetarianos estrictos que sólo ingieren hierro tipo no hemático. Recuerde que los alimentos de origen vegetal se absorben en *mucho* menor cantidad que los alimentos de origen animal ricos en hierro.

➤ Gente que pierde mucha sangre durante una cirugía o por cualquier otra lesión sangrante.

➤ "Personas adictas a hacer dietas" que brincan de una dieta intensiva a otra. La gente que sufre de desórdenes alimentarios no come suficientes alimentos ricos en hierro para cubrir sus requerimientos.

Consejos para impulsar la ingestión de hierro

➤ Oblíguese a comer alimentos ricos en hierro cada día, tanto de fuentes de origen animal (hemático) como de origen vegetal (no hemático).

➤ Cuando coma alimentos no hemático, combínelos con un poco de vitamina C (vea la lista de los alimentos que contienen vitamina C). Esta vitamina ayuda a incrementar la absorción de hierro.

➤ Evite tomar café o té con un alimento rico en hierro, ya que inhiben su absorción.

➤ El calcio interfiere con la absorción del hierro, así que si usted toma suplementos de calcio, no los tome con una comida rica en hierro. Trate de ingerirlos a la hora del tentempié o con algo de jugo, ya que usualmente necesita comer algún alimento con sus píldoras de calcio.

➤ Cocine sus estofados, cocidos y salsas en cacerolas de hierro forjado, porque, aunque usted no lo crea, parte del hierro se filtrará en el alimento.

➤ La presencia del hierro hemático (aun en cantidades muy bajas) en una comida con hierro no hemático intensificará la absorción del hierro no hemático.

Alimentos hemático y no hemático

Las mejores fuentes de hierro (hemático):

carnes rojas magras	pavo
pollo	pescado y mariscos
puerco	cordero
ternera	huevos
hígado (aunque es muy alto en colesterol)	

Buenas fuentes de hierro (no hemático):

frijol	lentejas
cereales y otros granos fortificados con hierro	fruta seca
brócoli	espinacas
col	nueces
melaza espesa sin azúcar	semillas

Definición

Toxicidad por hierro: aunque no es muy común, la toxicidad por hierro es un problema serio que se presenta ya sea por anormalidades genéticas que provocan que el cuerpo almacene cantidades excesivas de hierro o por sobredosis de suplementos innecesarios de hierro. El resultado son daños al hígado y a otros órganos.

¿Es usted un candidato para tomar suplementos de vitaminas y minerales?

Éste es el momento de preguntarse: "¿Me veré beneficiado por un suplemento nutrimental?" Idealmente, usted debería recibir un suministro diario de vitaminas y minerales en su alimentación y no de la ingestión de píldoras. Aunque existen algunas excepciones a esta regla, no abandone los hábitos de una buena alimentación por una botellita café; no funciona de esa manera. En términos generales, su cuerpo absorbe más fácilmente los nutrientes provenientes de los alimentos. Así lo decide la naturaleza. Además, los alimentos le proporcionan energía en forma de calorías (beneficio que no se obtiene de las píldoras). Imagine un hombre con sobrepeso con una barra de caramelo en una mano y en la otra una bolsa arrugada de McDonald's. "No hay de qué preocuparse", dice, "¡ya tomé mis vitaminas esta mañana!" Es un chiste, pero ¿a quién engaña?

Aunque la ingestión de píldoras no es el mejor método para obtener nutrientes, algunas personas necesitan ayuda para recibir las tolerancias diarias requeridas. Revise la siguiente lista para saber si usted cae en algunas de las categorías que requieren un poquito de ayuda. Si usted la necesita, hable con su médico o con un dietista registrado (un dietista registrado, o D.R., es un nutriólogo con la educación apropiada y con acreditaciones) sobre la suplementación conveniente.

Personas con riesgo nutrimental:

➤ ¿Constantemente se salta algunos alimentos, tomando sólo tentempiés a lo largo del día? ¿Come menos de cinco frutas y vegetales al día? Usted puede tomar algún suplemento de vitaminas y minerales múltiples (suministrando hasta 100% de las tolerancias dietéticas recomendadas) para cubrir los espacios nutrimentales.

➤ ¿Es usted un vegetariano (vegetariano estricto que no consume absolutamente nada de carne, lácteos u otros productos de origen animal)? Usted puede recibir sus beneficios de un suplemento que le suministra la TDR de vitaminas D y B12 y del mineral calcio.

➤ ¿Es usted mayor de 60 años? La gente en esta categoría puede tener un descenso en la absorción de las siguientes vitaminas: B6, B12, C, D, E, ácido fólico y mineral calcio. Una píldora al día de un suplemento de vitaminas y minerales múltiples puede proporcionar un poco de soporte adicional.

➤ ¿Usted toma alcohol o fuma con regularidad? Las cantidades excesivas de alcohol y tabaco interfieren con la capacidad de absorción del cuerpo y de utilizar ciertas vitaminas y minerales. En este caso, la recomendación de un suplemento no es el consejo. ¡Creo que usted ya entendió el punto!

➤ ¿Entra y sale de todo tipo de dietas? (Es mejor que usted no diga sí después de leer el capítulo 22). Es probable que usted esté engañando a su cuerpo sobre los nutrientes importantes, así que tome una píldora al día de un suplemento de vitaminas y minerales múltiples, como soporte.

➤ ¿Evita completamente algunos tipos específicos de alimentos? Algunas personas se mantienen alejadas de ciertos alimentos por razones de alergia, intolerancia o simplemente porque no les gustan. Si éste es su caso, podría necesitar suplementos de ciertos nutrientes específicos.

Exclusivamente para mujeres:

➤ ¿Experimenta usted un sangrado profuso durante la menstruación? Si es así, es probable que esté perdiendo sangre rica en hierro. Consulte con su médico para saber si le conviene tomar un suplemento con hierro.

➤ ¿Está usted embarazada o en período de lactancia? Las mujeres en esta categoría tienen mayores necesidades de vitaminas A, C, B1, B6, B12 y ácido fólico, al igual que de los minerales hierro y calcio. Estas cantidades extra usualmente se incluyen en los suplementos vitamínicos prenatales.

Lo mínimo que necesita saber

➤ Se requiere de una ingestión adecuada de calcio a lo largo de toda su vida; en años tempranos para la formación ósea y en años posteriores para el mantenimiento de los huesos. Habitúese a consumir productos lácteos bajos en grasas y otros alimentos ricos en calcio.

➤ El mineral hierro es responsable de entregar el oxígeno a cada una de las células de su cuerpo y se encuentra en una amplia gama de alimentos.

➤ El hierro tipo *hemático* es más fácil de absorber; se encuentra en productos de origen animal, como la carne, el hígado, las aves, los mariscos y los huevos. El hierro *no hemático* es de origen vegetal, se absorbe con dificultad y se encuentra en las frutas secas, nueces, frijoles, semillas y granos fortificados.

➤ Mejore su nivel de absorción de hierro combinando alimentos altos en vitamina C con alimentos ricos en hierro (es decir, cereales fortificados con hierro, con un vaso de jugo de naranja).

➤ Aunque ciertas personas se benefician de los suplementos de vitaminas y minerales, la mayoría de los expertos en nutrición coincide en que una dieta bien balanceada es primordial para una óptima nutrición.

➤ Si usted piensa que es un candidato para tomar suplementos, consúltelo con su médico o nutriólogo, el cual debe ser un dietista registrado.

Parte 2
Elección de alimentos sabrosos

¡Decisiones y más decisiones! Con los miles de millones de alimentos que existen en las tiendas de abarrotes, los restaurantes, las cafeterías y hasta en su cocina, es una pesadilla tratar de decidir qué comer (por supuesto, pensando en que sea nutritivo). No debería ser así. De hecho, gracias al creciente número de consumidores conscientes en el ámbito de la salud, la mayoría de las tiendas de abarrotes y restaurantes se encuentran ahora bien equipados para cubrir sus necesidades alimenticias especiales. Usted sólo ordene.

Esta parte del libro cubre cada uno de estos ángulos. Usted aprenderá a decodificar la información de las etiquetas nutrimentales con el fin de elegir mejores productos alimenticios en su tienda de abarrotes local. Después, pondrá sus conocimientos en acción al explorar el supermercado, pasillo por pasillo, y decidirá los artículos alimenticios inteligentes que pondrá en su carrito o canasta. También aprenderá las técnicas para cocinar bajo en grasas y así sorprender a sus amigos, a su familia y a sus papilas gustativas con algunas comidas de campeonato hechas en casa. Y usted ciertamente no dejará de comer fuera porque esta sección le proporcionará lo mejor de casi todas las cocinas internacionales. ¡BON APPÉTIT!

Capítulo 9

Descifrando la etiqueta nutrimental

En este capítulo

➤ Cómo leer una etiqueta nutrimental

➤ Entender los valores de porcentajes diarios

➤ ¿Captó la información de la etiqueta nutrimental?

Ahora que usted ya tiene algunos conocimientos sólidos sobre la nutrición, es momento de ponerlo a trabajar y a decodificar toda la rara palabrería que se encuentra en los productos alimenticios empaquetados. Con la habilidad para interpretar la información proporcionada en las etiquetas de nutrición, usted se volverá un verdadero detective en la tienda de abarrotes; además, intensificará sus habilidades como comedor saludable. Primero, podrá hacer elecciones mejor informadas sobre los alimentos. Al mismo tiempo, podrá comparar productos alimenticios similares para ver cuál es la marca nutrimentalmente superior. Otra buena noticia es que el gobierno de Estados Unidos estableció leyes y reglamentos estrictos para las etiquetas de nutrición, con el fin de evitar que las compañías impriman datos falsos sobre los artículos alimenticios y usted realmente crea lo que lee. Es momento de trabajar y encontrar toda la verdad sobre los alimentos que usted prefiere comer.

Factores de Nutrición

Tamaño de la porción: ¹/₂ taza (114 gr)
Porciones por envase: 4

Cantidades por porción

Calorías 90 | Calorías de grasa 30

	% del valor diario*
Grasa total 3 g	**5%**
Grasa saturada 0 g	**0%**
Colesterol 0 mg	**0%**
Sodio 300 mg	**13%**
Total de carbohidratos 13 g	**4%**
Fibra dietaria 3 g	**12%**
Azúcares 3 g	
Proteínas 3 g	

Vitamina A	80%	Vitamina C	60%
Calcio	4%	Hierro	4%

* Los porcentajes de los valores diarios están basados en una dieta de 2 000 calorías. Sus valores diarios pueden ser más altos o más bajos dependiendo de sus necesidades calóricas:

	Calorías	2 000	2 500
Grasa total	Menos de	65 g	80 g
Grasa sat.	Menos de	20 g	25 g
Colesterol	Menos de	300 mg	300 mg
Sodio	Menos de	2 400 mg	2 400 mg
Total de carbohidratos		300 g	375 g
Fibra		25 g	30 g

Calorías por gramo:
Grasa 9 • Carbohidratos 4 • Proteínas 4

Tamaño de la porción

El primer punto a descifrar es la cantidad de alimento que analizaron los amigos que prepararon la etiqueta nutrimental. El *tamaño de la porción* claramente describe la cantidad de alimento establecida. Por supuesto, la mayoría de los paquetes contiene más de una porción, y *porciones por envase* se refiere a la cantidad total de porciones individuales en un paquete completo. Por ejemplo, la etiqueta que muestra esta página informa que el tamaño de la porción es de ¹/₂ taza y que el envase contiene cuatro porciones. Por lo tanto, el paquete contiene dos tazas completas, ya que ¹/₂ taza × 4 = 2 tazas.

¿Come usted la cantidad de alimento que la etiqueta define como una porción? Recuerde que las medidas de grasas y calorías en la etiqueta son para una sola porción, pero todo el mundo sabe que es increíblemente fácil comer más de una miserable porción. He aquí un ejemplo perfecto de la diferencia entre el tamaño de una porción y las porciones reales que se comen: una porción de helado (¹/₂ taza) contiene aproximadamente 12 gramos de grasa. La mayoría de las personas come fácilmente 1 taza en una sentada y usted sabe lo que eso significa. Cuando usted duplica una porción, duplica todo: calorías, gramos de proteínas, de carbohidratos y, por supuesto, de grasas. Ponga mucha atención a la cantidad de alimento por porción. Si usted elige comer más (o menos) de las porciones, tómelo en cuenta cuando lea la información restante.

Calorías

Cuando la etiqueta señala las calorías, se refiere a la cantidad de calorías en una sola porción de ese alimento. Simple y claro. Por ejemplo, tome la etiqueta del ejemplo al inicio del capítulo. Tiene 90 calorías por porción. ¿Qué hay acerca de esas calorías que frecuentemente se presumen en una etiqueta? Afortunadamente, ahora el gobierno determina los siguientes términos clave, los cuales deben significar exactamente lo que indican. Recuerde que son cantidades desglosadas por porción.

Libre de calorías: menos de 5 calorías por porción

Bajo en calorías: 40 calorías o menos para la mayoría de los artículos alimenticios

120 calorías o menos para los productos del platillo principal (sopa de lentejas, hamburguesa de pavo, pechuga de pollo, etcétera)

Reducido en calorías: Debe ser por lo menos 25% menos calorías que la versión regular del mismo artículo alimenticio.

Grasa total

Indica el número total de gramos de grasa que provienen de todos los tipos de grasas: saturada, monoinsaturada y poliinsaturada. Como se puede observar, la etiqueta revela la existencia de 3 gramos de grasas por porción. Otra lista titulada "Calorías de grasa" convierte el total de gramos de grasa en calorías de grasa (número de gramos de grasa × 9 = calorías provenientes de grasas). Nuevamente, la etiqueta muestra reporta 30 calorías de grasa por porción. Esta información es valiosa ya que permite identificar el porcentaje de grasa en un alimento en particular. Lo ideal sería que usted tratara de elegir los alimentos con una gran diferencia entre el número total de calorías y el número de calorías de grasa. Cuanto más amplio sea el intervalo entre los dos, menor será el porcentaje de calorías totales de grasa.

A continuación aparecen algunos términos comunes acerca de la "grasa", que presentan los productos alimenticios empaquetados y la forma en la que el gobierno los determina.

Libre de grasas: menos de 0.5 gramos de grasa por porción

Bajo en grasas: 3 gramos de grasa (o menos) por porción

Reducido en grasas: Por lo menos 25% menos de grasa por porción que la versión original de un mismo producto alimenticio

Grasa saturada

Revela la cantidad de grasa que se "aglutina en las arterias" en un producto alimenticio. Aunque la grasa saturada es parte de la grasa total en la comida, recibe una categoría propia porque puede ser extremadamente dañina para el ser humano. Como puede ver, la etiqueta muestra indica que no hay grasa saturada (¡buena noticia!). De preferencia, evite los alimentos que sean altos en grasa saturada. Este tipo de grasa es responsable de aumentar el riesgo de una enfermedad cardiaca u otras enfermedades.

He aquí algunos términos comunes acerca de la "grasa saturada", que aparecen en los productos de alimentos empaquetados y la forma en que el gobierno los determina.

Libre de grasa saturada: menos de 0.5 gramos por porción

Bajo en grasa saturada: 1 gramo o menos en una porción, o no más de 10% de calorías provenientes de grasa saturada

Reducido en grasa saturada: Por lo menos 25% menos de grasa saturada que la versión original

Colesterol

¿Recuerda este elemento ceroso? Junto con su cómplice de crimen (la grasa), el colesterol proveniente de alimentos es el principal culpable de la elevación del colesterol en la sangre y, por lo tanto, aumenta su riesgo de contraer enfermedades cardiacas. Usted podrá notar que el contenido de colesterol de un producto alimenticio se mide en miligramos. Trate de programar sus comidas y consuma menos de 300 miligramos de colesterol proveniente de alimentos al día.

Entienda las siguientes afirmaciones cuando aparezcan en las etiquetas de sus alimentos:

Libre de grasa saturada: menos de 0.5 gramos por porción

Libre de colesterol: menos de 2 miligramos de colesterol y 2 gramos (o menos) de grasa saturada por porción

Bajo en colesterol: 20 mg (o menos) de colesterol y 2 gramos (o menos) de grasa saturada por porción

Estas afirmaciones se permiten sólo cuando el producto contiene 2 gramos (o menos) de grasa saturada.

Sodio

No permita que la terminología lo confunda. La etiqueta lo llama sodio (300 mg reportados en la etiqueta muestra), pero la mayoría de la gente sabe que es sal. Recuerde que el sodio es sólo un componente de la sal. Sin embargo, ese componente es responsable de la retención de agua y de la presión arterial alta en la gente sensible a la sal. Trate de limitar la cantidad de alimentos altos en sodio en su dieta y procure tener una ingestión diaria de 2 400 miligramos o menos.

A continuación, aparecen algunos términos de la jerga común del sodio y lo que significan:

Libre de sodio: menos de 5 miligramos de sodio por porción

Bajo en sodio: 140 miligramos (o menos) de sodio por porción

Reducido en sodio: Por lo menos 25% menos sodio que la versión original del mismo alimento

Total de carbohidratos

En el capítulo 2, usted se volvió un experto en varios tipos de carbohidratos. Ahora usted puede utilizar la información de la etiqueta para identificar si un alimento contiene una gran cantidad de azúcares simples o de carbohidratos complejos.

Primero, busque el título en la lista "total de carbohidratos". Esto revela la cantidad de *todos los tipos* de carbohidratos (simples y complejos) en una sola porción de alimento. Después, busque la lista más pequeña localizada debajo del total de carbohidratos llamada "azúcares". Ésta indica la cantidad de azúcares simples que hay en una porción de ese alimento en particular. Obviamente, cuanto menos azúcar simple tenga, será mejor. Ahora está usted preparado para determinar la cantidad de carbohidratos complejos en un alimento al restar simplemente los azúcares del total de carbohidratos.

Observe la etiqueta muestra del principio:

Total de carbohidratos   13 gramos

Azúcares   3 gramos

Estos números indican que la mayoría de los carbohidratos proviene de fuentes complejas, 10 gramos para ser exactos.

Fibra dietaria

Otra categoría localizada debajo del total de carbohidratos es la fibra dietaria. Ésta se encuentra predominantemente en los alimentos ricos en carbohidratos e incluye fuentes de fibra soluble e insoluble. Debido a que la fibra promueve la regularidad, junto con una reducción en el riesgo de enfermedades cardiacas y ciertos tipos de cánceres, trate de elegir los alimentos con por lo menos 3 gramos de fibra dietaria por porción y procure tener una ingestión diaria de 20 a 35 gramos.

Proteínas

Como usted ya sabe, la mayoría de los estadounidenses ingiere muchas más proteínas de las que realmente necesita (0.36 gramos por libra de peso corporal). Aunque algunas de las mejores fuentes de proteínas desafortunadamente no tienen etiqueta nutrimental (carne de res, aves, huevo y pescado), es necesario colocar carteles de información nutrimental en la carne y en los departamentos de productos perecederos, así que eche un vistazo y pregunte a su abarrotero. Por otro lado, la mayoría de los productos lácteos y alimentos previamente empaquetados sí presenta una lista de los gramos de proteínas para una porción individual. Es interesante observar que en ciertos alimentos hay cantidades pequeñas de proteínas que usted creía inexistentes.

Porcentajes de los valores diarios

Y ahora para confundirlo un poco: ¿qué son esos signos de "%" que aparecen en toda la etiqueta?

Se llaman porcentajes de los valores diarios (VD) y se basan en una dieta de 2 000 calorías. En otras palabras, esos porcentajes indican la cantidad recomendada por día para cada nutriente presente en una porción individual de un alimento en particular (basado en una dieta de 2 000 calorías). Por supuesto, su trabajo es comer una variedad de alimentos que suministren 100% de todos los nutrientes necesarios. Por ejemplo: una porción de yogur proporciona 35% diario de calcio y 0% de hierro. Claramente, una gran fuente de calcio, pero inexistente en hierro.

¿Qué ocurre si usted come más o menos de las 2 000 calorías? Si es bueno para los números (y esté extremadamente motivado), puede ajustar ligeramente los porcentajes hacia arriba o hacia abajo, pero en general, la dieta de referencia de 2 000 calorías ofrece una pauta correcta a seguir para casi todo el mundo (adultos y niños mayores de 4 años).

En cuanto a la grasa total y saturada, el colesterol y el sodio, elija alimentos con bajos porcentajes de valores diarios. Por otro lado, usted debe consumir alimentos con altos porcentajes de VD en carbohidratos totales, fibra dietaria y todas las vitaminas y minerales.

A continuación se presentan los "valores diarios" establecidos. Se usan específicamente en las etiquetas alimentarias y se basan en una dieta de referencia de 2 000 calorías.

Valores diarios de artículos nutrimentales

Componente alimenticio	Valor diario
Grasa total	65 gramos
Grasa saturada	20 gramos
Colesterol	300 gramos
Sodio	2 400 mg
Potasio	3 500 mg
Total de carbohidratos	300 gramos
Fibra dietaria	25 gramos
Proteínas	50 gramos
Vitamina A	5 000 UI
Vitamina C	60 mg
Calcio	1 000 mg

Componente alimenticio	Valor diario
Hierro	18 mg
Vitamina D	400 UI
Vitamina E	30 UI
Vitamina K	80 mcg
Tiamina	1.5 mg
Riboflavina	1.7 mg
Niacina	20 mg
Vitamina B6	2.0 mg
Folato	400 mcg
Vitamina B12	6.0 mcg
Biotina	0.3 mg
Ácido pantoténico	10 mg
Fósforo	1 000 mg
Yodo	150 mcg
Magnesio	400 mg
Zinc	15 mg
Cobre	2.0 mg
Selenio	70 mcg
Manganeso	2.0 mg
Cromo	120 mcg
Molibdeno	75 mcg
Cloro	3 400 mg

mg = miligramos
mcg = microgramos
UI: Unidades Internacionales
Fuente: Title 21 "Code of Federal Regulations" Parts 100-169, Abril 1, 1995 Sección 101.9

Acepte el reto de la etiqueta nutrimental

Ponga su conocimiento a prueba y responda las siguientes preguntas de acuerdo con la información de la etiqueta nutrimental de la página siguiente.

Información Nutrimental
Tamaño de la porción: 2 cucharadas (32 g)
Porciones por envase: alrededor de 16

Cantidades por porción

Calorías 190	Calorías de grasa 130
	% del valor diario*
Grasa total 16 g	25%
Grasa saturada 3 g	15%
Colesterol 0 mg	0%
Sodio 150 mg	6%
Total de carbohidratos 7 g	2%
Fibra dietaria 2 g	8%
Azúcares 3 g	
Proteínas 8 g	
Vitamina A 0%	Vitamina C 0%
Calcio 0%	Hierro 4%

*Los porcentajes de los valores diarios están basados en una dieta de 2 000 calorías

1. ¿Cuántas porciones hay en el paquete completo?

2. ¿Cuántas calorías hay en 2 porciones de este producto alimenticio?

3. ¿Qué porcentaje de su consumo diario de hierro le proporciona una porción de este alimento?

4. Al conocer el porcentaje diario de hierro en una porción, calcule la cantidad de hierro en miligramos que suministra este producto.

5. ¿Cuánta fibra dietaria adicional debe usted obtener de otras fuentes alimenticias después de comer una porción de este artículo alimenticio?

6. ¿Cuántos gramos de grasa insaturada hay en una porción de este producto?

7. ¿Consideraría usted este alimento como una buena fuente de calcio?

8. ¿Piensa que este alimento satura las arterias?

9. ¿Cuántos gramos de proteínas hay en una porción ?

10. ¿Tiene alguna idea de qué alimento se trata?

Respuestas al cuestionario

1. 16 porciones en el paquete completo.

2. 190×2 porciones = 380 calorías.

3. 4% de hierro diario.

4. 4% de 18 miligramos = 0.72 miligramos.

5. Este producto sólo ofrece 2 gramos de fibra dietaria por porción. Usted todavía necesita alrededor de 20 gramos más de otras fuentes alimenticias.

6. Ya que este producto suministra 16 gramos de grasa total y 3 gramos de grasa saturada por porción, los 13 gramos restantes de grasa es insaturada.

7. Este producto no es una buena fuente del mineral calcio. En la parte final de la etiqueta, se lee "Calcio 0%". Para considerarse una "buena fuente" de un nutriente, un alimento debe proporcionar por lo menos 10% de los valores diarios de ese nutriente.

8. Este alimento *no* satura las arterias ya que no contiene colesterol y la mayoría de las grasas son insaturadas.

9. 8 gramos de proteínas en una porción.

10. ¿Contestó usted mantequilla de maní?

Lo mínimo que necesita saber

➤ La información nutrimental provista en las etiquetas de alimentos permite hacer elecciones más informadas de alimentos y comparar artículos alimenticios similares, para hacer una compra más saludable.

➤ Toda la información nutrimental provista es para una porción individual. Revise cuál es la cantidad considerada en una porción de un alimento en particular y si usted come más o menos de ésta, ajuste la información nutrimental de manera proporcional.

➤ Trate de elegir alimentos que tengan una gran diferencia entre el número de calorías totales y el número de calorías de grasa. Esto indica que un alimento no está principalmente elaborado con grasas.

➤ El porcentaje del valor diario se refiere a la cantidad recomendada por día de ciertos nutrientes que un producto alimenticio suministra en una porción. Lea cuidadosamente la etiqueta nutrimental y apéguese a los alimentos que tengan un bajo porcentaje diario en grasas, colesterol y sodio, y un alto porcentaje diario en el total de carbohidratos, en fibra dietética y en vitaminas y minerales.

Capítulo 10

Abasteciendo su cocina

En este capítulo

➤ Exploración del supermercado pasillo por pasillo

➤ Selección de frutas y vegetales frescos

➤ Las mejores opciones de lácteos, granos y alimentos con proteínas

➤ Comprando grasas, untables y condimentos

➤ Alacenas atiborradas de tentempiés bajos en grasas

¿Cuántas veces ha comido los alimentos incorrectos, simplemente porque usted no tenía los mejores alimentos en casa? ¿Las galletas, los pasteles y las papas fritas desfilan constantemente en su alacena?, o ¿equipa usted su cocina con fruta fresca y granos enteros? Acéptelo, cuando le llega ese antojo de medio día, lo último que usted quiere es ir al supermercado y comprar una manzana. Lo más probable es que tome lo que esté más cerca de usted (y quién sabe lo que será). ¿Qué tal una ensalada con la comida? No hay vegetales en casa, así que abrirá una caja de macarrones con queso precocidos. La mitad de la batalla hacia una alimentación saludable se gana teniendo una variedad de alimentos nutritivos a la mano, así que, cuando se sienta "con humor de comer", equípese bien para satisfacer ese estomaguito que cruje por algunas elecciones apetitosas.

Eche un vistazo al refrigerador, a la alacena y a las repisas, y revise qué es lo que falta (o más bien, lo que se debe retirar). Ahora, ¡prepárese porque usted está a punto de ir de compras al supermercado!

¡Bien hecho!

La lista de compras

El primer paso hacia una compra de abarrotes exitosa y saludable es organizar una lista dividida en diferentes categorías. Actualmente, lo más agradable al comprar alimentos es que los supermercados responden a los consumidores conscientes de la nutrición y venden alimentos más saludables que nunca.

➤ Vegetales

➤ Frutas

➤ Lácteos

➤ Granos (panes, cereales, pasta y otros productos)

➤ Alimentos con proteínas (carnes, aves, pescados, huevos, legumbres)

➤ Comidas congeladas y enlatadas

➤ Tentempiés

➤ Condimentos

➤ Grasas, aceites, aderezos y otros untables

Pasillo uno: empezando con la sección de productos perecederos

¡Se trata de una buena inversión! Camine mucho tiempo por este pasillo y cargue su carrito. Lea y encuentre por qué este pasillo es el principal para la nutrición.

Esos desenfrenados vegetales

Obstáculo en el camino
Generalmente, los vegetales enlatados tienden a estar cargados de sal. Así que si usted de vez en cuando compra latas, prevéngase y busque las etiquetas en donde se lea "bajo en sodio" o "sin sal añadida".

Los vegetales son naturalmente bajos en calorías y grasas, y también proporcionan fibra y una gama de vitaminas y minerales. Desafortunadamente, los paquetes de productos perecederos frescos no llevan etiquetas nutrimentales, pero usted puede ver los carteles esparcidos alrededor del área que revelan los beneficios de ciertos artículos específicos. Deje de preocuparse, con o sin etiqueta, ¡usted jamás comerá demasiado de estos productos!

La mayoría de los vegetales se elige por su frescura y calidad en base a su apariencia, así que examine de cerca su producto perecedero para evitar alguno en mal estado o magullado.

Tómelos con cuidado para observarlos. (Seguramente ha visto a esos compradores de mano pesada que aprietan, golpean y terminan dañando un producto que estaba en buen estado.) Es recomendable que compre sólo lo que necesite para los siguientes días, porque los vegetales frescos se descomponen rápidamente si se olvidan durante un periodo prolongado.

¿Qué pasa si usted no va de compras con frecuencia?, o ¿qué pasa si no tiene tiempo de lavar y picar sus vegetales? Su mejor opción es la de comprarlos congelados. Los vegetales congelados vienen en una variedad de combinaciones (cortados, enteros, picados, hechos puré o mezclados) y lo único que usted necesita hacer es meterlos en la olla para cocinarlos. ¡No hay excusa ni para los perezosos! Además, el congelador mantiene los nutrientes bloqueados, así que no hay prisa por comerlos, porque no se echarán a perder. Aún más, los vegetales congelados (y enlatados) tienen etiquetas que proporcionan cierta información nutrimental, así que aproveche y lea.

¡Bien hecho!

"Productos perecederos"

➤ Compre frutas y vegetales de la estación para obtener precios razonables.

➤ Examine que sus frutas y vegetales estén frescos antes de comprarlos con el fin de evitar las magulladuras y otras anomalías.

➤ Como los productos frescos son perecederos, compre sólo los que necesite. Si los quiere para periodos prolongados, compre de la variedad de frutas y vegetales congelados.

➤ Lea las etiquetas de los vegetales congelados y enlatados para asegurarse de que no contengan demasiada grasa o sal añadidas. Lea las etiquetas de las frutas congeladas y enlatadas para asegurarse de que no tengan demasiada azúcar añadida o algún jarabe denso.

➤ Si usted está en la "etapa de la conveniencia", compre en el supermercado las bolsas de ensaladas, zanahorias, apio, etc., prelavadas o precortadas. Busque las ensaladas de fruta preelaboradas en las secciones de fruta fresca o congelada.

➤ Visite la barra de ensaladas de su tienda de abarrotes. Así, podrá obtener la cantidad exacta de cualquier cosa que necesite, precortada y prelavada para usted.

➤ Hable con la persona a cargo de los productos perecederos en su supermercado local y pregúntele sobre frutas y vegetales que usted no conozca, y así probará algo nuevo.

He aquí el resumen de algunos vegetales comunes y en qué fijarse cuando compre alimentos frescos.

➤ **Las alcachofas** ofrecen potasio y ácido fólico. Busque alcachofas gorditas y pesadas con relación al tamaño. Las hojas se llaman "escamas" y deben ser gruesas, verdes y con apariencia fresca. Evite las alcachofas con decoloraciones color café o con moho en las escamas.

➤ **Los espárragos** ofrecen vitaminas A y C, niacina, ácido fólico, potasio y hierro. Busque puntas cerradas y duras con hojas verdes y suaves. Evite las puntas separadas, descompuestas o con apariencia mohosa.

➤ **El brócoli** proporciona calcio, potasio, hierro, fibra, vitaminas A y C, ácido fólico y niacina. Observe que los tallos no estén demasiado duros, que tengan retoños pequeños y firmes, y que sean de color verde obscuro o verde salvia. Evite los ramos de brócoli con apariencia marchita, con decoloraciones verde-amarillentas, o retoños demasiado abiertos; son signos de sobre maduración.

➤ **Las coles de Bruselas** proporcionan vitamina A y C, ácido fólico, potasio, hierro y fibra. Busque las coles de Bruselas de color verde brillante y con todas las hojas exteriores bien ajustadas. Evite las coles de Bruselas magulladas o marchitas.

➤ **La col** ofrece vitamina C, potasio, ácido fólico y fibra. Ya sea verde o morada, la col puede usarse en ensaladas, en especial la de col con zanahoria, cebolla y mayonesa, y en una gran variedad de platillos. Busque una col densa, con cabeza pesada con relación a su tamaño, con hojas externas verdes o moradas (dependiendo del tipo). Evite las coles cuyas hojas exteriores se vean marchitas o maltratadas.

➤ **Las zanahorias** proporcionan vitamina A, potasio y fibra. Busque zanahorias suaves, firmes, bien formadas y que tengan un profundo color anaranjado. Evite las raíces decoloradas, suaves y blandas.

➤ **La coliflor** proporciona vitamina C, ácido fólico, potasio y fibra. Busque que la flor esté firme (la porción comestible blanca cremosa) y no se preocupe por las hojas verdes que estén entremetidas en un ramo. Aunque la mayoría de los abarroteros venden coliflores sin las hojas exteriores, en el caso excepcional de que las dejen, éstas revelan la frescura gracias a un color verde agradable. Evite la decoloración severa, las magulladuras o que la porción blanca se esté separando.

➤ **El maíz** proporciona vitamina A, potasio y fibra. Aunque el grano amarillo es el más popular, existen variedades de grano blanco y grano mixto. Busque hojas verdes frescas (la cubierta exterior) y asegúrese de que los extremos estén sedosos y libres de putrefacción o carcomidos por gusanos. Si el maíz ya ha sido deshojado (cubierta exterior retirada) elija el elote cuyos granos sean amarillo brillante y gorditos. Evite los granos secos o descoloridos.

➤ La **berenjena** proporciona potasio. Busque berenjenas firmes, pesadas y de color morado oscuro (aunque existen otras variedades de colores). Evite cualquiera que esté reseca y arrugada, blanda, descolorida, o que revele putrefacción en forma de manchas color café.

➤ La **lechuga** viene en diversas variedades: repollo, romana y orejona. Proporciona vitamina C y ácido fólico. Busque hojas de color brillante y textura crujiente cuando compre la romana. Para las otras variaciones de hojas, selecciónelas suculentas y suaves, y evite cualquier decoloración seria o que estén marchitas.

➤ Los **hongos** proporcionan potasio, niacina, y riboflavina. Busque que los sombreros estén cerrados alrededor del tallo, con laminillas (las tiras delgadas como de papel, localizadas debajo de los sombreros) color rosa o café claro. Evite los hongos con sombreros muy abiertos y oscuros, y laminillas decoloradas.

➤ El **quimbombó** proporciona vitamina A, potasio y calcio. Busque vainas de color verde brillante, tiernas y de menos de 4 $\frac{1}{2}$ pulgadas de largo. Evite puntas duras (las que se resisten a doblarse) o vainas con un color verde pálido, sin vida.

➤ Las **cebollas** no son una fuente significativa de nutrición, pero ciertamente pueden intensificar el sabor de los alimentos que come. Para cualquier tipo de cebolla (morada, blanca y amarilla), busque que estén duras, secas y libres de magulladuras. Evite las cebollas mojadas o blandas.

➤ Los **chícharos** (verdes) proporcionan vitamina A, ácido fólico, potasio, proteínas y fibra. Busque los de apariencia firme y fresca, con vainas de color verde brillante. Evite vainas maltratadas y aguadas, así como cualquier signo de putrefacción.

➤ Los **pimientos** (dulces) proporcionan vitaminas A y C, potasio y fibra. Aunque los pimientos verdes son los más comunes, existen otras variedades deliciosas como los amarillos, los anaranjados, los rojos, los morados y los blancos. Busque pimientos firmes y con un color profundo. Evite los de poco peso y solidez, con picaduras o signos de putrefacción al exterior.

➤ Las **papas** proporcionan potasio, la mayoría de las vitaminas B, vitamina C, proteínas y fibra. Busque papas razonablemente lisas, firmes y libres de magulladuras. Evite las que tengan retoños, magulladuras grandes, puntos blandos, que estén resecas y arrugadas.

➤ El **ruibarbo** proporciona vitamina A, calcio y potasio. Busque tallos firmes pero tiernos y un poco rosadas. Evite los ruibarbos marchitos o aguados.

➤ Las **espinacas** proporcionan vitamina A, ácido fólico, potasio y fibra. Busque hojas frescas y saludables, que tengan un color verde oscuro. Evite las hojas marchitas o decoloradas.

➤ La **calabaza** (verano) proporciona vitaminas A y C, potasio y fibra. Existen diversas variedades tales como la amarilla cuello de gallo, la larga cuello recto, la *Patty Pan* verdusca con blanco y la delgada calabacita verde. Busque que estén firmes, bien desarrolladas y tiernas, que el exterior sea brillante. Evite calabazas opacas (significa que no están tiernas), duras o decoloradas.

➤ La **calabaza** (invierno) puede ser: ranúnculo, *Arcon*, *Hubbarb* verde y azul, *Delicious* y *Banana*, que proporcionan vitaminas A y C, potasio y fibra. Busque calabazas pesadas para su tamaño y con una cáscara externa dura. Evite las calabazas con signos de putrefacción, incluyendo puntos hundidos, magulladuras o moho.

➤ Los **camotes** proporcionan vitaminas A y C, ácido fólico, potasio y fibra. Busque camotes lisos y firmes, con piel uniformemente coloreada. El tipo de camote húmedo, conocido como ñame, debe tener la piel naranja, en tanto que el camote seco debe tener un color de apariencia pálida. Evite los decolorados, con orificios de gusanos y cualquier otro indicativo de putrefacción.

➤ Los **tomates** proporcionan vitaminas A y C y potasio. Busque tomates bien maduros, suaves, con un color rojo profundo. Si usted no planea comerlos durante los próximos días, elija los que estén ligeramente menos maduros, firmes y con un color entre rosa y rojo claro. Sólo almacene los que estén completamente maduros en el refrigerador ya que la temperatura fría puede evitar que los tomates maduren más. Evite los sobre madurados y mohosos o con signos de putrefacción.

Esas fabulosas frutas

Para un tentempié rápido y nutritivo, un delicioso y saludable postre, o hasta para una comida creativa, las frutas mandan. Al igual que sus vecinos los vegetales, en la sección de productos perecederos, la fruta es naturalmente baja en calorías y grasas (excepto el aguacate y el coco), además de estar llenas de nutrientes y fibras. Trate de habituarse a comer mucha fruta fresca. Aunque las frutas secas son otra opción deliciosa, recuerde que son más calóricas, porque tienen menos agua que las frutas frescas. También, cuídese de las frutas enlatadas (y algunas veces congeladas) con "almíbar pesado añadido", ya que contienen con calorías y azúcar. Cuando compre frutas enlatadas o congeladas, lea las etiquetas y busque las frases clave como: "sin azúcar añadido", "elaborado con su propio jugo", "elaborado con 100% jugo de fruta" o "sin endulzar".

Y, ¿el jugo de frutas? Ciertamente no es un sustituto de la fruta entera (a menos que compre las marcas con pulpa añadida, pero no contienen fibra dietaria), sin embargo, el jugo de fruta proporciona nutrientes y es una alternativa favorable a las bebidas azucaradas que la gente parece consumir CON MUCHA FRECUENCIA (colas, té helado endulzado, ponche de frutas). Vaya y meta un par de envases de jugo en su carrito, pero definitivamente sáltese las otras bebidas.

He aquí algunos consejos útiles para comprar fruta fresca:

➤ Las **manzanas** proporcionan potasio y fibra. Se encuentran disponibles en una gran variedad de tipos como: la *Red Delicious*, la *McIntosh*, la *Granny Smith*, la *Empire*, la *Washington*, la *Golden Delicious*. Aunque cada tipo es diferente por su disponibilidad de acuerdo a las estaciones, sabor y apariencia, las manzanas deben ser una constante cuando compre productos apetitosos. Búsquelas crujientes, firmes y con un color intenso (dependiendo del tipo). Evite manzanas con magulladuras, puntos blandos y pulpa harinosa.

➤ Los **chabacanos** proporcionan una gran cantidad de vitamina A y un poco de potasio y fibra. Busque chabacanos de color dorado anaranjado, gorditos y jugosos. Evite los chabacanos de apariencia opaca, mohosos, demasiado firmes o de color amarillo-verdoso.

➤ Los **aguacates** proporcionan vitamina A, potasio, ácido fólico y fibra. Busque aguacates ligeramente blandos al tacto, si usted planea comerlos inmediatamente. De lo contrario, compre aguacates firmes y deje que maduren a temperatura ambiente durante algunos días. Evite cualquier superficie rota o con puntos oscuros prominentes.

➤ Los **plátanos** proporcionan mucho potasio y un poco de vitamina A y fibra. Busque plátanos firmes, de color amarillo-verdoso (que madurarán en algunos días) o completamente amarillos y listos para comerse. En general, los plátanos están en su punto exacto cuando el color amarillo está moteado con un poco de color café. Evite los plátanos magullados o de apariencia grisácea.

➤ Las **moras** proporcionan vitaminas C, potasio y fibra. Busque moras gorditas, firmes y color azul oscuro. Evite las blandas, mohosas o que choreen.

➤ El **melón** proporciona vitaminas A y C y potasio. Busque melones con piel áspera, pero ligeramente suave y flexible cuando presione la parte superior e inferior, con olor dulce y fresco. Evite los melones extremadamente duros (a menos que quiera comerlos cuando maduren) y con cualquier punto blando.

➤ Las **cerezas** proporcionan vitamina A y potasio. Busque cerezas color rojo oscuro, gorditas y con tallos frescos. Evite las cerezas opacas, resecas y arrugadas.

➤ Las **toronjas** proporcionan vitamina A y C y potasio. Busque toronjas firmes, compactas y pesadas para su tamaño. No se preocupe si existe una ligera decoloración o cicatrices en la cáscara, esto generalmente no interfiere con la calidad del sabor. Evite las toronjas demasiado opacas y decoloradas.

➤ Las **uvas** proporcionan fibra y las hay en diferentes colores. Busque las de color intenso, gorditas y firmemente adheridas al tallo. Evite las uvas resecas, arrugadas y blandas o con tallos quebradizos color café.

➤ El **kiwi** proporciona mucha vitamina C y potasio. Busque los gorditos y ligeramente blandos al tacto; esto indica que la fruta está madura. Los kiwis duros pueden madurar en casa si se dejan a temperatura ambiente durante algunos días. Evite kiwis demasiado blandos, resecos y arrugados.

➤ Los **limones** proporcionan vitamina C. Busque limones color verde brillante intenso. Evite los limones con moho, picaduras o color amarillo oscuro opaco.

107

➤ Los **mangos** proporcionan vitaminas A y C, potasio y fibra. Busque mangos de color amarillo, anaranjado a rojo, bien desarrollados y bastante blandos al tacto. Evite los mangos duros como roca o sobre madurados y demasiado blandos.

➤ Las **nectarinas** proporcionan vitamina A y potasio. Busque las nectarinas gorditas con combinaciones de colores naranja, amarillo y rojo brillantes. Las nectarinas duras madurarán en pocos días a temperatura ambiente. Evite las nectarinas demasiado blandas, carentes de color o con signos de putrefacción.

➤ Las **naranjas** proporcionan grandes cantidades de vitamina C, potasio y ácido fólico. Busque naranjas firmes y pesadas (esto indica que están jugosas), con cáscara relativamente suave y brillante. Evite las naranjas muy ligeras (sin jugo) o de cáscara gruesa, rugosa y/o esponjosa.

➤ Los **duraznos** proporcionan vitamina A y potasio. Busque duraznos firmes, pero ligeramente blandos al tacto. Evite los duraznos verdosos, duros, o aguados (sobre madurados).

➤ Las **peras** proporcionan potasio y fibra. Busque peras firmes pero no demasiado duras. El color depende de la variedad. Las *Bartlett* son de color amarillo pálido a amarillo intenso, las *Anjou* o *Comice* son color verde claro o verde-amarillento, las *Bosc* son amarillas verdosas a café amarillento y las *Winter Nellis* son de verde mediano a verde claro. Evite las peras magulladas o arrugadas, con cualquier punto de diferente color.

➤ Las **piñas** proporcionan vitamina C y fibra. Busque piñas gorditas, firmes, pesadas para su tamaño y con un aroma fragante. Evite las piñas opacas, con magulladuras secas o con un olor desagradable.

➤ Las **frambuesas** proporcionan vitamina C, potasio y fibra. Busque frambuesas gorditas y tiernas, con un intenso color escarlata uniforme. Evite las frambuesas aguadas o con moho.

➤ Las **fresas** proporcionan mucha vitamina C, potasio, ácido fólico y fibra. Busque fresas firmes rojas, que todavía tengan pegada la parte superior del tallo. Evite las fresas con grandes áreas sin semillas ni color. También evite las de apariencia arrugada o mohosa.

➤ Las **mandarinas** proporcionan vitaminas A y C. Busque mandarinas de color amarillo oscuro o anaranjado brillante (indican frescura y madurez). Evite las mandarinas de color pálido amarillo o verdoso, o con picaduras en la cáscara.

➤ La **sandía** proporciona vitamina A y algo de vitamina C. Para sandías sin partir, busque la de superficie suave, de extremos redondeados y color verde pálido. Para las sandías cortadas, busque la de pulpa jugosa, color rojo y libre de vetas blancas. Evite las sandías con muchas vetas blancas a lo largo de una pulpa pálida y semillas claras.

Pasillo dos: al ataque con la sección de lácteos

En una clase de nutrición de quinto año, un niño alzó la mano y preguntó: "¿Por qué en los supermercados no venden *solamente* la leche baja en grasas, si la leche regular es tan mala para el cuerpo?". ¡Buena pregunta!

Y en verdad, tiene toda la razón. Los productos derivados de la leche suministran al cuerpo grandes cantidades de calcio (el responsable de los huesos saludables), además de proporcionar proteínas, varias vitaminas B, D y A. El problema es que la leche entera contiene mucha grasa saturada, que puede aumentar el peso y el riesgo de una enfermedad cardiaca y otras enfermedades graves. ¿Qué se puede hacer? Existe una solución simple: cuando esté en casa y sea usted quien decida el tipo de lácteo que va a vaciar a su cereal, emparedados o recetas, use las versiones bajas en grasas que, actualmente, se encuentran disponibles en la mayoría de los supermercados. Lo que es más, los productos lácteos llevan etiquetas de nutrición, así que ahora utilice su conocimiento sobre lectura de etiquetas y busque las leches, los yogures, los helados, los quesos, la crema ácida, etc., bajos en grasas. De preferencia, compare dos productos para saber cuál tiene la mayor diferencia entre el total de calorías y las calorías de grasa. Esto le indicará cuál es la marca con menos grasas, con relación a la cantidad de calorías.

No se desanime si a usted no le gustan los productos reducidos en grasas; existen marcas que tienen diferentes sabores. Solamente pruebe otra marca y otra versión la próxima vez que usted los compre. Otra cosa que debe recordar es que algunos de los lácteos "libres de grasas" son literalmente "libres de sabor" (algunas marcas hasta parecen de plástico). No sufra a causa de los productos libres de grasas, si usted no puede soportar el sabor, entonces consuma los productos lácteos bajos en grasas ya que sólo contienen 3 a 5 gramos extra de grasa.

A continuación, se presenta una lista de lácteos bajos en grasas. Lea y escoja los artículos que le parezcan más atractivos.

> **Definición**
> **Leche pasteurizada:** es la leche que ha sido calentada durante unos minutos para matar bacterias dañinas, y después rápidamente enfriada.
>
> **Leche homogeneizada:** es la leche que ha sido procesada para reducir el tamaño de sus glóbulos de grasa, con el fin de que la crema no se separe y la leche se mantenga consistentemente suave y uniforme.

> **Para reflexionar**
> El *suero de leche* es un producto lácteo bajo en grasas. De hecho, esta leche es simplemente descremada o leche pasteurizada baja en grasas, con un poco de ácido láctico añadido. La consistencia es más espesa que la de la leche regular y el sodio también es más alto, ya que contiene 257 miligramos por cada 8 onzas (alrededor del doble de la cantidad que contiene la leche normal baja en grasas).

- ➤ Leche baja en grasas (1%)
- ➤ Leche descremada (sin grasa)
- ➤ Suero de leche
- ➤ yogures sin grasa (naturales y con sabor)
- ➤ Variedad de quesos bajos en grasas
- ➤ Variedad de quesos sin grasa

109

➤ Leche en polvo sin grasa

➤ Variedad de quesos parcialmente descremados

➤ Leche evaporada descremada

➤ Queso crema reducido en grasas

➤ Queso cottage cuajado seco

➤ Crema ácida reducida en grasas

➤ Queso cottage bajo en grasas

➤ Helados bajos en grasas o sin grasa

➤ Yogures bajos en grasas (naturales o con sabor)

➤ Helados de yogur bajos en grasas o sin grasa

Pasillo tres: adquiera lo mejor de los panes, los granos y los cereales

He aquí algunos consejos para comprar panes y cereales:

➤ Apéguese a las variedades de grano entero: trigo entero, multigranos, centeno, mijo, salvado de avena y trigo partido (esto es para todos los tipos de pan: rebanado, en pita, bollo, *muffin*, galletas saladas, etcétera).

➤ Aunque el pan de "trigo" puede parecer tan saludable como el pan de "trigo entero", no se deje engañar, es solamente una mezcla de harina blanca con harina de trigo entero. Para que un producto pueda tener la etiqueta de "trigo entero", debe ser elaborado con harina 100% de trigo entero.

➤ Revise la etiqueta y elija los panes que tengan por lo menos 2 gramos de fibra por rebanada.

➤ Si usted desea consumir menos calorías, pruebe el pan de trigo entero, reducido en calorías (aproximadamente 40 calorías por rebanada).

➤ ¡No olvide revisar la fecha de caducidad en la etiqueta!

➤ Aproveche la fibra que algunos cereales contienen y elija aquellos que contengan por lo menos 2 gramos por porción. Algunas veces (no siempre) usted puede saber que un cereal contiene fibra por el nombre en la caja (es decir, Bran Flakes, All-Bran, 100% Bran, Raisin Bran, Fibra Uno, Shredded Wheat y Corn Bran).

➤ Algunos cereales contienen más azúcar y sal de la que la gente se imagina. Revise el *Total de carbohidratos* contra *Azúcares* (listados en la etiqueta de nutrición) para asegurarse de que el azúcar no sea el principal ingrediente. Algunos cereales contienen tanta azúcar que sería mejor comer caramelos con leche.

➤ Revise el tamaño de la porción. Algunos de los cereales más densos y pesados sólo asignan una minúscula cantidad por porción. Tome esto en consideración si planea comer un tazón de tamaño normal. Recuerde que las raciones dobles significan doble cantidad de calorías.

➤ No olvide comprar un poco de cereal para calentar. Ya sea que opte por los instantáneos o por los que requieren cocción, quédese con las versiones "sin endulzar" de avena, sémola, crema de arroz y de trigo. ¡Usted los puede endulzar con un poco de la fruta fresca que compró en la sección de productos perecederos!

➤ La mayoría de los cereales son bajos en grasas, con excepción de la granola y otros a los que se les añade nueces, semillas, coco y aceites. Lea la etiqueta y elija cereales con no más de 2 gramos de grasa por porción.

➤ Lea la lista de ingredientes en su caja de cereales y asegúrese de que el trigo, el centeno, el maíz o la avena estén enlistados al principio. Los ingredientes aparecen en la lista de acuerdo a las cantidades empleadas.

Pasta, arroz y otros granos

➤ La pasta es uno de esos alimentos básicos que todo el mundo parece disfrutar. Además, la pasta es alta en carbohidratos complejos, fácil de hacer y económica. No se conforme con la caja de espagueti, pruebe los coditos, ziti, rigatoni, penne, fusilli, orzo, caracoles, corbatitas y lasaña. Si su supermercado cuenta con pastas de grano entero, también póngalas en el carrito; son una gran fuente de fibra.

➤ El arroz es otra excelente fuente de carbohidratos complejos y tienden a ser un alimento popular en muchos hogares. El más nutritivo es el arroz integral, con mucho más fibra que las variedades blancas. El siguiente en la línea de nutrición es el arroz blanco refinado y el último es el arroz blanco instantáneo, con la menor cantidad de nutrientes.

➤ Pruebe algunos de los granos que no son tan comunes. Llene su carrito con cuscús, cebada, trigo en sus diferentes presentaciones (integral, partido, en grano, bulgur, kasha), mijo, polenta. Todos están rebosantes de carbohidratos complejos, ¡así que alegre sus comidas e impresione a su familia!

Obstáculo en el camino
Cuídese de las mezclas de arroz; están cargadas de grasas y sal. Aunque un tipo específico de arroz no necesariamente contiene demasiada sal o grasas, las diferentes marcas pueden contener niveles más altos que otras.

Pasillo cuatro: las mejores opciones de alimentos con proteínas

Cuando compre carne de res, de puerco, de cordero o de ternera, busque la carne magra y con cortes bien hechos. Las carnes son calificadas por el Departamento de Agricultura de Estados Unidos (USDA), de acuerdo a su contenido y textura. *Prime* (primera calidad) indica la más alta en grasas (por desgracia, es generalmente la carne más tierna y jugosa debido a las vetas que la atraviesan); *Choice* (de elección) es moderadamente grasosa; y *Select* (selecta) que es la más magra. Las carnes magras proporcionan grandes cantidades de proteínas de calidad, junto con hierro, vitaminas B, fósforo y zinc.

Los cortes de res más magros a elegir son:

- ➤ bola magra
- ➤ espaldilla magra
- ➤ rabadilla magra
- ➤ falda magra
- ➤ sirloin magro

- ➤ filete magro
- ➤ T-bone magro
- ➤ solomillo magro
- ➤ brocheta magra
- ➤ carne molida (extra magra)

Obstáculo en el camino

Cuídese de las carnes procesadas, ya que usualmente son altas en grasas y sal. Si usted compra carnes procesadas, lea las etiquetas y compare los productos. Generalmente, los artículos que son más bajos en grasas y sal lo anunciarán en alguna parte de la envoltura.

Los cortes de cordero y ternera más magros a elegir son:

- ➤ pierna de cordero
- ➤ chuleta de cordero magra
- ➤ chuleta de ternera magra

- ➤ cordero asado
- ➤ ternera asada
- ➤ costillas de ternera

Los cortes de puerco más magros son:

- ➤ filete de puerco
- ➤ chuletas de puerco
- ➤ jamón hervido

- ➤ puerco asado
- ➤ tocino canadiense
- ➤ costillas

Aves

No olvide las aves. La carne de ave puede ser una de las fuentes de proteína animal más magra, pero olvídese de la piel. ¡Es grasa pura! Usted puede *comprar* la carne de ave con piel en caso de que el precio sea más razonable; puede *cocinar* la carne de ave con todo y piel para que se añada más sabor, pero, por favor, asegúrese de quitarla antes de comerla.

Los cortes de aves más magros a elegir son:

- ➤ pechuga de pollo sin piel
- ➤ pechuga de pavo (carne blanca, sin piel)
- ➤ codorniz (sin piel)
- ➤ carne molida de pollo o de pavo (sin piel)
- ➤ pato y faisán (sin piel)

Pescados y mariscos

Cuando elija comer mariscos, puede incluir casi todos. Explore el pasillo y seleccione cualquier producto que se vea fresco y apetitoso. El pescado y los mariscos frescos deben tener una piel brillante, ojos abultados (en el pescado entero), carne firme, pero *sin* olor a pescado. Tal vez usted ha oído que algunos pescados tienen más grasa que otros. Es cierto, pero la cantidad de grasa es tan pequeña que todos los pescados y mariscos siguen siendo la mejor opción en términos nutrimentales. Además, el tipo de grasa encontrado en el pescado es poliinsaturado (más específicamente ácido graso Omega-3), el cual (se ha demostrado) ayuda al combate de las enfermedades cardiacas. Lo que es más, todos los tipos de pescados suministran excelentes proteínas de alta calidad, junto con otras vitaminas y minerales. Así que haga espacio en su carrito y, ¡vamos de pesca!.

Los cortes de pescado más magros a elegir son:

➤ bacalao, abadejo, lenguado, rape, lubina, perca, pescadilla

➤ atún, *halibut*, mújol, huachinango, pez espada, tiburón

➤ moluscos (abulón, almejas, mejillones, ostiones, calamares)

➤ crustáceos (cangrejo, cigala, langosta, camarón)

Entre los pescados más grasosos se encuentran:

➤ salmón, caballa, arenque, sábalo, anguilas, bagre, pámpano.

> **Obstáculo en el camino**
> Trate de evitar el pescado ahumado, seco o salteado (como el salmón ahumado) ¡Todas las preparaciones con pescado son extremadamente altas en sal!

El pescado enlatado, como el atún, también puede ser conveniente y saludable. Compre pescado enlatado en agua y opte por las versiones bajas en sodio (o retire parte de la sal enjuagándolo).

Huevos

Los huevos son una buena fuente de proteínas de alta calidad, hierro y vitamina A. Así que, ¿cuál es el problema? Seguramente ha oído esto muchas veces: los huevos son muy altos en colesterol (alrededor de 213 mg). Además, la yema tiene aproximadamente 5 gramos de grasa. No está mal si usted come el huevo entero de vez en cuando. De lo contrario, empiece a consumir sólo las claras del huevo o tome una caja de sustitutos de huevo (sin colesterol y bajos en grasas), como las que generalmente se venden en la sección de congelados.

Legumbres (frijoles secos, chícharos y lentejas, entre otros)

Definitivamente añada algunas legumbres a su lista de compras. Las legumbres le proporcionan proteínas, hierro, zinc, magnesio y vitaminas B. Lo más impresionante es que los frijoles secos, los chícharos y las lentejas son los únicos alimentos altos en proteínas que proporcionan grandes cantidades de fibra. Sea creativo y haga comida sin carne un par de veces por semana. Busque:

113

- ➤ frijoles horneados
- ➤ frijoles negros
- ➤ frijol *de carita*
- ➤ canelones con frijoles
- ➤ garbanzos

- ➤ frijoles norteños
- ➤ alubias
- ➤ lentejas
- ➤ habas
- ➤ alubia chica

- ➤ frijol pinto
- ➤ chícharo seco
- ➤ tofú (busque el que está fortificado con calcio)
- ➤ *chili* vegetariano
- ➤ frijol blanco

Pasillo cinco: sugerencias apetitosas de alimentos congelados, sopas enlatadas y salsas

Como ya se mencionó, los artículos congelados y enlatados pueden ser convenientes y deliciosos. Sólo recuerde leer las etiquetas cuidadosamente y tenga los siguientes consejos en mente.

➤ Para los alimentos completos congelados, siempre lea la etiqueta y busque los que tengan *menos* de 400 calorías totales, 15 gramos de grasa y 800 miligramos de sodio.

➤ Cuando elija sopas, evite las variedades cremosas a menos que tenga la opción de mezclarlas con leche baja en grasas. También pruebe las sopas "reducidas en sodio", "bajas en sodio" o "sin sal añadida". Algunas de las selecciones nutritivas son: minestrone, sopa de vegetales, fideo con pollo, chícharo seco, arroz con tomate y las combinaciones de lentejas.

➤ Para reducir la grasa, compre salsas con base de tomate o vegetales. Revise las etiquetas y busque las marcas que tengan 3 gramos (o menos) de grasa por porción.

Pasillo seis: tentempiés saludables para atiborrar las alacenas

La mayoría de la gente ama los tentempiés entre comidas. Si usted planea abastecer su cocina, hágalo con estos artículos bajos en grasas.

- ➤ Palomitas simples para palomero
- ➤ Palomitas para microondas "lite" o "reducidas en grasas"
- ➤ *Pretzels*
- ➤ Papas,tortillas o vegetales
- ➤ Pasas
- ➤ Mezcla de frutas secas
- ➤ Pastelillos de arroz de sabores

- ➤ Galletas de higo y frutas
- ➤ Barras de granola bajas en grasas
- ➤ Galletas saladas de grano entero bajas en grasas
- ➤ Galletas de animalitos
- ➤ Galletas de canela
- ➤ Galletas de jengibre

Pasillo siete: condimentos a la mano

Los siguientes condimentos bajos en grasas pueden agregar brío a sus comidas. Recuerde que algunos de estos intensificadores de sabor también son altos en sodio. Las personas sensibles a la sal deben poner mucha atención a lo que comen.

➤ salsa de tomate

➤ mostaza

➤ mermeladas, frutas en conserva, untables bajos en azúcar

➤ salsa de soya baja en sodio

➤ salsa teriyaki baja en sodio

➤ vinagre balsámico

➤ vinagre de sidra

➤ jugo de limón

➤ salsa inglesa

➤ salsa para coctel

➤ *chutney* de tomate

➤ salsa

Pasillo ocho: compras inteligentes de grasas, untables y aderezos

Cuando compre grasas, recuerde elegir aquellas predominantemente insaturadas. También seleccione las versiones reducidas en grasas o libres de grasas en el caso de los aderezos y untables. De esta forma, reducirá sustancialmente la ingestión de grasas.

Compre 1 o 2 de los siguientes aceites insaturados para cocinar en casa:

Monoinsaturado

➤ aceite de oliva

➤ aceite de *canola*

➤ aceite de colza

➤ aceite de cacahuate

Poliinsaturados

➤ aceite de cártamo

➤ aceite de girasol

➤ aceite de maíz

➤ aceite de soya

Otras grasas y productos untables para tener a la mano

➤ *Spray* para evitar que se peguen los alimentos al cocinar

➤ Aderezos para ensaladas, libres de grasas

➤ Aderezos para ensaladas, bajos en grasas (3 gramos o menos por cada 2 cucharadas soperas)

➤ *Dip* bajo en grasas (¡para todos los vegetales que compró!)

➤ Margarinas o untables suaves, en tubo

➤ Untables suaves, reducidos en grasas

➤ Sustitutos de mantequilla (*spray* o granulado)

➤ Untables libres de grasas (atrévase, saben bien)

➤ Mayonesa reducida en grasas

➤ Mantequilla de maní (puede ser alta en grasas, pero también proporciona muchas proteínas, además de ser un alimento básico, indispensable en casa)

Lo mínimo que necesita saber

➤ El primer paso para una cocina bien abastecida inicia con una lista completa de compras. Asegúrese de organizar su lista por categorías de alimentos.

➤ Llene su carrito de vegetales y frutas frescas, pero sólo compre lo necesario, ya que los productos frescos son perecederos. Los vegetales y las frutas congeladas o enlatadas son una buena opción para la gente que no va de compras frecuentemente (sólo asegúrese de que no tengan demasiadas grasas, azúcares y sal añadidas).

➤ Compre lácteos bajos en grasas, cortes de carne magra de res, de aves y de pescados, y no olvide las legumbres para esas comidas sin carne. También busque en la sección de congelados de su supermercado los sustitutos de huevo; usted evitará muchas grasas y mucho colesterol.

➤ Explore los granos hechos con harina de trigo de grano entero. Cuando seleccione los cereales, lea las etiquetas y seleccione las marcas bajas en azúcares y que ofrezcan por lo menos 2 gramos de fibra por porción.

➤ Lea las etiquetas en los aderezos para ensaladas, grasas y otros untables. Opte por los productos "reducidos en grasas" o "libres de grasas".

Capítulo 11

Manos a la obra, ¡es hora de cocinar!

En este capítulo

➤ Modificaciones simples al cocinar

➤ Grandiosas recetas para el desayuno, la comida y la cena

➤ Guarniciones fáciles de preparar

➤ Deliciosos postres

La hora de la comida es una perfecta oportunidad para reunir a la familia, conversar con amigos, relajarse en privado o impresionar a su pareja con un platillo de concurso. Así que decídase por el placer y mejore esta parte especial de su día, preparando una comida saludable. La parte más difícil está hecha: ya abasteció su cocina con los alimentos correctos. Ahora, es el momento de aparentar estar en laboratorio de química y experimentar con algunas de estas recetas fáciles de preparar.

A todos ustedes, donde quiera que estén: no se deshagan tan rápido de sus recetas poco saludables. Este capítulo ofrece algunos consejos para remodelar recetas; transformar sus platillos personales favoritos en comidas que impresionarán a su nutriólogo y a sus papilas gustativas. Tome algunas ollas y sartenes y escuche música agradable. ¡Es el momento de poner manos a la obra cocinando de una manera imaginativa y saludable!

El modificador de recetas: remodele sus recetas con sustituciones sencillas

Reducir la grasa de sus recetas sólo significa usar ingredientes con menos grasa. También significa usar técnicas y herramientas saludables para cocinar. A continuación se presentan algunos consejos y trucos rápidos para el cambio:

1. Use métodos bajos en grasas o sin grasa para cocinar, como cocción al vapor o lenta, freír en muy poco aceite, hervir, asar, usar el microondas, hornear y asar a la parrilla, en lugar de freír.

2. Consiga un buen juego de sartenes, cacerolas y moldes para hornear antiadherentes, para que usted pueda saltear y hornear sin añadir grasa.

3. Pruebe los *sprays* antiadherentes, o use 1 o 2 cucharadas soperas de consomé desgrasado, agua, jugo o vino, en lugar del aceite para cocinar.

4. Recuerde que los quesos libres de grasas o reducidos en grasas difieren ligeramente en las características de cocción de sus homólogos con más grasa. En la mayoría de los casos, no se funden tan suavemente. Para evitar esto, ralle el queso muy finamente. Cuando haga salsas y sopas, mezcle el queso con uno poco de harina, fécula de maíz o arrurruz.

5. Corte toda la grasa visible de los bistecs, las chuletas, los asados y otros cortes, antes de prepararla.

6. Sustituya de un cuarto a un medio de carne molida o de ave de una cacerola o de una salsa de carne por arroz moreno cocido, trigo, cuscús o frijoles secos cocinados o machacados para eliminar la grasa y añadir fibra.

7. La decisión de quitar la piel de las aves antes o después de cocinarlas depende de su método para cocinar. La piel ayuda a evitar que los cortes asados u horneados se sequen, y los estudios han demostrado que la grasa de la piel no penetra en la carne durante la cocción. Sin embargo, si usted deja la piel, asegúrese de que cualquier condimento que haya usado vaya debajo de la piel o perderá el sabor cuando la quite.

8. Elimine y deseche la grasa visible de las sopas calientes y de los estofados, o enfríelos y elimine la grasa sólida que se forma en la superficie.

9. Use vegetales cocidos hechos puré, como zanahorias, papas y coliflor, para espesar sopas y salsas en lugar de usar crema, yemas de huevo o *roux* de mantequilla o harina. También, intente usar un tofú suave para espesar sus salsas.

10. Seleccione grasas "más saludables" cuando necesite añadirlas a una receta. Esto significa sustituir la mantequilla, manteca de cerdo u otras grasas altamente saturadas, por aceites de *canola*, olivo, cártamo, girasol, maíz y otros bajos en saturación. Recuerde que sólo se requieren algunas gotas de un aceite con mucho sabor, como el de olivo extravirgen, de ajo, de ajonjolí oscuro o de nuez moscada, para resaltar el sabor de su platillo, así que úselos con cuidado.

11. Elimine la grasa que no haga falta, pero mantenga el sabor característico de los ingredientes grasosos, como nueces, coco, chispas de chocolate y tocino, reduciendo la cantidad de uso 50%. Por ejemplo, si una receta requiere de 1 tasa de nueces, use solamente $1/_2$.

12. Tueste nueces y especias para intensificar su sabor, después píquelas finamente para que se distribuyan por toda la comida.

13. Si el azúcar es el endulzante principal en una salsa de frutas, en una bebida u otro platillo que no sea horneado, disminuya la cantidad en 25%. En lugar de usar una taza de azúcar, use $3/_4$ de taza. Si usted añade una pizca de canela, nuez moscada o pimienta inglesa, incrementará el sabor a dulce sin aumentar calorías.

14. Para los postres horneados, añada puré de fruta en lugar de grasa. Una de las razones por la que se incluye la grasa en los productos horneados es para mantener la humedad. Las altas concentraciones de endulzantes naturales en el puré de frutas realmente conservarán la humedad durante el proceso de horneado.

La grasa tiene sabor, pero también la fruta. La grasa aumenta el volumen de líquido y humedad en un pan o pastel, la fruta también lo hace. Cuando realice esta sustitución, si la receta requiere de $1/_2$ taza de grasa, simplemente añada $1/_2$ taza de fruta hecha puré. Pruebe la salsa de manzana en *muffins* o pasteles de salvado con manzana. La piña hecha puré o molida funciona bien en pasteles volteados de piña. He aquí otros consejos:

> **Obstáculo en el camino**
> Tenga cuidado cuando reduzca la cantidad de azúcar en los pasteles, galletas u otros platillos horneados. Muchas veces la textura o el volumen se verán afectados.

➤ Las frutas de color oscuro, como las moras y las ciruelas pasa, son mejores en batidos oscuros. Las frutas de color claro, como las peras o la salsa de manzana, pueden añadirse a casi cualquier batido sin cambiar el color. Si se añaden frutas de color amarillo-anaranjado, como los duraznos o chabacanos hechos puré, con frecuencia darán un color amarillento muy apetitoso.

➤ Las peras y las manzanas pueden usarse, casi universalmente, para hornear pasteles, porque su sabor es muy ligero e imperceptible. Los chabacanos, las ciruelas pasa y la piña añaden un sabor mucho más fuerte. Los plátanos y los duraznos son el justo medio, añaden un poquito de sabor, pero nunca de más. Y éste es el secreto: si usted no tiene un procesador de alimentos para hacer su propio puré de fruta, utilice alimentos para bebé. Ya está hecho puré, tiene un sabor ligero y usualmente no contiene azúcar.

15. Bata las claras de huevo hasta que se formen picos suaves antes de incorporarlos a los alimentos a hornear. Esto aumentará el volumen y la suavidad.

16. Haga "betunes" sencillos y libres de grasas para pasteles o galletas en barra espolvoreándolos ligeramente con azúcar pulverizada.

17. Incremente el contenido de fibra y del valor nutrimental de los platillos usando la mitad de harina de trigo entero por cada tanto de harina blanca. Para pasteles y otros productos horneados que requieren de una textura ligera, use harina para pastelería de trigo entero, disponible en algunos supermercados bien surtidos.

18. También los vegetales pueden remplazar a la grasa en otras recetas. Por ejemplo:

   ➤ Agregue puré de zanahoria para bebés, puré de pimiento rojo asado o puré de papa para la salsa de su pasta, en lugar de aceite de oliva.

   ➤ Remplace parte de la grasa en los panes o pasteles que contienen nuez, como el pastel de zanahoria o el pan de calabacita, con purés o jugos de vegetales, como el jugo de zanahoria o el puré de calabaza.

   ➤ Sustituya la mitad del aguacate por chícharos verdes hechos puré, para hacer guacamole u otros *dips*.

   ➤ Remplace la grasa en las sopas, las salsas, los *muffins* o pasteles, con puré de ñame o camote.

   ➤ Utilice papa blanca para espesar la leche baja en grasas para hacer cremas de sopa y de mariscos.

   ➤ Sustituya la carne o los embutidos de su lasaña favorita con una capa de vegetales.

   ➤ Agregue vegetales a su pizza en lugar de carne.

Fuente: *ADA. "Skim The Fat: A Practical & Up To Date Food Guide,"* 1995.

Lista de las 10 mejores sustituciones

1. Use yogur sin grasa, en lugar de crema ácida.
2. Use 2 claras de huevo, en lugar de 1 huevo entero.
3. Use leche baja en grasas a 1%, en lugar de leche entera.
4. Use la mitad de grasa para las recetas que la requieran.
5. Use 3 cucharadas de cocoa en polvo y 1 cucharada de aceite, en lugar de chocolate para repostería.
6. Use leche evaporada descremada, en lugar de crema.
7. Use purés de fruta, jugos de fruta o suero de leche para remplazar la grasa en una receta.
8. Use yogur sin grasa o mayonesa reducida en grasas, en lugar de mayonesa regular.
9. Use margarina de dieta, en lugar de la margarina normal.
10. Use queso ricotta bajo en grasas o queso cottage a 1%, en lugar de queso crema de leche entera o queso ricotta.

Desayuno: ¡Empiece su día con energía! Recetas creativas mañaneras

---

Pan francés a la moda

Tres porciones

2 claras de huevo

$^1/_3$ taza de leche baja en grasas a 1%

$^1/_2$ cucharadita de extracto de vainilla

1 cucharada de margarina reducida en grasas

6 rebanadas de pan de grano entero

1 taza de yogur natural sin grasa

1 taza de moras frescas

Bata los huevos, la leche y la vainilla en un tazón. Derrita la margarina en una sartén a fuego medio. Corte el pan en rebanadas diagonales y sumerja ambos lados uniformemente en la mezcla (hecha con los huevos, la leche y la vainilla). Después, dore cada lado del pan en una sartén caliente volteando cada rebanada. Acomode el pan francés en un platón (2 rebanadas completas o 4 mitades por porción) y adorne con una cucharada de yogur y moras frescas.

Análisis de nutrición por cada porción

Calorías 231, grasa total 4 gramos

Grasa saturada 0.7 gramos, fibra 7 gramos

Proteínas 13 gramos, sodio 467 mg, colesterol 1 mg

*De la cocina de Carol y Victor Bauer

Tortilla de clara de huevo y vegetales

Dos porciones

8 claras de huevo

4 cucharadas de leche baja en grasas

$^1/_2$ taza de hongos rebanados

$^1/_2$ taza de cebolla rebanada

$^1/_4$ taza de tomate picado

2 onzas de queso cheddar rallado sin grasa

spray vegetal antiadherente

pimienta al gusto

Mezcle las claras de huevo con la leche y un poco de pimienta, y déjelos reposar. En otro plato, coloque los hongos, la cebolla y 2 cucharadas de agua. Cúbralos y póngalos en el horno de microondas de 2 a 3 minutos, a temperatura alta (dependiendo de lo suave que prefiera sus vegetales). Drene los vegetales y mezcle los tomates picados y los huevos. Aplique *spray* antiadherente a una sartén grande y cocine todo a fuego medio. Cuando el huevo empiece a cocerse, espolvoree el queso rallado y deje que se derrita. Cuando la tortilla de huevo se vea cocida pero húmeda, doble un lado y páselo con cuidado a un plato. Complete la comida con un poco de pan de trigo entero tostado, y listo.

continúa

continuación

Análisis de nutrición por porción ($^1/_2$ tortilla de huevo)

Calorías 161, grasa total 1 gramo

Grasa saturada 0.2 gramos, fibra 2 gramos

Proteínas 26 gramos, sodio 445 mg, colesterol 1 mg

*De la cocina de Debra y Steve Beal

¡No, otra vez el mismo emparedado de siempre! "¡Qué monótono!" Platillos para la comida

Ensalada griega de pasta

Cuatro porciones

3 tazas de pasta de corbatas (o fusilli) cruda

1 pepino, sin semillas y cortado en cubos de $^1/_4$ de pulgada

3 tomates rojizos tiernos, cortados en cubos de $^1/_4$ de pulgada

$^1/_4$ de taza de cebolla morada picada

3 cucharadas de aceitunas negras, cortadas en cubos

2 cucharadas de vinagre balsámico

el zumo (ralladura de la cáscara) y el jugo de 1 limón

2 cucharadas de menta fresca picada

spray de aceite de olivo para cocinar

1 cabeza pequeña de lechuga

Cocine la pasta: ponga medio litro de agua a hervir a fuego alto. Agregue la pasta lentamente, moviéndola constantemente hasta que toda esté sumergida en la olla. Deje que hierva nuevamente y baje a fuego medio. Cocine de acuerdo con las instrucciones del empaque o hasta que la pasta tenga el centro ligeramente firme (alrededor de 10 a 13 minutos). Cuele y enjuague la pasta con agua fría.

Prepare la ensalada: combine todos los vegetales (excepto la lechuga), el vinagre, el zumo y el jugo de limón en un tazón. Mezcle la pasta y las hojas de menta y rocíelos ligeramente de *spray* de aceite de olivo. Mezcle nuevamente. Adorne 4 platos con hojas de lechuga y divida la ensalada entre ellos.

Análisis de nutrición por porción

Calorías 220, grasa total 2 gramos

Grasa saturada 0 gramos, fibra 2 gramos

Proteínas 10 gramos, sodio 150 mg. colesterol 0

©*Food for Health Newsletter*, 1996. Reimpresión autorizada.

Atún gratinado

Una porción

1 *muffin* de trigo entero, partido a la mitad

3 onzas de atún en agua (bajo en sodio) enlatado

2 cucharaditas de mayonesa reducida en grasas

tomate rebanado

2 rebanadas de queso amarillo bajo en grasas y sodio

Ponga a tostar las dos mitades del *muffin* y déjelas a un lado. Drene el atún y haga con él una pasta, después mézclela con la mayonesa baja en grasas. Úntela uniformemente sobre las dos mitades del *muffin* sin juntarlas. Coloque un tomate y una rebanada de queso encima del atún, en cada pieza de pan. Póngalas en el horno hasta que el queso se derrita completamente.

Análisis de nutrición por porción

Calorías 319, grasa total 7 gramos

Grasa saturada 1.5 gramos, fibra 4 gramos

Proteínas 31 gramos, sodio 480 mg, colesterol 30 mg

*De la cocina de Glenn Schloss

¿No sabe qué hacer de cenar? Recetas para "enloquecer" a sus papilas gustativas

Fritura de camarón con piña

Cuatro porciones

Arroz

1 ¹/₂ tazas de arroz integral instantáneo

1 ¹/₂ tazas de agua

Fritura

spray de aceite vegetal de *canola*

1 taza de pimientos surtidos (rojo, verde, amarillo) cortado en cuadros pequeños

1 taza de hongos rebanados

¹/₂ taza de arvejas (chícharos)

¹/₂ taza de piña machacada (drene y guarde el jugo)

1 taza de germinado de frijol

continúa

continuación

¹/₄ taza de consomé de pollo

¹/₂ cucharada sopera de fécula de maíz

1 cucharada de salsa de soya ligera

¹/₂ cucharadita de pedacitos de pimentón

12 onzas de camarones medianos, pelados y limpios

Cocine el arroz integral instantáneo en un plato para microondas, durante 10 minutos, a media alta potencia (80%), en su horno de microondas.

Rocíe ligeramente una sartén antiadherente con el *spray* de aceite de *canola* y caliente a temperatura media alta. Saltee los pimientos hasta que estén crujientes y tiernos (alrededor de 2 minutos); agregue los hongos y las arvejas y déjelos hasta que estén crujientes y tiernos (alrededor de 2 minutos). Mezcle el consomé de pollo, la fécula de maíz, la salsa de soya ligera y el jugo de piña (que apartó de la piña machacada) y agréguelos a la sartén junto con el germinado de frijol. Espere a que hierva, agregue el pimentón y los camarones hasta que éstos estén cocidos (alrededor de 1 o 2 minutos). Sirva sobre el arroz cocinado y caliente.

Análisis de nutrición por porción

Calorías 290, grasa total 3 gramos

Grasa saturada 0.5 gramos, fibra 4 gramos

Proteínas 23 gramos, sodio 290 mg, colesterol 130 mg

©*Food for Health Newsletter*, 1996. Reimpresión autorizada.

Filetes de pescado tipo espada

Tres porciones

1 lb filete de pescado tipo espada (cortado en 3 piezas)

2 cucharaditas de aceite de oliva

¹/₂ manojo de perejil fresco

¹/₂ manojo de cilantro fresco

el jugo de 1 limón fresco

pimienta negra molida de grano grueso, fresca

Agregue todos los ingredientes (excepto el pescado y la pimienta) en una licuadora y licúe bien. Cuidadosamente, cubra y marine los filetes de pescado de 2 a 12 horas (dependiendo del tiempo que usted tenga). Retire los filetes del marinado y espolvoréelos con la pimienta negra molida al gusto. Áselos a la parrilla durante 4 minutos de cada lado; el tiempo de asado varía dependiendo del grueso del pescado y de la preferencia personal.

Análisis de nutrición por porción

Calorías 232, grasa total 11 gramos

Grasa saturada 2 gramos, fibra 0.2 gramos

Proteína 30 gramos, sodio 142 mg, colesterol 59 mg

*De la cocina de Meg Fein

El increíble pastel de pavo con puré de papas de Jon

Ocho porciones

Pastel de pavo

2 lbs de pechuga de pavo molida (sin piel)

3 rebanadas de pan de trigo entero, separadas

2 tazas de salsa de arándano entero

1 huevo entero + 2 claras

2 zanahorias peladas y picadas

1 taza de cebolla picada

1 taza de queso cheddar sin grasa, rallado

6 dientes de ajo machacados

5 ramas de perejil fresco

Puré de papas

5 papas medianas, peladas y partidas

2 cucharadas soperas de margarina de dieta

1 taza de leche baja en grasas a 1%

Caliente el horno a 350°F. Mezcle todos los ingredientes del pastel de pavo en un tazón, después colóquelos en un molde para hornear. Hornee durante $^1/_2$ hora... escurra el aceite.

En otro recipiente, ponga a hervir las 5 papas peladas y partidas. Cuando estén suaves (aplástelas con un tenedor), haga el puré y mezcle con la margarina y la leche.

Ahora, el toque final... extienda el puré de papa sobre el pastel de pavo y métalo nuevamente en el horno durante 30 minutos (a 350°F).

Análisis de nutrición por porción

Calorías 498, grasa total 4 gramos

Grasa saturada 1 gramo, fibra 6 gramos

Proteínas 46 gramos, sodio 325 mg, colesterol 122 mg

*De la cocina de Jon Cohen y Nancy Shapiro

Sensacionales guarniciones, fáciles de preparar

Hongos salteados a la italiana

Cuatro porciones

1 paquete de champiñones de 10 a 12 onzas (o 1 lb a granel), en rebanadas gruesas

2 a 3 dientes de ajo, rebanados

perejil picado

1 cucharadita de aceite de olivo

spray antiadherente para cocinar

pimienta molida al gusto

Rocíe una sartén con el *spray* antiadherente para cocinar y ponga a calentar el aceite de olivo. Dore los dientes de ajo a temperatura media alta y añada los champiñones rebanados y el perejil picado. Agregue bastante pimienta molida (a su gusto) y continúe salteando los champiñones hasta que estén dorados y tiernos.

Análisis de nutrición por porción

Calorías 44, grasa total 2 gramos

Grasa saturada 0 gramos, fibra 2 gramos

Proteínas 3 gramos, sodio 5 mg, colesterol 0 mg

*De la cocina de Grace Leder

Papas horneadas con queso

Cuatro porciones

2 papas para hornear (alrededor de 8 onzas cada una)

1/2 taza de queso cottage bajo en grasa

1/4 de leche descremada

1/4 cucharadita de sal

1/8 de cucharadita de pimienta

Pimentón al gusto

Lave bien las papas. Pique la piel. Hornee a 425°F hasta que estén tiernas (50 a 60 minutos). Retire del horno; parta a la mitad. Saque la pulpa, dejando la cáscara intacta; guarde las cáscaras. Machaque la papa cuidadosamente. Agregue los ingredientes restantes, excepto el pimentón, y bata hasta que esponje. Rellene las cáscaras con la mezcla. Espolvoree el pimentón sobre las superficies. Hornee a 425°F hasta que estén calientes y las superficies ligeramente doradas (alrededor de 10 minutos).

Análisis de nutrición por porción (1/2 papa)

Calorías 140, grasa total 0.7 gramos

Grasa saturada 0.4 gramos, fibra 2.5 gramos

Proteínas 6 gramos, sodio 250 mg, colesterol 5 mg

Fuente: *ADA. "Skim The Fat: A Practical & Up-To-Date Food Guide,"* 1995. Usada con autorización.

Asado de calabacitas con tomate

Cuatro porciones

3 tomates grandes y maduros, medianamente picados

1 calabacita mediana, picada grueso

1$\frac{1}{2}$ tazas de ramitas de mostaza

$\frac{1}{2}$ cucharadita de mezcla de especias italianas

pimienta negra molida

spray para cocinar de aceite de olivo

Caliente el horno a 350°F. Mezcle todos los ingredientes y colóquelos en un molde de cristal o de metal para hornear. Hornee de 10 a 15 minutos, sin cubrir, hasta que la calabacita esté suave. Revuelva bien y sirva.

Análisis de nutrición por porción

Calorías 35, grasa total 0 gramos

Grasa saturada 0 gramos, fibra 2 gramos

Proteínas 2 gramos, sodio 15 mg, colesterol 0 mg

©*Food for Health Newsletter*, 1996. Reimpresión autorizada.

Postres muy apetitosos

Pastelillos de manzana

Doce porciones

4 tazas (1$^1/_4$ libras) de manzanas
   Golden Delicious sin pelar y picadas

1 taza de azúcar morena

$^3/_4$ taza de harina blanca y otra de harina
   de trigo entero

1 cucharadita de polvo para hornear

1 cucharadita de canela

$^1/_2$ cucharadita de sal

$^1/_4$ cucharadita de jengibre y otra de clavo

$^1/_4$ taza de aceite vegetal

2 huevos enteros grandes, ligeramente
   batidos

1 cucharadita de extracto de vainilla

2 cucharadas de azúcar para decorar

Combine 3 de las tazas de manzanas y el azúcar en un tazón; deje reposar durante 45 minutos. Caliente el horno a 350°F. Engrase y enharine una charola de horno con seis divisiones tamaño pastelillo. Mezcle los ingredientes secos en un tazón mediano. Mezcle el aceite, los huevos y la vainilla en otro tazón pequeño; incorpórelos a la mezcla de las manzanas y el azúcar. Revuelva con los ingredientes secos y la taza de manzanas restantes. Vacíe en la charola preparada. Hornee de 40 a 45 minutos, hasta que al insertar un palillo en el centro de los pastelillos éste salga limpio. Deje enfriar en la charola sobre una repisa durante 10 minutos; desmolde los pastelillos y deje enfriar completamente. Espolvoree el azúcar para decorar.

Análisis de nutrición por porción

Calorías 213, grasa total 6 gramos

Grasa saturada 1 gramo, fibra 2 gramos

Proteínas 3 gramos, sodio 212 mg, colesterol 35 mg

Fuente: *ADA. "Skim The Fat: A Practical & Up-To-Date Food Guide,"* 1995. Usada con autorización.

Mousse ángel-diablo

Cuatro porciones

2 tazas de yogur natural sin grasa

2 tazas de fresas congeladas rebanadas

2 *brownies* de chocolate sin grasa, desmoronados

¹/₄ de taza de leche descremada

Combine todos los ingredientes en la licuadora o el procesador de alimentos, hasta lograr un puré fino. Sirva inmediatamente.

Análisis de nutrición por porción

Calorías 140, grasa total 0 gramos

Grasa saturada 0 gramos, fibra 2 gramos

Proteínas 8 gramos, sodio 135 mg, colesterol 5 mg

©*Food for Health Newsletter*, 1996. Reimpresión autorizada.

Banana split saludable

Una porción

1 plátano pelado

¹/₂ taza de helado de yogur de vainilla sin grasa

2 cucharadas de cereal de granola, (bajo en grasas)

Parta el plátano en dos, a lo largo, y coloque las dos piezas en un plato para helado. Coloque las bolas de helado de yogur en el centro y espolvoree con granola. ¡Ahora tendrá un banana split libre de culpas!

Análisis de nutrición por porción

Calorías 243, grasa total 1 gramo

Grasa saturada 0 gramos, fibra 2 gramos

Proteínas 5 gramos, sodio 65 mg. colesterol 0 mg

*De la cocina de Dan Schloss y Pam Shapiro

Lo mínimo que necesita saber

➤ Las sustituciones sencillas de ingredientes pueden convertir sus recetas favoritas en saludables platillos bajos en grasas.

➤ Quédese con lo saludable, con las técnicas para cocinar bajo en grasas, como cocer al vapor, freír con muy poco aceite, hervir, asar, usar el microondas, hornear y asar a la parrilla. Intensifique el sabor con especias y condimentos sin calorías.

➤ Use vegetales cocidos hechos puré (en lugar de crema, mantequilla y yemas de huevo) para espesar sopas y salsas. Para postres horneados, agregue puré de frutas en lugar de mantequilla, manteca de cerdo y otros aceites. Cuando la receta requiera de una gran cantidad de azúcar, disminuya ésta 25%.

Capítulo 12

Guía de sobrevivencia en restaurantes

En este capítulo

➤ Cómo cenar fuera de forma saludable

➤ Conviértase en un detective de menús

➤ Las mejores opciones de la cocina internacional

¿No quiere cenar en casa? ¿Demasiado cansado para cocinar o tiene ganas de salir y socializar? ¡Únase a las multitudes! De acuerdo con la Asociación Nacional de Restaurantes, los estadounidenses gastan un promedio de $800 millones de dólares por día en comidas fuera de casa (¡eso es muchísimo dinero!). Antes, comer fuera se consideraba un lujo para celebrar ocasiones especiales, ahora se ha convertido en un suceso cotidiano. Ya sean almuerzos sustanciosos, comida rápida para llevar o para comer en el establecimiento, o simplemente como esparcimiento, la industria del servicio alimentario está creciendo a pasos agigantados.

Además de convenientes y de brindar un ambiente de entretenimiento, los restaurantes también ofrecen alimentos saludables. Usted sólo necesita practicar algunas tácticas defensivas para la comida. Es cierto que algunas veces puede ser un reto, pero usted *no* tiene que tirar toda la nutrición por la ventana sólo porque alguien más prepara la comida.

Errores usuales en los restaurantes

Primero, el problema de comer en exceso. ¡"Comer fuera" no significa "tragar fuera"! El hecho de estar en un restaurante no significa que usted deba rellenarse como un pavo de Navidad.

(¿Es usted el tipo de persona que necesita aflojarse el cinturón un par de orificios después de cada plato de comida?) ¡No es la última comida de su vida y no hay necesidad de lamer el plato hasta dejarlo limpio cuando su estómago está listo para explotar. Libérese mentalmente de esa "necesidad de comer todo el valor de su dinero" y suelte el tenedor cuando se sienta satisfecho. Y si usted no puede soportar esa comida extra viéndolo directamente a la cara, pídale al mesero que se lleve su plato, o simplemente pida que le envuelvan esa comida para llevar y disfrútela al día siguiente (¡no una hora más tarde!).

Y, ¿qué hay acerca de las elecciones reales de comida? ¿Qué se supone que debe ordenar sin causar estragos en su cintura ni en sus arterias? Hacer elecciones saludables de comida requiere de una combinación de planeación, conocimientos de nutrición y compromiso. *Planeación* durante el día para poder administrar sus grasas y sus calorías. *Conocimiento de nutrición* para ordenar los artículos más saludables y más bajos en grasas de su platillo internacional favorito. ¡Y por último, el deseo de *comprometerse* a ingerir los alimentos que debe comer y no los que no son tan fantásticos y que adooooora comer!

Afortunadamente, debido al creciente énfasis en la salud, la mayoría de los lugares, desde los puestos de comida rápida hasta los establecimientos muy elegantes, hace un esfuerzo para elaborar y ofrecer, por lo menos, algunas alternativas saludables. Con frecuencia, usted encontrará una sección de *Cocina Spa* en un menú regular con la información nutrimental enunciada debajo de las entradas bajas en grasas. En cuanto a los restaurantes que no ofrecen este lujo, no sea tímido ni se apene: hable y pida solicitudes especiales, como "aderezo de ensalada o salsa a un lado", "menos aceite y sal durante la preparación de los alimentos" y "sustituya papas a la francesa por una al horno o una ensalada". ¡Recuerde que la buena comida no tiene que llevar una etiqueta del precio de la celulitis!

Conviértase en un detective de menús

Elija cualquier tipo de restaurante. Transfórmese en el "Coronel Sleuth" de las comidas saludables y hágase (y también hágale al mesero) las siguientes preguntas clave antes de ordenar algo del menú.

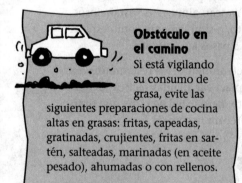

Obstáculo en el camino
Si está vigilando su consumo de grasa, evite las siguientes preparaciones de cocina altas en grasas: fritas, capeadas, gratinadas, crujientes, fritas en sartén, salteadas, marinadas (en aceite pesado), ahumadas o con rellenos.

¿Cómo está preparada la comida?

¿Recuerda esas técnicas saludables para cocinar, que se le recomendaron para sus recetas personales? Los mismos métodos se aplican para los restaurantes. Ya sea para entradas o guarniciones, busque alimentos que se preparen a la parrilla, horneados, de cocimiento lento, asados, hervidos, ahumados, al vapor y fritos "ligeramente". Si la descripción del menú no indica la técnica de cocción, pregunte a su mesero o mesera. Nunca asuma que una comida no está frita a menos que esté claramente escrito en el menú.

¿Los cortes son de carne magra?

Busque los cortes de carne más magros. Por ejemplo, cuando ordene carnes rojas, elija: filete, falda, lomo, pierna o carne molida de res extra magra. La pechuga de pollo y de pavo son las elecciones más magras, y por supuesto, todos los pescados y mariscos se pueden preparar de una manera saludable. Cuando ocasionalmente pida carne (note la palabra *ocasionalmente*), pregunte si el *chef* derrite mantequilla sobre ella antes de cocinarla. Aunque usted no lo crea, algunos establecimientos de carnes hacen esto para suavizarla.

¿Qué tipo de salsas acompañan la comida?

Pregunte los ingredientes utilizados para las salsas. De preferencia, evite la salsa holandesa, la mantequilla, el queso y las salsas de crema que van sobre los alimentos. Si usted no está seguro de algo, o si parece delicioso y difícil de pasar desapercibido, póngalo a un lado y disfrútelo en cantidades más pequeñas.

¿Los ingredientes están cargados de sodio?

Si, por razones médicas, usted lleva una dieta restringida de sodio, es muy importante evitar las entradas y las guarniciones cargadas de sal. ¡Aléjese de las carnes y pescados ahumados, curados, encurtidos o enlatados. Las salsas, los condimentos y los marinados que usan salsa de soya, salsa de teriyaki, carne seca o simplemente la típica sal de mesa para su preparación, no deben tomarse! Indique a su mesero que, por razones médicas, usted está siguiendo una dieta estricta baja en sodio. ¿Podría el *chef* preparar algo que se adecue a su dieta? La mayoría de los restaurantes pueden ser muy complacientes cuando preparan alimentos sobre pedido.

P y R

¿Puede usted alguna vez "ir por todo" y ordenar lo que se le antoje sin preocuparse por todos los ingredientes que no son saludables?

Por supuesto que puede, pero reserve la ocasión para momentos especiales (¡no como un hábito diario!). De hecho, algunas de las cosas son tan deliciosas que si no las pide de vez en cuando, ¡estaría loco! Por ejemplo, ese delicioso pastel de queso volteado con salsa de chocolate caliente y mantequilla de maní, que usted sueña comer en su restaurante favorito... de vez en cuando, ¡HÁGALO!

Cocina internacional: "La buena, la mala y la fea"

Haga un viaje alrededor del mundo y revise cuáles son las mejores opciones entre las cocinas italiana, china, japonesa, mexicana, india y estadounidense. Aventúrese y deleite a su paladar con sabores exóticos nuevos. Y como dicen en el negocio de los restaurantes: *"BON APPÉTIT"*.

Comida china

Cargada de vegetales, arroz y fideos, la cocina china típica ofrece una variedad de selecciones saludables. Debido a que la mayoría de los platillos chinos se hacen en una sartén (freídos con poco aceite), puede haber cantidades variables de aceite de cacahuate. La buena noticia es que el aceite de cacahuate es insaturado y no obstruye las arterias. Las malas noticias son que las cantidades excesivas de *cualquier* aceite pueden añadir muchas calorías de grasa. Como se puede imaginar, algunos de platillos tienen cantidades *impresionantes de* aceite.

¿Qué puede hacer si sus muslos no pueden soportar las calorías extra? Primero, evite cualquier cosa frita. Si algo le parece poco claro o sospechoso, pida a su mesero que se lo explique. Pruebe uno de los platillos al vapor o elimine cuidadosamente parte de la grasa en una entrada frita, retirando su porción del plato en el que fue servido originalmente y que está bañado en salsa (después transfiérala sobre su plato con arroz). Cuando vaya con otra persona, la solución es pedir un platillo con salsa y otro con los vegetales al vapor, con el fin de compartir un platillo de salsa en dos de vegetales, así usted tendrá la mitad de la cantidad de salsa en una doble cantidad de vegetales.

Otro de los problemas con la comida china puede ser el sodio, porque muchas de las salsas son altas en sal, lo que es un desastre para las personas sensibles a la sal. No sea tímido, pida su comida sin sal y pregunte si el restaurante tiene salsa de soya baja en sodio para la mesa. Nunca se sabe, es probable que el *chef* le prepare una comida especial baja en sodio (no hace daño preguntar).

Comidas más bajas en grasas	Comidas más altas en grasas
Sopa caliente y ácida	Sopa de huevo
Sopa *Wonton*	Rollos de huevo
Budines al vapor (vegetales, pollo y mariscos)	Budines fritos
Pollo y vegetales fritos o al vapor	*Wontons* fritos
Carne de res y vegetales fritos o al vapor	Arroz frito
Mariscos y vegetales fritos o al vapor	*Fu yung* de huevo
Tofú y vegetales fritos o al vapor	Fideos fríos con salsa de ajonjolí
Pescado entero al vapor	Puerco *Moo-shu*
Vegetales *Moo-shu* (con rollos de pan)	Puerco agridulce
Arroz blanco e integral al vapor	Pollo frito y platillos de mariscos

Comidas más bajas en grasas	Comidas más altas en grasas
Galletas de la fortuna	Mariscos con salsa de langosta
Dulce de lychi	Costillitas
Rebanadas de naranja y piña	
Salsa de soya baja en sodio, salsa de pato y salsa de ciruela pasa	

Comida francesa

Durante el siglo XX, se han presentado muchos cambios positivos en la cocina francesa (nutrimentalmente hablando), de la clásica *haute cuisine*, que a menudo utiliza salsas pesadas de crema, a la *nouvelle cuisine*, con una tendencia más ligera y saludable para la preparación de alimentos. ¡Obviamente lo mejor sería inclinarse por la segunda opción, pero la cocina francesa clásica está fuera de este mundo! Así que, durante esas indulgencias "ocasionales", pida las salsas a un lado, o dígale al *chef* que prepare sus platillos más ligeros (aún así sus papilas gustativas podrán alcanzar alturas orgásmicas).

Comidas más bajas en grasas	Comidas más altas en grasas
Ostras al vapor	Entradas con aceitunas, anchoas o alcaparras
Consomé	*Quiche*
Ensaladas de endibias y berros	Sopa de cebolla (con queso)
Ensaladas *Niçoise*	Sopas con base de crema
Pescado escalfado	Paté
Pescado al vapor	*Fondue*
Vegetales ligeramente salteados	Crepas
Bouillabaisse	*Brioche*
Pollo en salsa de vino	Pato o ganso con piel
Pan francés y baguettes	Cualquier cosa con salsa bearnesa
Cerezas flameadas	Cualquier cosa con salsa holandesa
Duraznos en vino	Cualquier cosa con salsa bechamel
Fruta fresca y escalfada	Cualquier cosa con salsa *Mornay*
Nieve de frutas	Cualquier cosa con la palabra "crema" o "gratinado"
Vino con moderación	Mousse de chocolate
	Crema de caramelo
	Croissants
	Pastelería y *éclairs*

Comida hindú

Al igual que con la mayoría de las cocinas internacionales, existen pros y contras en la cocina hindú. Iniciando con los pros, la comida hindú se caracteriza por ser alta en carbohidratos, tales como el arroz *basmati*, los panes, las lentejas, los garbanzos y los vegetales, todos acentuados con una gama de especias. Los vegetales más comunes son: las espinacas, la col, los chícharos, las cebollas, las berenjenas, las papas, los tomates y los pimientos verdes. Los contras son que las grasas se encuentran fácilmente en las entradas, los panes y las guarniciones de vegetales.

Comidas más bajas en grasas	Comidas más altas en grasas
Tamata salat	Cualquier cosa hecha con *Ghee* (mantequilla clara)
Sopa *Mulligatawny* (lentejas,vegetales y especias)	Sopas de coco
Pollo o res *tikka*	*Samosas* (volteado de vegetales fritos)
Pollo, res o pescado *tandoori*	*Korma* (carne con salsa rica en crema de yogur)
Pollo, res y pescado *saag* (con espinacas)	*Curries* hechos con leche o crema de coco
Pollo, res y pescado *vandaloo* (con papas y especias)	*Pakora* (masa frita con vegetales)
Shish kabob	*Saaq paneer* (espinacas con salsa de crema)
Gobhi matar tamatar (coliflor con chícharos y tomates)	Platillos con arroz cremoso
Matar pulao (arroz con chícharos)	Panes fritos
Arroz al vapor	Pastelería con miel
Papadum o papad (obleas de lenteja delgadas y crujientes)	
Salsas con cilantro, tamarindo y base de yogur	
Chapati (pan seco delgado de trigo entero)	
Naan (pan horneado con levadura adornado con semillas de amapola)	
Kulcha (pan horneado con levadura)	
Chutney de mango, menta y cebolla	

Observe el menú y tenga cuidado con la palabra *Ghee*, que es mantequilla clara usada frecuentemente en la cocina hindú. Otros aceites para saltear y freír son: el aceite de ajonjolí y el aceite de coco. El aceite de ajonjolí es insaturado, pero el de coco no lo es (¡cuidado con las arterias!). Si la sal es un problema, entonces evite las sopas, y pida al mesero que por favor le prepare su comida sin añadirle sal.

Comida italiana

Pizza y pasta, ¿podríamos sobrevivir sin ellas? Entre amigos y en familia, la comida italiana es aparentemente el tipo de alimento que a todos agrada. (Es sorprendente la facilidad con que se puede entrar a ese ambiente). Desafortunadamente, al igual que todas las demás cocinas, una elección equivocada en el menú significa una pesadilla nutrimental. Por ejemplo, la pasta puede ser un alimento extraordinario si se ordena con el tipo de salsa correcto; apéguese a las salsas marinara sin carne, de almeja roja y blanca, pomodora, de vino blanco y con aceite de olivo ligero. Por otro lado, una pasta que nada en una de esas salsas de crema merece un cero enorme (recuerde que el objetivo es salir *caminando* del restaurante y no *rodando*). También vigile los platillos con mucho queso, como conchas rellenas, *manicotti*, lasaña y *parmigiana*. Pero no se deprima, de vez en cuando tiene el derecho de ser indulgente. Sólo asegúrese de comer con muy pocas grasas el resto del día y no se dé estos gustos más que ocasionalmente, realmente *ocasionalmente* (estos alimentos ingeridos con regularidad pueden ser letales).

Comidas más bajas en grasas	Comidas más altas en grasas
Pimientos asados	Calamar frito
Ostras marinara	Mozzarella frito
Almejas al vapor	Pan de ajo
Hongos ligeramente marinados	Ensaladas César
Calamares asados a la parrilla	*Prosciutto*
Sopa minestrone	Emparedados de embutidos y albóndigas
Pasta con salsa marinara sin carne	Calzones
Pasta primavera (sin crema)	*Antipasto* con carnes altas en grasas y queso
Pasta con salsa de almeja roja o blanca	Ravioles rellenos con queso o carne
Pasta con marsala	Lasaña de carne
Pechuga de pollo con salsa roja	Lasaña vegetariana con queso
Cacciatore de pollo	Canelones
Camarones, pollo o ternera en salsa de vino	*Ziti* horneado
	Fettuccine Alfredo
Piccatt de pollo y ternera	*Manicotti*
Pizza con vegetales frescos	Pizza con *pepperoni* y salchicha
Pan italiano fresco	*Scampi* de camarón
Fresas frescas	*Scaloppini* de pollo o ternera
Helados italianos	Pollo, ternera o berenjena *parmigiana*
Capuchino con leche descremada	*Cannoli* y otras cremas pasteleras
Vino con moderación	*Spumoni*

¡Bien hecho!

¿Va a salir a desayunar o a almorzar?

Sea un maestro en lo que sí se puede y en lo que no

Sí ordene panqueques y wafles con mucha fruta fresca y sólo un toque de miel. Elija tortilla de claras de huevo rellena con diversos vegetales; tocino canadiense; cereales no endulzados, con leche descremada, y fruta fresca. Otras alternativas saludables son: la avena caliente, la crema de trigo y el arroz (elaborados con leche baja en grasas), *muffins*, bollos y panes de trigo entero con un poco de jalea y yogur bajo en grasas. Y para pasar todo esto, elija un poco de jugo fresco y leche baja en grasas.

No se haga al hábito de empezar su día con una catástrofe malsana, tal como huevos revueltos, tocino, embutidos, papas fritas ralladas, tortilla de huevo con queso, pan dulce, croissants, bollos con mantequilla, *muffins* dulces grandes, donas, panqueques y wafles suavizados con mantequilla y miel, pan francés frito, o carne y huevos.

Comida japonesa

En un restaurante japonés, es muy difícil comer de forma *no saludable*. No lo mal interprete, sí se puede hacer, pero en su mayor parte, los japoneses han perfeccionado la cocina baja en grasas utilizando métodos de preparación de alimentos que requieren muy poco aceite o casi nada. Destacando el arroz, los vegetales, los alimentos que se basan en frijoles de soya y las pequeñas cantidades de pescado, pollo y carne, estas comidas japonesas son artísticas, saludables y sobre todo deliciosas. Además, una vez que usted sabe usar los palillos, la comida japonesa es muy divertida. Dos de los retrocesos en la cocina japonesa pueden ser las marinadas altas en sodio y las salsas tradicionales (la soya y el teriyaki). Pregunte al mesero si dispone de salsa de soya baja en sodio, y que por favor se la sirvan en *otro* plato.

Comidas más bajas en grasas	Comidas más altas en grasas
Sopa *Miso* (sopa de pasta de soya con tofú y cebollino)	*Tempura* de vegetales (vegetales fritos y capeados)
Vegetales al vapor	*Tempura* de camarones
Sushi de pescado y vegetales	*Tonkatsu* (chuleta de puerco empanizada)
Sashimi (pescado crudo servido con *wasabi* y salsa)	Budines fritos
Hijiki (alga marina cocinada)	Frijoles fritos cuajados
Oshitashi (espinacas hervidas con salsa de soya)	*Oyako domburi* (tortilla de huevo con pollo sobre arroz)

Comidas más bajas en grasas	Comidas más altas en grasas
Yaki-udon	*Chawan mush* (pollo y camarón en salsa de huevo)
Yakitori (brocheta de pollo)	*Yo kan* (pastel dulce de frijoles)
Su-udon	
Sukiyaki	
Nabemono (una variedad de guisados)	
Yosenabe (mariscos y vegetales en caldo)	
Miso-nabe	
Shabu-Shabu (res rebanada, vegetales y fideos)	
Sumashi wan (caldo con tofú y camarón)	
Pollo, pescado o res teriyaki	
Arroz al vapor	
Fruta fresca	

Comida mexicana

Si a sus papilas gustativas les encanta el picante y lo condimentado, es probable que la comida mexicana sea una de sus favoritas. ¡Desafortunadamente, algunos de los platillos típicos de un menú mexicano puede enviarlo directamente a la cárcel de la nutrición! Del lado positivo, esta comida tiene el potencial de ser saludable, especialmente porque muchos de sus platillos son altos en carbohidratos complejos y fibra (usted sólo debe saber combinar bien el menú). Por ejemplo, esos totopos de tortilla frita pueden ser adictivos. ¡Si usted normalmente engulle tres canastillas de éstos antes de que le sirvan la comida, puede ser peligroso! Aléjelos de la mesa. Apéguese a las entradas sin queso que incluyan frijoles, arroz y pollo o pescado a las brasas y coma mucha salsa en lugar de la crema agria alta en grasas y el guacamole (a pesar de que el guacamole elaborado de aguacate es insaturado, contiene mucha grasa).

Comidas más bajas en grasas	Comidas más altas en grasas
Gazpacho*	Totopos de tortilla
Tortillas de maíz con salsa	Nachos con queso
Ceviche (pescado crudo cocido con jugo de lima o de limón)	Tortillas de harina
Fajitas de pollo	Chorizo (embutido)
Enchiladas	Carnitas (puerco frito)

*Aunque el gazpacho es un platillo típico español, también se prepara en algunas regiones de México. Es un alimento muy bajo en grasas. (*Nota del Supervisor*).

continúa

continuación

Comidas más bajas en grasas	Comidas más altas en grasas
Camarones *de hacha* (camarones salteados en salsa de tomate y cilantro)	Frijoles refritos
Arroz con pollo (pechuga de pollo con arroz)	Quesadillas con queso
Burritos sin queso	Tacos de bistec
Pescado o pechuga de pollo a la parrilla	Burritos con queso
Frijoles charros	Enchiladas de carne y queso
Frijoles borrachos y arroz	Chimichangas
Tacos de pollo sin dorar	Crema ácida y guacamole
Tostada de pollo	*Buñuelos* (masa dorada con azúcar)
Salsa pico de gallo y cilantro	*Margaritas* y piñas coladas
Chiles jalapeños	

Comida estadounidense

¿Qué es exactamente la comida estadounidense? Actualmente no es fácil definirla, porque la mayoría de los restaurantes estilo estadounidense ha adquirido una variedad de platillos de todo el mundo. Por supuesto, los estadounidenses *son* responsables de las barras de ensalada, de la carne con papas, del pollo y las costillas, de miles de emparedados y de un buen pay estadounidense de manzana, pero el menú típico generalmente se asemeja al de las Naciones Unidas.

Por ejemplo, usted puede encontrar un pollo teriyaki de Japón, un platillo frito de China, unas fajitas de pollo de México y un platillo de pasta de Italia. La parte agradable de un menú tan completo es que siempre tiene algo que ofrecer para todo el mundo (hasta para los niños remilgosos). Poniendo mucho énfasis en los aperitivos, las ensaladas y los emparedados, la comida estadounidense (como cualquier otra cocina internacional) ciertamente se inclina hacia ambos lados (tratándose de la comida saludable contra la no saludable). Cuando a usted se le antoja comer un emparedado, apéguese a las versiones que no son peligrosas, como el pavo, el rosbif y la pechuga de pollo. Cuídese de los panes y bollos que previamente han sido untados con mantequilla (al igual que el emparedado con mantequilla y queso derretido). Pida a su mesero que sustituya las grasosas papas a la francesa por una ensalada y manténgase alejado de las entradas de ensalada que contienen más grasa de la que usted imagina (lea las descripciones y tenga cuidado con el tocino, el aguacate, el queso rallado, las aceitunas y los aderezos). Para las entradas, busque las palabras con bandera verde a un lado (asado a las brasas, hervido y ahumado) y revise la lista de los postres aceptables. Usted ya conoce la rutina.

Comidas más bajas en grasas	Comidas más altas en grasas
Coctel de camarones/mariscos	Sopas cremosas
Ensaladas mezcladas con vinagreta ligera	Ensaladas César
Sopas elaboradas con consomé y vegetales	Ensaladas con aguacate, tocino y aderezos cremosos
Emparedados de pavo, rosbif y pollo asado	Alitas de pollo *Buffalo*
Pescado, pollo y carnes magras hervidos, ahumados o asados	Calabacitas y hongos fritos
Hamburguesas simples, de pavo y de vegetales	Hamburguesas con queso
Pollo asado con ensalada	Emparedados con queso derretido
Platillos de vegetales asados sobre arroz	Bistecs con queso Philadelphia
Brochetas de pollo con arroz	Emparedados Reuben
Papas al horno (con mostaza dijon, catsup, marinara, o un poco de mantequilla)	Preparados de atún
Pasta con salsa de tomate	Ensalada de atún, de huevo y de pollo
Vegetales al vapor o ligeramente salteados	Pollo o pescado fritos
Helado o sorbete de yogur y de frutas	*Hot dogs*
Fruta fresca	Papas fritas a la francesa
Pastel *Angel food*	Ensalada de papas
	Pays de fruta, galletas y pasteles
	Cafés cremosos
	Helados tipo *sundae*

Obstáculo en el camino

No permita que las palabras "barra de ensaladas" lo engañen. Existen tantas elecciones altas en grasas exhibidas en el bufete como bajas en grasas. Sondee la situación y llene su plato de vegetales frescos, frijoles, granos enteros y aderezos bajos en grasas. Pero, cuidado con las trampas de las mayonesas altas en grasas (como las ensaladas de atún, de huevo, de mariscos y de pollo) y con los aderezos cremosos, los pedacitos de tocino, los quesos altos en grasas, las aceitunas, las nueces y las semillas.

Comida rápida

¿Qué tiene más "aceite" que Arabia Saudita y está convenientemente localizado en cada esquina del mundo? Seguramente adivinó: los restaurantes de comida rápida.

¡Es posible que les falte ambiente, pero la comida rápida es un negocio muy próspero! ¿Y, por qué no? Es rápido, conveniente y barato. Actualmente, la parte agradable de la comida rápida es que la mayoría de los lugares ofrece una gama de alternativas saludables, debido al creciente número de clientes conscientes de la nutrición. Usted sólo necesita aprender a buscar lo que debe. Trate con su mejor esfuerzo de apegarse a las cosas simples. Generalmente, los alimentos con nombres complicados contienen carnes altas en grasas y "salsas especiales". Por ejemplo, la hamburguesa Deluxe con queso doble y tocino en Burger King tiene la enorme cantidad de 39 gramos de grasa, de los cuales 16 provienen de grasa saturada. También asegúrese de saltarse el pollo frito y todos los emparedados con queso... no es muy probable que estos establecimientos usen las variedades de queso bajos en grasas. Nunca asuma que el pescado porta una medalla de oro en nutrición. ¿Sabía usted que el Filet-O-Fish de McDonald's (empanizado y frito) contiene 18 gramos de grasa y una hamburguesa simple sólo 9 gramos? Explore cuidadosamente lo que se encuentra disponible antes de ordenar y apéguese a las elecciones saludables para hacer lo mejor del paseo por la comida rápida.

Comidas más bajas en grasas	Comidas más altas en grasas
Bollo con jalea	Pan dulce y danés
Panqueques (sin mantequilla)	Emparedados de huevo
Emparedados de pollo asado	Salchicha y tocino
Hamburguesas simples	Hamburguesas con queso
Hamburguesas de pavo	Combinaciones de hamburguesas *jumbo*
Hamburguesas vegetarianas	Emparedados de pollo frito
Pizza de vegetales	*Nuggets* de pollo frito
Ensaladas de vegetales con aderezos ligeros	Filetes de pescado frito
Ensaladas de trocitos de pollo	Pizza de *pepperoni* o salchicha
Emparedados de pavo (sin mayonesa)	Variedades de la barra de ensaladas con mayonesa
Emparedados de rosbif magro (sin mayonesa)	Papas fritas a la francesa
Fajitas de pollo	Papas al horno con mucha mantequilla, crema ácida o queso
Puré de papas	Aros de cebolla
Papas al horno con vegetales, salsa, catsup o *chili* vegetariano	Vegetales fritos
Vegetales asados o al vapor	Pays de manzana
Ensaladas de frutas y frutas frescas	Batidos de leche

Comidas más bajas en grasas	Comidas más altas en grasas
Conos de helado de yogur	Bebidas gaseosas
Jugo o leche bajos en grasas	Ponche de frutas
Salsas catsup, mostaza, agridulce y a la *barbecue*.	

Para reflexionar

Elena: historia de un error en la comida rápida

Elena es la recepcionista de una agencia de publicidad, sólo tiene una hora para comer. Debido a que no le gusta la rutina de la bolsita café (es decir, llevar su propio almuerzo), corre hacia alguno de los tres lugares de comida rápida que están junto a su oficina: McDonald's, Domino's Pizza y Wendy's.

En McDonald's, pide una hamburguesa con queso, papas grandes y una Coca. En Domino's, come una pizza chica de *pepperoni* con queso extra y de bebida, un 7-Up. Y en Wendy's, ordena una papa al horno con brócoli y salsa de queso, con un Frosty grande.

Oye Elena, ¿qué está pasando?, ¿qué no leíste el libro? He aquí algunas frases que te ayudarán a mejorar esta situación:

➤ En McDonald's, prueba una McLean Deluxe, ensalada a un lado con vinagreta ligera y un poco de jugo de naranja.

➤ En Domino's, prueba la pizza simple con vegetales, ensalada con un aderezo ligero y un vaso grande de agua simple.

➤ En Wendy's, prueba el emparedado de pollo asado sobre un pan multigrano o una papa al horno con brócoli simple (o *chili*) y una ensalada con aderezo ligero. Acompaña todo esto con agua o jugo.

Comidas en las alturas

Comer saludablemente en un avión puede ser realmente un reto. El problema número uno es que ¡no hay menú! Bueno, le dan a elegir entre un par de cosas, pero todo está elaborado previamente y no hay sustituciones. Una opción es la de adelantarse y ordenar los alimentos "especiales": bajos en calorías, para diabéticos, bajos en colesterol, bajos en sodio, menú vegetariano y Kosher (algunas aerolíneas cuentan con comida hindú, musulmana y comidas especiales para niños). Si le ofrecen un plato de frutas (usualmente con queso cottage y galletas), tómelo (¿que tanto le pueden hacer a la fruta?). Desafortunadamente, la mayoría de las aerolíneas no ofrece información nutricional sobre ninguno de sus alimentos, así que lo dejan a uno realmente en la oscuridad. Sin embargo, los expertos en nutrición estiman que cada una de las comidas proveen más de 600 calorías y están cargadas de cantidades astronómicas de grasas (y lo que es peor, no saben bien). Pero hay que admitir con toda justicia que algunas aerolíneas están haciendo un esfuerzo y ofrecen alimentos más saludables y de mejor sabor. Actualmente, a usted le dan pan con queso crema bajo en grasas, ensaladas con aderezos ligeros, pan dulce con pequeños envases de untables reducidos en grasas, y *pretzels* como tentempié. Ciertamente, esto está muy alejado de una *Cocina Spa*, pero es un inicio. ¡Aunque aún es preferible empacar su propio emparedado, un envase con yogur y una manzana y ver cómo su vecino lo envidia!

Comidas más bajas en grasas	Comidas más altas en grasas
Pan con jalea o queso crema bajos en grasas	Desayunos con huevos, tocino y salchicha
Cereal frío con leche baja en grasas	Pollo o pescado fritos
Comidas bajas en grasas y bajas en colesterol	Cualquier cosa cubierta con una salsa espesa
Comidas bajas en calorías	Papas o cacahuates salados
Pretzels	Aderezos cremosos para ensaladas
Galletas saladas	Bolsas de cacahuates
Platos de fruta fresca	Pasteles y galletas
Agua mineral y jugo de fruta	

Lo mínimo que necesita saber

➤ Aunque antes se consideraba un lujo, actualmente, comer fuera de casa se ha convertido en algo común para la mayoría de los estadounidenses.

➤ Recuerde que "comer fuera" no significa "llenarse afuera". No se permita comer de más sólo porque se encuentra en un restaurante. Coma lenta y selectivamente, y deténgase cuando se sienta satisfecho.

➤ Con una planeación correcta, conocimientos de nutrición y deseo de compromiso, casi cualquier restaurante de comida internacional entrará dentro de un plan de comida saludable y bajo en grasas.

➤ Conviértase en un detective de las cenas y examine cuidadosamente el menú. Busque los cortes magros de carne de res, aves y pescados, que hayan sido preparados con métodos bajos en grasas. Pregunte a su mesero sobre el tipo de salsa que acompaña su comida. Si la sal es un problema, tenga cuidado con los marinados altos en sodio.

Parte 3
Aprenda el ABC
del ejercicio

El ejercicio puede hacer que usted se sienta con más energía, incrementa su perspectiva mental, su equilibrio y su coordinación, le ayuda a prevenir ciertas enfermedades, y le permite que se vea y se sienta absolutamente ¡maravillooooso! Con todo eso en mente, esta sección le ofrece las herramientas y la inspiración para ponerlo en marcha y mantenerlo así. Correcto, éste es un curso rápido sobre cómo lograr una buena condición física.

En los siguientes capítulos se brindará información vital sobre cómo iniciarse en un programa de ejercicios que sea correcto para usted. Sabrá cómo fortalecer su corazón y sus pulmones a través del ejercicio aeróbico, y se le darán algunos consejos para afinar su escultural cuerpo mediante técnicas de acondicionamiento que le ayudarán a llegar al peso correcto. Además, usted tendrá la información necesaria para ingresar a un gimnasio con confianza y aprenderá a cargar de combustible su cuerpo (ya sea con ejercicio de mantenimiento o deportes competitivos).

Capítulo 13

Póngase a hacer ejercicio

En este capítulo

➤ Todas las maravillas que el ejercicio puede hacer por usted

➤ Cómo realizar correctamente el calentamiento, el enfriamiento y el estiramiento

➤ Todo lo que usted necesita saber acerca del ejercicio aeróbico

➤ Cómo iniciar un programa de entrenamiento con pesas

➤ Algunas ideas para su plan personal de acondicionamiento

A lo largo de la historia, los profesionales de la salud (y algunos peinadores) han promovido la creencia de que las personas que hacen ejercicio regularmente tienen una mejor salud, mejoran su funcionamiento físico y aumentan su longevidad. Aun en tiempos remotos (400 a.C. por ejemplo), el físico griego Hipócrates (conocido como el *padre de la medicina*) se refirió al ejercicio en una de sus obras al escribir: "Comer solamente no mantendrá a un hombre con buena salud; también debe hacer ejercicio". ¡El mismo pensamiento, un siglo diferente! ¿De todas formas, qué es el ejercicio? El ejercicio formalmente se define como una actividad física planeada, estructurada y repetitiva, que tiene por objetivo mejorar o mantener un nivel de acondicionamiento físico. Dicho de forma simple, *¡el ejercicio pone al cuerpo en forma!* Así que deje el control remoto de la televisión y diga "adiós" al sofá; a lo largo de todo este capítulo, usted se *moverá y se sentirá feliz* con el ejercicio.

Antes de someter a su cuerpo a un programa intenso de ejercicio, debe tomarse algunos minutos para ejercitar su cabeza. Esto es, entender los por qués, los qués y los cómos de una actividad física planeada. *¿Por qué* molestarse haciendo ejercicio?, *¿qué* es exactamente un programa de ejercicio apropiado? y *¿cómo* puedo iniciar? Vamos a investigar.

¿Por qué molestarse haciendo ejercicio?

Así de fácil, el ejercicio...

➤ Le hace sentirse mejor físicamente.

➤ Mejora su autoestima y le proporciona una perspectiva mental más positiva.

➤ Hace que se vea mejor y ayuda a controlar su peso.

➤ Incrementa su equilibrio, coordinación y agilidad.

➤ Le ayuda a prevenir la osteoporosis, enfermedades cardiovasculares y diabetes no dependientes de insulina.

➤ Hace que se sienta vigoroso y más energético.

➤ Endurece los huesos y los músculos, dándole una fortaleza funcional para la vida diaria.

Antes de empezar, aquí hay algunas cosas que debe considerar

Espero que la lista anterior le haya convencido de que hacer ejercicio es un gran aliciente. Ahora conocerá algunas estrategias que le podrán ayudar a seguir haciendo al ejercicio.

Tenga expectativas realistas. Los principiantes no deben imaginar que se convertirán en Arnold Schwarzenegger o en Cindy Crawford de la noche a la mañana (desafortunadamente, esto no va a suceder nunca en algunas personas). Es maravilloso tener un héroe, pero hay que entender que la gente viene en todas las formas y tamaños, y que la genética juega un papel importante en la estructura y proporción del cuerpo. Regla 1: el objetivo del ejercicio es verse y sentirse en *su* mejor forma (y no en la mejor forma de alguien más).

Fíjese metas razonables usted mismo. Planee metas a corto plazo que se puedan lograr cada semana y que no lo dejen exhausto, si no prepárese para un fracaso. Un ejemplo de meta razonable es: "Haré ejercicio cuatro días esta semana y eliminaré todos los postres altos en grasas".

Y una meta NO razonable es: "Haré ejercicio dos horas diarias y perderé 10 libras en dos semanas".

Coordine el ejercicio de forma conveniente en su día. Ya conoce la historia, ¡a menos que las sesiones de ejercicio se planeen durante en lapsos de tiempo realistas, "sus ejercicios" no se podrán "ejercitar"! Tome en consideración su rutina diaria. ¿Es usted una persona matutina o un búho de noche? Algunas personas tienen la suficiente suerte de tener descansos para comer que son flexibles y se pueden escapar para hacer ejercicio un momento durante el día.

Levántese y brille. Los estudios muestran que los deportistas que hacen ejercicio en la mañana, tienen 50% más probabilidades de seguir con el mismo. Algo parecido a: acaba con eso antes de que el día te acabe. Pero, si usted tiene la capacidad de soportar un día difícil en la oficina y después *agitarse, moverse y rodar* en el gimnasio, ¡es usted muy potente!

Haga que sea corto y dulce. La mayoría de la gente tiene estilos de vida ajetreado y no puede darse el lujo de dedicar varias horas cada día al gimnasio. ¡Y tampoco deben! Cada sesión de trabajo debe ser corta y eficiente. La *consistencia* de la actividad física regular es tan importante como su duración e intensidad. Si cualquiera de estos tres elementos falta, el ejercicio simplemente no será efectivo. Además, la gente que hace demasiado ejercicio el mismo día, generalmente acaba muy agotado o con lesiones.

¿Qué es exactamente un programa de ejercicios apropiado?

Un programa de ejercicio efectivo consta de tres partes principales: la previa, la de en medio y la posterior. La *previa* incluye un breve calentamiento; la *de en medio*, o la de trabajo intenso, involucra la actividad aeróbica, además del acondicionamiento con pesas; y la *posterior* consta del enfriamiento y estiramiento. Ahora, conocerá más de cerca a cada uno.

Calentamiento

Un calentamiento literalmente *calienta* el cuerpo. Al incrementar su temperatura interna y preparar sus músculos para la actividad que vendrá a continuación, un calentamiento correcto puede evitar lesiones a los músculos, las articulaciones y los tejidos que los conectan. Lo que es más, un calentamiento rápido de 5 a 10 minutos puede incrementar su flujo sanguíneo en los principales grupos de músculos, para que éstos estén listos para el rock and roll.

Cuando usted piensa en calentamiento, ¿se visualiza sentado sobre el piso con las piernas estiradas, gimiendo fuertemente mientras intenta alcanzar los dedos de su pie izquierdo (que parece estar en alguna parte al sur del Ecuador)? Ciertamente usted no está solo. Contrariamente a lo que la mayoría de la gente piensa, un calentamiento no necesariamente incluye ejercicios de estiramiento. En realidad, una actividad ligera aeróbica de 5 a 10 minutos es un calentamiento efectivo (es decir, hacer bicicleta, remar, caminar, o hasta marchar en el mismo lugar). Más específicamente, un calentamiento es una versión ligera de ejercicio que usted realizará.

Por ejemplo, los corredores pueden iniciar con una caminata ligera durante 5 a 10 minutos, y los nadadores con un par de vueltas lentas y pausadas en la alberca. Usted puede caminar de 5 a 10 minutos sobre una caminadora (y mover los brazos en círculos) antes de llegar al cuarto de pesas.

Trabajo cardiovascular: rete a su corazón y a sus pulmones

¿Qué son los aeróbicos? Si usted piensa que los aeróbicos sólo se refieren a brincar por todos lados con una música disco mala de fondo, desempolve sus zapatos deportivos, ¡usted está fuera de época! El término *aeróbico* significa *con aire*. Por lo tanto, los ejercicios para los que sus músculos requieren un mayor suministro de aire (más específicamente, del *oxígeno* en el aire) se llaman aeróbicos. La actividad aeróbica también es conocida como actividad cardiovascular (o cardiaca) ya que definitivamente reta a su corazón y a sus pulmones. Piense en esto: cuando usted trota, los músculos largos de su parte baja del cuerpo están trabajando continuamente durante un periodo largo, y por lo tanto requieren mayor suministro de oxígeno que el que reciben normalmente. Ya que su corazón y sus pulmones son los jugadores clave para recuperar y poner a circular el oxígeno, entonces tiene sentido que se deban esforzar para conseguir este incremento en la entrega del oxígeno. Por lo tanto, además de trabajar los músculos exteriores largos, la actividad aeróbica hace trabajar mucho a su corazón y a sus pulmones.

Normalmente, el ejercicio aeróbico debe durar de 20 a 60 minutos, dependiendo del tiempo de que disponga y del nivel de condición física en que se encuentre. La gente con una buena condición física puede trabajar por más tiempo y con mayor intensidad que aquellos que no la tienen, simplemente porque ellos pueden controlar el incremento en la demanda de oxígeno. Pero, para todos ustedes que son principiantes, no permitan que algunos intentos desalentadores los depriman. Hacer aeróbicos es como tocar el piano, cuanto más practiquen, mejor tocarán.

La caminata vigorosa, el ciclismo, trotar, subir escaleras, esquiar a campo traviesa y, por supuesto, la danza aeróbica son ejemplos de actividad aeróbica. En términos generales, cualquier cosa que involucre pesas y aparatos, o estar parado en un sólo lugar durante algún tiempo *no* se considera actividad aeróbica.

¿Qué pueden hacer los aeróbicos por usted?

➤ Queman calorías y ayudan a controlar su peso. (Mucha gente prefiere oír esta última razón.)

➤ Mejoran el funcionamiento de su corazón y de sus pulmones, y por lo tanto, usted tiene menos probabilidad de padecer problemas serios que involucren a estos órganos clave.

➤ Mejoran su circulación.

➤ Mejoran sus patrones de sueño (éstas son buenas noticias para aquellos que padecen de insomnio).

➤ Mejoran su condición mental.

➤ La intensa actividad aeróbica puede liberar endorfinas, en otras palabras "el viaje natural" o "el viaje de los corredores" (¡*legal en todos los estados, sin horribles efectos secundarios al día siguiente!*).

¿Por cuánto tiempo, qué tan frecuente y con qué intensidad?

Las siguientes pautas se han fijado por el Colegio Americano de Medicina del Deporte:

➤ *Por cuánto tiempo*: de 20 a 60 minutos de actividad aeróbica por sesión

➤ *Qué tan frecuente*: de 3 a 5 veces por semana

➤ *Con qué intensidad*: intensidad baja a moderada, o de 60 a 90% de su frecuencia cardiaca máxima (véase la siguiente sección).

Los principiantes deben empezar con un plan de juego modesto. De hecho, necesitan lanzarse a 40% de su frecuencia cardiaca máxima y trabajar a partir de ahí. Al tiempo que vaya mejorando, usted puede tener una mayor actividad, trabajar más intensamente o con más frecuencia; una cosa a la vez, *no* las tres de una sola vez. Esta última es la receta perfecta para las lesiones y para el agotamiento.

¿Está usted trabajando con suficiente intensidad? Investíguelo

He aquí un par de fórmulas fáciles para saber si usted está trabajando con suficiente intensidad durante un ejercicio aeróbico. Una es tomarse la frecuencia cardiaca (el número de veces que late su corazón por minuto) y la otra es la prueba del habla.

➤ *Prueba de su frecuencia cardiaca*: siga esta ecuación matemática y vea si usted está trabajando en su zona de entrenamiento (también llamada objetivo de la zona de frecuencia cardiaca). Generalmente su frecuencia cardiaca de entrenamiento debe encontrarse entre 60 y 90% de su *frecuencia cardiaca máxima* (el máximo de veces que su corazón puede latir en un minuto). Aunque esta fórmula sólo ofrece una estimación, es una buena indicación para saber si usted está trabajando con demasiada intensidad o sin la intensidad suficiente.

Fórmula de la frecuencia cardiaca de entrenamiento: (220 – su edad) × 0.60 – 0.90

Desglose esto paso por paso:

Paso 1   Calcule su frecuencia cardiaca máxima estimada (220 – su edad)

Paso 2   Multiplique su frecuencia cardiaca por 0.60 para el rango más bajo

Paso 3   Multiplique su frecuencia cardiaca por 0.90 para el rango más alto

Aquí se presenta una zona de entrenamiento para un hombre de 35 años de edad.

$(220 - 35) \times 0.60 = 111$ éste es su rango más bajo

$(220 - 35) \times 0.90 = 167$ éste es su rango más alto

Por lo tanto, su objetivo estará entre 111 y 167 latidos por minuto. Esto significa que si es inferior a 111, necesita pisar el acelerador, y si es más de 167, necesita usar ligeramente el freno.

Pruebe su frecuencia cardiaca y sus habilidades matemáticas

Ahora que usted ya sabe resolver la fórmula, tome algún tiempo durante su ejercicio e intente lo siguiente. Coloque dos dedos (su dedo índice y su dedo medio) en la parte interna de su muñeca (justo junto a su pulgar del lado de las cuerdas largas que siente) *o* en su cuello (debajo y hacia fuera del costado de su barbilla). Sienta el pulso de su corazón y si no lo puede encontrar, pida ayuda (¡no se preocupe, usted está vivo!). Una vez que lo ha localizado, use la otra mano y cuente cuántos latidos siente en un lapso de 15 segundos, después multiplique este número por cuatro. Misión cumplida, ésa es su frecuencia cardiaca de trabajo. Sólo asegúrese de que caiga dentro del rango que usted calculó como su zona de entrenamiento (ni más lento, ni más rápido).

➤ *Intente la prueba del habla.* Ésta es una forma *mucho más* sencilla de saber si usted está trabajando o no al nivel correcto. ¿Puede usted entablar cómodamente una conversación mientras hace ejercicio? Si la respuesta es sí, usted está haciendo un buen trabajo. Pero si usted está tan agitado que le es difícil responder: "¡Yupi!, soy rico", cuando alguien le informa que acaba de ganar la lotería, usted definitivamente necesita bajar el ritmo. ¡Por otro lado, si usted puede cantar el coro de "YMCA" de *Village People*, usted debe ajustar la intensidad! Para concluir, usted debe sentir que está trabajando, pero no hasta el punto de tener una explosión cardiaca.

Déle a las pesas y "bombee un poco de hierro"

Hay que aclarar algo: el entrenamiento con pesas *no* es lo mismo que desarrollar los músculos. No da como resultado la visión de la carne convertida en piedra que muchas mujeres temen (y que incidentalmente, los hombres tienen como fantasía). El entrenamiento con pesas trata de mejorar la fuerza y el tono musculares. Los hombres que tienen niveles de testosterona naturalmente altos sufren de una *hipertrofia* en el incremento del tamaño de los músculos. Por otro lado, las mujeres tienden a incrementar el tono sin aumentar significativamente el tamaño de los músculos. Normalmente, para el acondicionamiento de los músculos se utilizan pesas y barras con pesas (llamadas pesas libres) y varios tipos de máquinas con pesas (regularmente llamadas por el nombre de la marca, como Cybex y Nautilus).

¿Qué puede hacer el entrenamiento con pesas por usted?

➤ Los músculos más fuertes pueden mejorar su figura y pueden ayudar a mantener su cuerpo en equilibrio.

➤ Los músculos más fuertes pueden evitar lesiones.

➤ El entrenamiento con pesas ayuda a dar tono, levantar, afirmar y dar forma a su cuerpo.

➤ Los músculos más fuertes le pueden ayudar con las actividades diarias, tales como cargar las bolsas de las compras, mover muebles, cargar a los niños, etcétera.

➤ El entrenamiento con pesas puede evitar la osteoporosis.

➤ El entrenamiento con pesas puede ayudar a *volver a dar forma* a las áreas con problemas, como los brazos colgados y su trasero. Desgraciadamente, no existe ningún aparato que funcione como un "reductor de puntos específicos", lo que significaría sacar rápidamente toda la grasa de partes específicas de su cuerpo. Pero no se preocupe, porque si combina una alimentación baja en grasas y participa en una actividad aeróbica, quemará *la grasa total* de su cuerpo y hay oportunidades de que eventualmente se deshaga de sus *abultamientos bestiales*.

Su rutina semanal de entrenamiento con pesas

Su programa semanal es tan importante como los ejercicios mismos. Se recomienda que usted ajuste el tiempo para realizar 2 o 3 sesiones de acondicionamiento muscular a la semana, mientras intenta poner como objetivo los grupos principales de músculos (vea el capítulo 14). Una advertencia importante es que *no* debe trabajar los mismos músculos en dos o más días consecutivos. Deje pasar un día de descanso para permitir que todos los cambios biológicos importantes se lleven a cabo. De hecho, *el descanso es tan importante como el entrenamiento en sí*. Por ejemplo, si a usted le gusta trabajar todos los grupos de músculos el mismo día, entonces un programa efectivo es lunes/ miércoles/sábado.

¡Bien hecho!

Cuando entrene con pesas, sus series deben ser de 6 a 15 repeticiones, o de 70 a 90% del máximo de peso que pueda levantar.

Otra opción es hacer *rutinas divididas*. En este caso, usted puede hacer levantamientos con más frecuencia simplemente porque usted está dividiendo los músculos que se trabajan a lo largo de la semana. En otras palabras, haga entrenamientos con la parte superior de su cuerpo un día y con la parte inferior al siguiente. O, para aquellos que son verdaderamente del tipo atrevido, trabaje su pecho, sus tríceps y los hombros, un día; y sus piernas, su espalda y sus bíceps, al siguiente. Siga adelante e incluya los ejercicios abdominales el día que usted prefiera. El pecho y los tríceps se trabajan en actividades del tipo de empujar, y la espalda y los bíceps se trabajan en actividades de jalar; además, los músculos se deben trabajar en pares si usted desea dividir el entrenamiento de la parte superior de su cuerpo. Una de las razones por las que la gente prefiere este tipo de rutina de entrenamiento dividida es porque así ellos dedican más energía a los músculos seleccionados que se trabajan un día en particular.

153

P y R

Acondicionamiento cardiaco y muscular: ¿qué es primero?

Si usted desea realizar un acondicionamiento cardiaco y de pesas el mismo día, está bien. También está bien hacerlo alternando los días, elija lo que más le acomode. Hasta el momento, no hay una regla definitiva sobre lo que debe hacer primero; simplemente será de acuerdo a su preferencia personal. Algunas personas prefieren estar sudados antes de llegar a las pesas, en tanto que otros prefieren terminar rápidamente con el entrenamiento de las pesas y aflojarse después con el cardiaco. La elección es suya.

Entrenamiento cardiaco y con pesas: la combinación perfecta

Algunas personas preguntan: ¿qué es más importante, el trabajo cardiaco o el de pesas? La respuesta es: ambos. Usted necesita la combinación del entrenamiento aeróbico y del de pesas para un acondicionamiento físico general. Algunas personas suelen decir: *"Las pesas me ponen duro, el acondicionamiento cardiaco acaba con la manteca"*.

Enfriamiento

La meta de un enfriamiento es la de detener gradualmente la actividad, permitiendo que su frecuencia cardiaca, su presión sanguínea y la temperatura de su cuerpo regresen lentamente al punto normal. Piense acerca de lo rápido que su corazón late y bombea la sangre después de una intensa ronda de ejercicios, ¡*no* es un buen momento para meterse a la regadera! De hecho, si se detiene abruptamente después de un entrenamiento intenso, seguramente se mareará y se sentirá terrible. Lo que es más, un enfriamiento correcto puede ayudar a evitar serios riesgos de salud a personas mayores y a aquellos que están fuera de forma. Tómese de 5 a 10 minutos extra y reduzca lentamente la intensidad del ejercicio que ha estado haciendo. Su cuerpo se lo agradecerá.

Estiramiento

El estiramiento definitivamente es importante para mantener y aumentar la flexibilidad, la misma que hace más fácil el que usted pueda estar en movimiento. El mejor momento para estirarse es cuando su cuerpo está caliente, ya sea después de haber hecho un calentamiento aeróbico ligero *o*, preferentemente, al final de su entrenamiento, después de un periodo de enfriamiento. El estiramiento apropiado permite que sus músculos se relajen y se estiren, y también ayuda a aliviar la tensión que se haya acumulado en el cuerpo. Lo que es más, también *puede* ayudar a remover los productos de deshecho, como el ácido láctico. Esto puede evitar una lesión y mejorar la apariencia muscular.

Algunas de las pautas generales para el estiramiento son:

➤ Siempre ponga a bombear su sangre y a calentar su cuerpo antes de estirarse.

➤ Estire *todos* los grupos principales de músculos (no sólo el que usted piensa que se usó).

➤ Mantenga cada estiramiento por lo menos durante 15 segundos (nunca se balancee). Usted incluso puede sentir un gran estiramiento con sólo doblar las rodillas ligeramente.

➤ Sólo estírese hasta el punto de tensión ligera, ¡y no hasta el dolor agonizante!

➤ Pida a un entrenador calificado que le enseñe las técnicas correctas para el estiramiento; existen muchas más, aparte de tocarse la punta de los dedos del pie.

Los cinco mitos más famosos sobre el ejercicio

1. *Sin dolor no hay ganancia.* ¡Qué declaración tan falsa! Es cierto que tanto el entrenamiento con pesas como el ejercicio cardiovascular usualmente incluyen *algún* tipo de incomodidad menor, tal como sentir una extenuación ligera o fatiga, una respiración de moderada a agitada. Sin embargo, el dolor es definitivamente otra cosa. Si usted siente dolor cuando está entrenando (particularmente en las articulaciones), entonces es seguro que usted está haciendo algo mal. Detenga el ejercicio inmediatamente y vaya a hacerse una revisión médica en seguida, porque el esforzarse hasta la agonía le puede provocar serios problemas. Si su revisión resulta bien, busque entonces la asistencia de un entrenador calificado; es probable que algo esté mal en su programa o técnica de ejercicios.

2. *Comer proteínas extra aumenta los músculos.* Esto ya se comentó en el capítulo de las proteínas, pero no está de más regresar al punto de partida. El incremento en el tamaño de los músculos, conocido como hipertrofia, no tiene nada que ver con comer muchas proteínas en la dieta. Los músculos se hacen más grandes cuando usted los sobrecarga mediante el entrenamiento con pesas (¡no de Big Macs!). Las cantidades diarias recomendadas de proteínas siempre han sido y seguirán siendo de 10 a 15% del total de calorías, independientemente de que usted sea el señor Pérez o *Mister* universo.

3. *Con el entrenamiento con pesas tendré músculos voluminosos.* Después de leer que el entrenamiento con pesas provocará el crecimiento de los músculos, no es sorprendente que la mayoría de las mujeres corran y tiren sus pesas a la basura. ¿Qué mujer desea volverse más voluminosa? La mayoría desea hacerse más pequeña. No tenga temor, sus bajos niveles de testosterona le harán experimentar un aumento en fuerza y tono, sin todo el incremento en el tamaño; aun los hombres deben tener una predisposición genética para hacerse más voluminosos. ¿Ha visto usted cómo algunos muchachos pueden volverse voluminosos rápidamente, en tanto que otros trabajan muy arduo sin obtener ningún resultado? Apéguese a un programa de entrenamiento con pesas balanceado y seguro que no despertará una mañana pareciéndose a "Hulk".

4. *Usted sólo quema grasa trabajando a paso lento con ejercicios cardiovasculares.* Éste fue un mito muy difundido en los años ochenta cuando las clases de ejercicio realmente baja-

ban el ritmo para "quemar más grasa". En términos de pérdida de peso, ése no es el caso. El factor crucial para perder peso sigue siendo *la cantidad total de calorías quemadas*, y no importa si proviene de carbohidratos, de proteínas o de grasas. Por ejemplo, un entrenamiento de alta intensidad (trote) por 30 minutos quemará aproximadamente 350 calorías y un ejercicio de baja intensidad (caminata) durante los mismos 30 minutos quemará aproximadamente 150 calorías. Así que pregúntese: ¿qué cree usted que quema más grasa? La respuesta es obvia, el trote de alta intensidad, porque quema más calorías totales.

Pero hay algo más en qué pensar. ¿Qué pasa si usted es principiante y no puede soportar un paso rápido durante más de 5 a 10 minutos? En ese caso, ciertamente, es mejor para usted hacer algo a paso lento durante más tiempo. Nuevamente, la razón es porque usted quemará más calorías totales al final.

5. *Las sentadillas pueden quemar grasa de su cintura*. ¡De ninguna manera! Recuerde que es un mito reducir grasa en puntos seleccionados o quemarla de una parte específica del cuerpo. La grasa sale de todo su cuerpo (mediante una actividad aeróbica y una nutrición correcta), ¡y desafortunadamente no siempre de los lugares que a usted le gustaría que saliera primero (como "el increíble sostén que se encoge")! Usted puede comprar todos los *tummy-tucker* y *blubber blaster* que quiera en el mercado, pero los ejercicios abdominales para dar tono *sólo* trabajan para fortalecer el tejido que hay debajo. No sacan la grasa de la sección media (contrariamente a lo que pudieran asegurar). Pero vea el lado amable: debajo de toda esa grasa, usted probablemente tenga unos músculos que son dinamita. Esto es algo que puede esperar para cuando pierda esa capa exterior.

Cómo puede empezar: su plan de ataque personal

Antes de embarcarse en un programa de ejercicios, decida el tipo de plan que se ajustará de mejor manera a su personalidad y a su horario.

Antes de sumergirse en cualquier tipo de programa de ejercicios primero consiga la autorización de su médico, especialmente si usted tiene algún tipo de padecimiento en su historial médico (como hipertensión arterial, diabetes o algo similar).

Prueba de acondicionamiento sobre "lo que funcionará para mí"

Tome un papel y una pluma y responda a las siguientes preguntas.

1. ¿Qué tipo de actividades disfruta hacer?
2. ¿Cuáles son sus restricciones de tiempo?
3. ¿Es usted una persona matutina o es un búho nocturno?
4. ¿Le gusta entrenar solo o acompañado?
5. ¿Prefiere estar dentro de un recinto o al aire libre?

6. ¿Cómo es el clima en su zona?

7. ¿Desea frecuentar algún gimnasio o la privacía de su hogar suena más atractivo?

8. ¿Qué es lo que está dentro de su presupuesto?

Tantas elecciones en tan poco tiempo: un millón de cosas que usted puede hacer para mantenerse en forma

Ahora que usted ha respondido a las preguntas anteriores, debe tener una mejor idea de sus preferencias y limitaciones personales. Lea las posibles opciones de ejercicio a continuación y determine cuáles son las más factibles. Asegúrese de enfocarse en ambas categorías, las aeróbicas (de 3 a 5 veces por semana) y las de acondicionamiento muscular (de 2 a 3 veces por semana). Y recuerde que existe un margen de flexibilidad... mezcle y cambie con frecuencia para evitar que se aburra o se extenúe.

Sugerencias aeróbicas

Actividad	Donde la puede realizar
Caminata	al aire libre o en caminadora (gimnasio o casa)
Carrera	al aire libre o en caminadora (gimnasio o casa)
Bicicleta	al aire libre o en bicicleta estacionaria (gimnasio o casa)
Natación	al aire libre o en alberca techada en el gimnasio
Patinaje	al aire libre o en una pista techada
Subir escaleras	escaleras interiores o máquina escaladora (gimnasio o casa)
Esquiar a campo traviesa	al aire libre o en máquina (gimnasio o casa)
Remar	al aire libre o en máquina remadora (gimnasio o casa)
Clases aeróbicas	en el gimnasio o en la casa (usando videos)
	bajo impacto
	impacto múltiple
	paso (*step*)
	con giros (*spinning*)
	jazz
	tap
	funk
	hip-hop

Sugerencias para el acondicionamiento de músculos

Actividad	Donde la puede realizar
Escultura corporal	clases en el gimnasio o con videos en casa
Entrenamientos en circuito o con intervalos	clases en el gimnasio o con videos en casa
Entrenamiento con pesas	gimnasio o con equipo en casa
Máquinas de pesas	gimnasio o con equipo en casa
Pesas libres	gimnasio o con equipo en casa

Para reflexionar

Sobre entrenamiento: demasiado de algo bueno

El esforzar su cuerpo con más frecuencia de lo que los expertos recomiendan (a menos que usted esté en un programa de entrenamiento atlético) puede y *usualmente* hace que sufra lesiones en los músculos, tendones y articulaciones que se están usando en exceso. Lo que es más, es necesario *variar* la intensidad y la duración del ejercicio para evitar un sobre entrenamiento. Por ejemplo, algunos días trabaje duro y durante más tiempo, en tanto que otros días trabaje poco y suave. Ponga atención a lo que su cuerpo le trata de decir (a menos, por supuesto, que lo que le "diga" sea que se siente e inhale el olor de las papas fritas) y haga que el ejercicio se convierta en una diversión para su vida.

¡Cuándo el ejercicio formal no es su estilo!

¿No le gusta el sudor planeado?, ¿sólo está leyendo esto para ponerse de buen humor? Bueno, aún hay esperanzas, usted todavía puede obtener algunos beneficios. De hecho, las actividades diarias *también* pueden beneficiar sustancialmente a su salud, aunque se hagan de manera *intermitente* a lo largo del día. Por ejemplo, suba las escaleras en lugar de tomar el elevador (pero usted dirá: "¡Pero vivo en el piso 25!". ¡Mejor, maravilloso!), camine distancias cortas en lugar de conducir el automóvil, únase a sus hijos en el juego de pelota, haga un poco de jardinería, barra las hojas secas, junte la nieve con pala, y no olvide que los quehaceres del hogar también son una gran actividad física. Cualquiera que sea su estilo, el ejercicio formal *o* aumentar la simple actividad diaria, hará que su *única* vida sea más saludable y activa.

Lo mínimo que necesita saber

➤ El ejercicio reduce el riesgo de contraer ciertas enfermedades, le ayuda a controlar su peso, le proporciona fuerza y vigor para las actividades cotidianas y hace que se sienta *"maaraavillooosaamente"* mental y físicamente.

➤ Las tres partes importantes de un programa de ejercicios son: el calentamiento, el enfriamiento y el estiramiento total del cuerpo.

➤ El ejercicio aeróbico (también conocido como *cardiaco*) es una actividad continua que requiere de un incremento de oxígeno, y por lo tanto, es un reto para su corazón y sus pulmones.

➤ ¿Cuánto tiempo, qué tan frecuente y con qué intensidad debe hacer una actividad aeróbica? Los expertos recomiendan de 3 a 5 días por semana, de 20 a 60 minutos por sesión y con una intensidad de baja a moderada.

➤ ¡No olvide sus músculos! Un entrenamiento correcto de pesas de 2 a 3 veces por semana puede incrementar su fuerza, reducir el riesgo de la osteoporosis, mejorar su postura y le ayuda a volver a dar forma a su cuerpo.

➤ Seleccione actividades que complementen su personalidad y su horario, y varíe su rutina con frecuencia para evitar que se extenúe por el ejercicio.

ESO ES BUENO PARA TUS MÚSCULOS DORSALES

UH-HUH...

Capítulo 14

El gimnasio: más allá de los vestidores

En este capítulo

➤ Familiarizarse con el escenario del club deportivo

➤ Traducción de la jerga del gimnasio al español

➤ Equipos de ejercicio para el entrenamiento cardiaco y de pesas

➤ Sus músculos y algunos ejercicios para ponerlos a trabajar

Ahora que su cuerpo está deseoso de trabajar, es posible que usted quiera unirse a un club deportivo. Prepárese para tener una experiencia *mucho* más que física, porque asistir a un gimnasio algunas veces es como viajar a una tierra extraña o, en algunos casos, hasta al *espacio exterior*. Entre la barrera del lenguaje, el equipo altamente tecnológico, mujeres ataviadas con poca ropa y socios deambulando con bíceps más grandes que su cabeza, ¡no es raro que se sienta perdido! Pero no se deje intimidar. El escenario del gimnasio puede ser fantástico. ¿En qué otro lugar puede usted tener tanta variedad de elecciones para entrenar? Y lo que es más, siempre hay alguien disponible para la instrucción, el aliento y la motivación. Revise los clubes deportivos de su área y recorra los puntos básicos antes de llegar a los vestidores.

Jerga del gimnasio 101

He aquí la terminología necesaria para codearse con los "cabeza de músculo" (gracias a ella podrá conversar más fácilmente con los locales).

➤ *"Reps":* es la palabra corta para repeticiones. Significa el número de veces que hará un ejercicio. Usualmente son de 6 a 15 reps por serie.

➤ *"Serie"*: un grupo de repeticiones. Lo más común es de 1 a 3 series por ejercicio. (Un hombre haciendo ejercicios "curl" para los bíceps podría trabajar tres series de 10 reps. Esto se traduce como tres rondas completas de 10 "curls" de bíceps cada una.)

➤ *"Él/ella está muy bien"*: un cumplido importante sobre la apariencia física de un muchacho o una muchacha.

➤ *"¡Realmente tienes un ... (rima con acero) muy bien definido!"*: es una frase de ligue trillada, pero efectiva en el gimnasio. Algo parecido a "GUAU" (totalmente extasiado).

➤ *"Estar fornido"*: tener músculos bien definidos.

➤ *"Estar bombeado"*: un aumento temporal en el tamaño de un músculo debido al incremento del flujo sanguíneo durante el ejercicio.

➤ *"¿Puedo trabajar aquí?"*: alguien desea usar el aparato de pesas que usted está usando, y pregunta si puede alternar series con usted. Usualmente el gimnasio está muy concurrido, así que es normal compartir el equipo. Por ejemplo, usted hace una serie de ocho repeticiones y la otra persona cambia el peso para hacer su serie, después usted y así sucesivamente. Compartir el aparato tiene sentido si usted tiene muchas más series que hacer, pero si sólo le falta una, usted puede responder: "Ésta es mi última serie", que es el caló para "Espérate grandulón, ya casi termino".

➤ *"¿Cuántas series le faltan aquí?"*: alguien ansía usar el aparato de pesas en el que usted está trabajando y no parece estar particularmente deseoso de "trabajar" con usted. Ésta es una forma cortés de decir: "¿Piensas quedarte ahí todo el día? Quizá quieras que te ordene un cafecito."

➤ *"¿Me echas la mano?"*: básicamente alguien le está pidiendo ayuda para realizar un ejercicio con un peso que lo hace sentir nervioso. Cortésmente, pase esta responsabilidad a alguien más si usted no sabe cómo marcar un ejercicio. Las cosas pueden ponerse muy feas si una mala marcación arruina la serie (o peor, si la pesa le cae en la cabeza).

➤ *"Jugo"*: es el caló para esteroides. Si se dice que los cabeza de músculo *"toman jugos"*, usted puede estar seguro de que no se trata de jugos de frutas frescas y vegetales.

Recursos

Algunas personas contratan a un entrenador personal para ayudarlos a ponerse en forma. Mientras algunas personas sólo requieren una sesión con entrenador personal para que éste les explique los ejercicios, otras disfrutan de las continuas citas semanales que les ayudan a concentrarse y a permanecer motivados. Si usted decide trabajar con un entrenador, sea muy selectivo cuando lo contrate porque desgraciadamente *cualquiera* puede llamarse entrenador personal. *Y si alguien le presume ser el maestro del acondicionamiento físico por haber sido el héroe de futbol en la escuela preparatoria, ¡tenga cuidado!, existen muchas cosas acerca del ejercicio que el "he sido atleta" no sabe.*

Busque a alguien con una licenciatura (o mejor aún, con un grado de maestría) en psicología del ejercicio, educación física o cinesiología. O busque a un entrenador de acondicionamiento físico *"certificado"*, lo cual quiere decir que ha estudiado y ha pasado un examen de entrenamiento completo.

Un recorrido por el equipo

Los clubes deportivos cuentan con maquinaria sorprendente. Con todo el equipo de alta tecnología y futurista que se encuentra disponible, usted podría sentirse en una escena de la caricatura *Los supersónicos*: *"Oye Ultra, ¿cuánto tiempo has estado en esa escaladora?"*. Saque ventaja de esto y pruébelos todos. No se detenga en la rutina de "un solo aparato todos los días". Intercámbielos de semana en semana y haga que su entrenamiento sea interesante y divertido.

P y R

¿Cree que obtendrá beneficios si lo vigilan de cerca?

Considere la contratación de un entrenador personal si cae en alguna de las siguientes categorías:

➤ Usted está totalmente fuera de forma y no tiene la más mínima idea de cómo iniciar su programa de ejercicios. Un entrenador lo puede familiarizar con todas las técnicas actualizadas del ejercicio, así como con la maquinaria aeróbica y de pesas disponible.

➤ Usted se encuentra en un bache *ENORME* de ejercicios y trabaja con la misma rutina desde hace mucho tiempo. Un entrenador le puede mostrar variaciones a su entrenamiento diario para hacer que el ejercicio sea más eficiente y efectivo.

➤ A usted sólo le falta un empujoncito para hacer ejercicio por su cuenta. Un entrenador lo puede impulsar, motivar y hasta darle latigazos para que se ponga en forma.

Entreviste a su entrenador antes de hacer una cita, para que usted esté seguro de sentirse cómodo con su filosofía sobre el entrenamiento, su personalidad y su tarifa de honorarios. Las tarifas varían tremendamente, desde $20 hasta $80 por sesión de entrenamiento, *y pueden llegar hasta los $100, si usted busca al "Entrenador de las estrellas".*

Conozca los aparatos aeróbicos

Todo el ejercicio cardiovascular está diseñado para que los músculos grandes bombeen en una forma rítmica (para aumentar la frecuencia cardiaca y la presión sanguínea, y para quemar calorías). Entonces, ¿cuál es el mejor equipo cardiaco? La respuesta es: cualquier aparato que usted realmente use. Escuche música de su agrado, lea el periódico o vea la televisión (cualquier programa que le guste) y le sorprenderá cómo puede volar el tiempo.

Caminadoras: equipo cardiovascular que provoca un impacto, desde ligero (si camina) hasta moderado (si corre), en sus articulaciones. La caminata en una superficie plana es un buen punto de inicio para los principiantes. Al tiempo que el acondicionamiento y los niveles de confianza aumenten, usted puede juguetear incrementando la inclinación y la velocidad.

Escaladoras: equipo cardiovascular que provee un entrenamiento desafiante, con algo de tensión potencial en las rodillas y en la parte baja de la espalda (escuche cuidadosamente a su cuerpo). Se considera una maquinaria más avanzada debido a la importancia de la técnica, por lo tanto, se necesita un nivel base de cierta resistencia y fuerza para usarla, aun en los niveles más bajos.

Bicicleta estáticas: ahora viene en dos sabores: la bicicleta vertical (igual a la bicicleta que se usa en el exterior) y la bicicleta recostada (las piernas hacia el frente, con asiento de respaldo alto, dando más apoyo a la gente con dolor en la parte baja de la espalda). Ambos tipos de bicicletas estáticas proporcionan entrenamientos aeróbicos efectivos que dan un descanso a las articulaciones, porque no comparten actividades de peso. Asegúrese de que la tensión no sea demasiado fuerte y de que el asiento no esté demasiado bajo. Si usted es un ciclista principiante, pida a su entrenador que le ayude a encontrar la posición correcta para llevar a cabo un entrenamiento más efectivo. Cuando esté listo para incrementar la intensidad, juguetee acelerando la velocidad, antes de incrementar la tensión.

Máquinas de acondicionamiento cruzado y esquí a campo traviesa: un ejercicio aeróbico que utiliza todo el cuerpo y quema toneladas de calorías sin ningún impacto en las articulaciones. También es bueno para un calentamiento rápido, porque hace que todo el cuerpo se mueva. Sin embargo, existe un problema: aprender el movimiento puede ser un poco difícil para algunas personas; con decir que la frase "poesía en movimiento" adquiere un nuevo significado por completo.

Máquinas remadoras: otro entrenamiento bueno para "todo el cuerpo" (y máquina de calentamiento) sin ningún impacto. Asegúrese de obtener algunas pautas sobre la técnica; existe una forma fácil de hacerlo y una forma *correcta* de hacerlo. Obviamente, la forma correcta requiere de mucha más energía, concentración y esfuerzo muscular.

Obstáculo en el camino

¡Evite agotarse con el ejercicio!

Si hace el mismo ejercicio con demasiada frecuencia o demasiado fuerte, tarde o temprano se verá más podrido que un resto de pastel de 1965. No tenga miedo de variar sus actividades y de cambiar su programa. ¡Anímese a hacerlo! Patine sobre ruedas, en lugar de utilizar la caminadora; trabaje con aparatos de pesas, en lugar de peso libre; tome una clase de ejercicio, en lugar de usar las máquinas; y si usted desea bailar desnudo, ¡hágalo!, pero en su casa, no en el gimnasio.

Familiarícese con las herramientas para el entrenamiento con pesas

El equipo de entrenamiento con pesas puede ser de muy alta tecnología (maquinaria para músculos múltiples) o de baja tecnología (un par de mancuernas y una caja). No se deje engañar si le hacen creer que usando un aparato más complicado obtendrá un mejor entrenamiento. No es el caso, en absoluto.

165

Máquinas para entrenamiento con pesas: en general, las máquinas son un buen punto de inicio para los principiantes, y para los preocupados por el escenario del gimnasio. Ciertamente, pueden evitarle el trabajo de adivinar, ya que usted sólo se moverá de máquina en máquina. (¡Ajuste el asiento, introduzca el perno y listo para la acción!) Diversos tipos de máquinas incluyen pesos en pila con poleas y cuerdas (como la máquina universal y la Cybex), sistemas de rodillos de metal (como la Cybex y la Med-X), levas y cadenas (como la Nautilus), o bombas de aire (como la Kaiser). ¡Usted sólo pronuncie las palabras perno y tuerca, y allí habrá una máquina que los tenga! Pruébelas todas y encuentre la que le haga sentir mejor.

Pesas libres: éstas, por otro lado, requieren de mayor coordinación, fuerza y habilidad, ya que dependen altamente de su equilibrio y control corporal. Aunque el entrenamiento de pesas con mancuernas y pesas de barra (peso libre) puede parecer mucho más difícil al principio, algunas personas aseguran que han obtenido mejores resultados con las pesas libres que con las máquinas. Recuerde que al iniciar un programa de pesas libres, usted debe consultar, por lo menos una vez, a un entrenador calificado para que le aconseje sobre la forma y la técnica correctas. Los *malos* hábitos conducen a lesiones *fuertes*.

Recursos

Los estudios reportan que las personas que sufren de artritis, pero que realizan entrenamientos de fuerza y programas de estiramiento constantes, pueden mejorar, de manera significativa, su equilibrio, su velocidad y su habilidad para caminar, al mismo tiempo que reducen el dolor de las articulaciones y la fatiga. Consulte primero con su médico para estar seguro de que no existe demasiada inflamación en las articulaciones.

Conozca sus músculos y "sáquele brillo a su cuerpo"

Esta sección ofrece un recorrido rápido por los principales músculos que los amigos conscientes del gimnasio tienden a trabajar. Por supuesto, su cuerpo está provisto de un enorme paquete de acción con cientos de músculos más; sin embargo, no existe razón alguna para que usted conozca todos los demás, a menos que planee aparecer en el programa de *Jeopardy* (programa de concurso). Lea la siguiente lista y familiarícese con sus músculos *y* los ejercicios que los ponen a trabajar. Asegúrese de solicitar a un entrenador calificado que le muestre personalmente la forma y la técnica correctas para cada uno de los ejercicios.

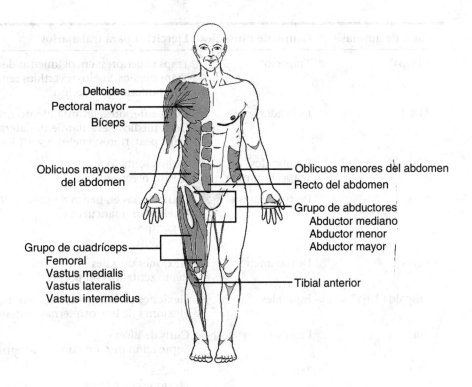

Deltoides
Pectoral mayor
Bíceps

Oblicuos mayores
del abdomen

Grupo de cuadríceps
Femoral
Vastus medialis
Vastus lateralis
Vastus intermedius

Oblicuos menores del abdomen
Recto del abdomen

Grupo de abductores
Abductor mediano
Abductor menor
Abductor mayor

Tibial anterior

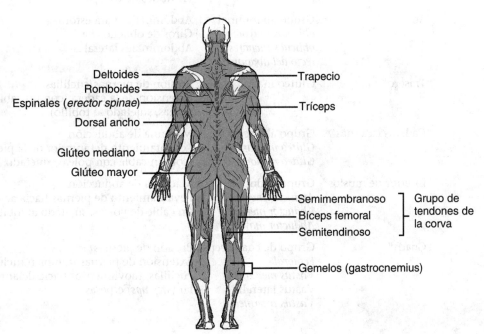

Deltoides
Romboides
Espinales (*erector spinae*)
Dorsal ancho
Glúteo mediano
Glúteo mayor

Trapecio

Tríceps

Semimembranoso
Bíceps femoral
Semitendinoso

Grupo de
tendones de
la corva

Gemelos (gastrocnemius)

167

Caló de gimnasio	Grupo de músculos	Ejercicios para trabajarlos
"Traps"	Trapecio	Traps superiores: encogimiento de hombros Traps medios: vuelos revertidos remos sentado Traps inferiores: tracción
"Delts"	Deltoides	Delts anteriores: levantamiento frontal Delts medios: levantamiento lateral Delts posteriores: vuelos revertidos
"Espalda media"	Romboides Trapecio medio	Remos sentado Vuelos revertidos
"Pecs"	Pectoral mayor	Mancuernas en banca de presión (*bench press*) Vuelos con mancuernas Lagartijas Elevación
"Lats"	Dorsal ancho	Flexiones dorsales Remo sentado, con poleas
"Espalda baja"	Espinales	Flexiones de la espalda baja (en un colchón) Flexiones de brazos/piernas opuestos
"Bis"	Bíceps	Curls de Bíceps Supinación de Curl con mancuernas
"Tris"	Tríceps	Fondos Flexiones de tríceps
"Abs"	Grupo abdominal *oblicuos mayores* *oblicuos menores* *recto del abdomen*	Abdominales para estómago Giros de oblicuos Abdominales laterales
"Trasero"	Glúteo mayor	Presión de piernas/cuclillas Extensión de la cadera (con un cable con poleas, sujetado al tobillo)
"Caderas externas"	Grupo abductor *Glúteo mediano* *Glúteo menor*	Máquina de abducción Levantamiento del interior de la pierna (con un cable con poleas, sujetado al tobillo)
"Interior de muslos"	Grupo abductor *Abductor mediano* *Abductor menor* *Abductor mayor*	Máquina de abducción Levantamiento de piernas hacia adentro (con un cable de poleas, sujetado al tobillo)
"Cuads"	Grupo de cuadríceps *Femoral* *Vastus medialis* *Vastus lateralis* *Vastus intermedius*	Presión de piernas Extensión de piernas (también incluye cuclillas, movimientos hacia delante y escalar (*step ups*) c/pesas)

Caló de gimnasio	Grupo de músculos	Ejercicios para trabajarlos
"Muslos"	Grupo de tendones de la corva: *Bíceps femoral semitendinoso semimembranoso*	Presión de piernas Curl de piernas
"Pantorrillas"	Gemelos Sóleo	Elevación de talón, pierna recta Presión de puntas, pierna recta Elevación de talón, pierna doblada Presión de punta, pierna doblada
"Espinilla"	Tibial anterior	Puntas hacia adelante Puntas hacia atrás

Lo mínimo que necesita saber

➤ Frecuentar un gimnasio local puede ser, sin duda, una herramienta invaluable en su búsqueda de ese "cuerpo hermoso". Saque ventaja de la tremenda variedad de entrenamientos a elegir y de los entrenadores calificados que pueden ayudar a su instrucción, motivación y estimulación.

➤ Parte de la terminología usada en los clubes deportivos puede sonar totalmente "fuera de este mundo". Pregunte y aprenda el caló para que pueda conversar con el personal.

➤ Algunos de los equipos aeróbicos populares que se encuentran en la mayoría de los gimnasios son las caminadoras, las bicicletas, las escaladoras, las máquinas de remo, y las máquinas de esquí a campo traviesa. El equipo para entrenamiento con pesas generalmente se compone de una máquina para propósitos múltiples (por ejemplo Cybex o Nautilus) o las pesas libres (mancuernas y pesas de barras).

➤ Ya que una mala forma o técnica le causará lesiones, se recomienda ampliamente que busque ayuda de un entrenador calificado antes de que se inicie en algún tipo de programa.

Capítulo 15

Nutrición del deporte

En este capítulo

➤ Abastecer su cuerpo de carbohidratos

➤ El incremento en los requerimientos de proteínas para los atletas

➤ Lo que debe comer antes de un evento deportivo

➤ Cargar su cuerpo de combustible durante eventos de ultrarresistencia

➤ Elegir los alimentos correctos para la recuperación

➤ Todo acerca de fluidos e hidratación adecuada

Si usted ha leído hasta aquí, ya conoce los puntos básicos de la nutrición del deporte. ¿Pensó que oiría acerca de las *"pociones con barras de energía"* o *"brebajes en batidos para una musculatura instantánea?"*, espero que no se desilusione, pero eso simplemente no va a suceder. Contrario a lo que mucha gente piensa, no existe ningún ingrediente "mágico" que le ayude a optimizar el ejercicio y el entrenamiento. De hecho, las mismas pautas de comida saludable discutidas en capítulos anteriores, *también* se aplican aquí para el deporte competitivo y el ejercicio ocasional. Usted ya conoce la historia: alto en carbohidratos, bajo en grasas y cantidades moderadas de proteínas. Usted sólo necesita aumentar las calorías totales para compensar la cantidad continuamente eliminada por la actividad.

Pero escuche, el hecho de estar familiarizado con el triángulo egipcio de su caja de cereales, no significa que usted no deba leer este capítulo ahora. De verdad, hay mucho más que saber acerca de la "nutrición específica para el deporte" que lo que ya se vio en forma básica, y la intención de este capítulo es darle todas las pistas. Por ejemplo: ¿cómo trabajan los carbohidratos y los glicógenos de los músculos?, ¿cuál es la cantidad correcta de proteínas para los atletas en entrenamiento?, ¿cómo se puede hidratar adecuadamente antes, durante y después de una competencia?, ¿qué debe comer antes de una competencia?, ¿cuál es el resultado de las ayudas ergogénicas? No cambie de libro y quédese para disfrutar de un gran bocado de información que le ayudará a mejorar su desempeño atlético y asegurarle ese máximo rendimiento.

Los carbohidratos: el combustible de elección

Los carbohidratos literalmente son el combustible de alto octanaje para el ejercicio, y deben proporcionar alrededor de 60% de las calorías totales diarias de un atleta. En términos más técnicos, usted debe consumir 3.2 a 4.5 gramos de carbohidratos por cada libra de peso corporal. Así que, ¿dónde encaja usted? Si su deporte es de baja intensidad y no implica correr sin parar todo el tiempo, usted debe estar alrededor de los 3.2 gramos. Por otro lado, si usted participa en deportes de alto rendimiento, que implican horas de entrenamiento pesado cada día, entonces usted se encuentra alrededor de los 4.5 gramos.

Pero ¿qué rayos significa todo esto?

Hora de las matemáticas. Saque su calculadora. Multiplique su peso en libras por 3.2 gramos (para deportes de intensidad baja a moderada) y por 4.5 gramos (para entrenamiento de rendimiento extremo). Obviamente, éstos son los dos extremos, la mayoría de los deportistas y atletas se encuentra entre los dos. Haga la prueba y póngase en un rango; juguetee y observe donde se siente más vigoroso.

Por ejemplo: aquí están los requerimientos de carbohidratos para un corredor *de elite*, que pesa 150 libras y que entrena varias horas al día:

Multiplique 150 libras × 4.5 gramos = 675 gramos de carbohidratos.

Ahora, veamos a un miembro típico de un club deportivo, que pesa 150 libras y que entrena con una intensidad moderada (aproximadamente de 20 a 60 minutos) de 3 a 5 días a la semana;

Multiplique 150 libras × 3.2 gramos = 480 gramos de carbohidratos.

Como puede ver, un programa de ejercicio con una resistencia más intensa demandará más carbohidratos. Pero tenga en mente que la proporción entre carbohidratos, proteínas y grasas debe mantenerse muy parecida a la que se mencionó capítulos anteriores (55% a 60% de carbohidratos, 10 a 15% de proteínas, <30% de grasas), porque, al fin de cuentas, usted consumirá más de todo.

Desarrolle su propia dieta alta en carbohidratos

¿Necesita mejorar su ingestión de carbohidratos? ¡No hay problema! Eche un vistazo a la gran variedad de alimentos a escoger y vea qué tan rápido puede apilar los gramos.

Los carbohidratos almidonados

En general, los panes, los granos y otros alimentos con almidones contienen aproximadamente 15 gramos (sume o reste algunos) de carbohidratos por porción (es decir, 1 rebanada de pan o $^1/_2$ taza de pasta o 1 porción de cereal). Estos alimentos reciben la mejor calificación para los atletas de alto rendimiento, simplemente porque es fácil comer muchas porciones en una sentada. Por ejemplo, un plato de pasta fácilmente puede sumar 5 porciones de granos, y ya que 1 porción de pasta contiene alrededor de 20 gramos de carbohidratos, ¡5 porciones le proporcionan la cantidad impresionante de 100 gramos de carbohidratos! Claramente, éste es el razonamiento para los corredores de maratones, "se llenan de pasta" antes de correr 26 millas.

Frutas

Las siguientes en la fila son las frutas, que también ofrecen alrededor de 15 gramos de carbohidratos por porción (1 mitad de fruta fresca, 1 taza de moras o melón, $^1/_2$ taza de jugo de fruta). Entonces ¿por qué se encuentran en el segundo lugar de la fila? Porque los atletas que buscan cargarse de carbohidratos, pueden comer más confortablemente 10 o más porciones de grano contra 10 o más porciones de fruta. Recuerde que la fruta tiene mucha fibra y tiende a llenarlo más rápidamente (puede estar "estallando con el sabor de la fruta" en más de una forma). Está bien, incorpore mucha fruta fresca en su régimen (pero no elimine los granos para depender *sólo* de la fruta porque probablemente usted tenga un dolor de estómago y aún más, es probable que tenga que *tocar la bocina* para llegar a la meta).

Productos de leche

Los productos de leche contienen alrededor de 12 gramos de carbohidratos por porción (es decir, 1 taza de leche o 1 taza de yogur), y ciertamente le pueden ayudar a llegar a la suma total de carbohidratos, junto con los alimentos almidonados, las frutas y los vegetales. Además, la leche le provee calcio, que es un ingrediente clave para mantener esos atléticos huesos fuertes.

Vegetales

Los vegetales le proporcionan aproximadamente 5 gramos de carbohidratos por porción (es decir, 1 taza de vegetales crudos o $^1/_2$ taza de vegetales cocidos), y ciertamente están provistos de vitaminas y minerales. Aunque los vegetales solos no pueden suministrar suficientes carbohidratos concentrados para aumentar sus requerimientos, sí pueden tonificar sus alimentos y añadir cantidades tremendas de nutrición a su mesa.

Alimentos comunes altos en carbohidratos	*Gramos de carbohidratos*
Medio bollo	45 gramos
2 rebanadas de pan de trigo entero	23 gramos
1 taza de avena	25 gramos
1 taza de cereal (de caja)	16 gramos
10 galletas saladas	21 gramos
1 taza de pasta (cocida)	40 gramos

1 taza de arroz	35 gramos
Una barra de granola	16 gramos
1 onza de *pretzels*	21 gramos
2 galletas de higo	23 gramos
Barras energéticas	42 gramos
Plátano	27 gramos
Vaso de jugo de naranja (8 onzas)	26 gramos
$^1/_2$ papa horneada	51 gramos
$^1/_2$ taza de chícharos	11 gramos
$^1/_2$ taza de maíz	17 gramos
1 taza de leche baja en grasas	12 gramos
1 taza de yogur bajo en grasas (natural)	18 gramos
1 taza de yogur bajo en grasas (con sabor a fruta)	43 gramos
1 taza de frijoles	41 gramos

Note como los gramos de carbohidratos están calculados por el tamaño de las porciones que se *ingieren comúnmente,* no por las porciones *individuales* estándar que se mencionan frecuentemente en el libro y en la pirámide alimentaria.

Todo acerca del almacén de glucógeno en sus músculos

No, el almacén de los músculos definitivamente no es una cadena de tiendas que vende bíceps con bandas ajustables, aunque eso ahorraría tiempo a mucha gente en el gimnasio. (*"Me gustaría un tríceps y 2 enormes cuadríceps, por favor".*) ¿Entonces, qué son? *El glucógeno muscular* es una cantidad de carbohidratos almacenados en sus músculos. Para explicarlo mejor, imagine esto: después de comer y digerir una comida, la cantidad de carbohidratos que usted necesita inmediatamente se usará como combustible, mientras que el resto (hasta cierto punto) se almacenará en sus músculos como combustible *futuro*. Los atletas involucrados en deportes de ultra resistencia, como el futbol, el baloncesto, el hockey y la carrera de distancia, dependen de un combustible muscular de alto octanaje para obtener energía durante sesiones prolongadas de ejercicio. De hecho, entre las agotadoras sesiones de práctica y las vigorosas competencias, los atletas de alto rendimiento están *constantemente* agotando y reabasteciendo sus almacenes de glucógeno muscular. Es por eso que los atletas participantes en deportes de alta resistencia requieren muchos más alimentos ricos en carbohidratos que los que participan en deportes de menor actividad aeróbica

¡Bien hecho!
Usted puede tomar más de 100 gramos de carbohidratos al comer 4 plátanos, o 2 $^1/_2$ barras energéticas, o 3 tazas de pasta, o 6 panqueques medianos o 2 $^1/_2$ tazas de cereal Raisin Bran, o 2 papas medianas al horno, u 8 galletas de higo y un vaso de leche.

(como el golf y el tiro con arco). Pero, ¡cuidado!, el hecho de que no compita en un deporte de ultrarrendimiento no significa que pueda descuidar el departamento de carbohidratos. Piense en todas las sesiones de *práctica* laboriosa que los luchadores, los conductores o los nadadores de distancias cortas tienen que pasar durante la semana. Tenga en mente que no es sólo la competencia en sí lo que importa, también la intensidad de su entrenamiento.

Entonces, ¿qué pasa si usted no reabastece sus almacenes de glucógeno muscular? Simple: si agota sus reservas de glucógeno, usted agota su energía. No podrá soportar una actividad de alta resistencia, simplemente porque la cantidad de combustible muscular que usted posee determina el tiempo durante el cual usted podrá hacer ejercicio. Así como un auto necesita un tanque lleno de gasolina antes de emprender un viaje largo, un atleta de alto rendimiento requiere dc suficiente "gasolina muscular" para aguantar el paso y completar la distancia. ¿Siempre está cansado o agotado? Obviamente, un programa de entrenamiento vigoroso es suficiente para hacerlo sentir de esa manera. Usted podría revisar su consumo de carbohidratos. Lleve un registro de alimentos y haga los ejercicios de matemáticas, tal vez encuentre una solución fácil a su problema.

Obstáculo en el camino

Para todos aquellos que no son atletas, pero que decidieron recorrer este capítulo, *no* todo el mundo es candidato para una sobredosis de carbohidratos. Seguramente está pensando: "¡Guau! Entonces puedo llenarme constantemente de *pretzels*, pasta y bollos y *todo* se irá a mis almacenes musculares de energía". Sí, esto es verdad para la gente increíblemente activa, que continuamente quema cubetas de calorías de carbohidratos (las personas que juegan boliche normalmente no cuentan). Sin embargo, sus músculos sólo pueden almacenar cierta cantidad de carbohidratos y si usted no utiliza los que se encuentran ahí, entonces es probable que suba un poco de peso.

¿De qué se trata la carga de carbohidratos?

Las pastas, las papas y el arroz, ¡qué barbaridad! La carga de carbohidratos es sólo eso: llenar su cuerpo de enormes cantidades de carbohidratos antes de un evento. Los atletas que compiten en eventos de rendimiento *extremo*, como los maratones y triatlones, realmente pueden organizar su ejercicio y un programa de alimentación para elevar su cantidad de glucógeno muscular almacenado. Verá, durante una actividad aeróbica intensa y prolongada, los almacenes de glucógeno muscular pueden agotarse severamente y causar que el deportista vaya más despacio, o peor, que caiga. Imagínese que se le acabe la gasolina al auto del que se habló antes: put-put-put-put. Al saturar previamente sus músculos con carbohidratos, un atleta puede estar seguro de que sus almacenes están cargados al máximo. Funciona de la siguiente manera:

Inicie este programa 6 días antes de su competencia.

	Programa de ejercicio	% diario de alimento total proveniente de carbohidratos
Día 1	90 minutos	50% de carbohidratos
Día 2	40 minutos	50% de carbohidratos
Día 3	40 minutos	50% de carbohidratos
Día 4	20 minutos	70% de carbohidratos
Día 5	20 minutos	70% de carbohidratos
Día 6	DESCANSO	70% de carbohidratos
Día 7	¡Salga y venza a todos!	

Requerimientos personales de proteínas

¿Recuerda aquellos viejos tiempos cuando los atletas comían un enorme pedazo de carne con unos cuantos huevos revueltos para el desayuno y después iban al campo a jugar con la pelota? *El poder de las proteínas debe mantener esa fuerza.* ¡Cómo han cambiado las cosas!

Es cierto que los atletas, de hecho, necesitan más proteínas que las personas sedentarias, pero ya que la mayoría de la gente ya ingiere muchas más proteínas de las TDR, la probabilidad indica que usted ya cubrió su requerimiento. A menos de que sea uno de esos "carb-o-hólicos" que viven con un programa basado en "cereal-bollo-pasta", probablemente usted ya tiene suficientes proteínas. ¿Tal vez no desea desperdiciar las preciosas calorías en las proteínas? o, ¿usted quiere cargarse tanto de carbohidratos que olvida los otros ingredientes clave para un desempeño óptimo? Cualquiera que sea su razonamiento, ¡despierte y huela el Gatorade! ¿Acaso no desea alcanzar el máximo nivel competitivo? Todo el mundo necesita proteínas, especialmente los atletas.

Usted ya ha aprendido los diversos y vitales papeles de las proteínas en el capítulo 3, pero este capítulo se enfoca más hacia el deporte. Las proteínas son esenciales para construir y mantener los tejidos musculares, junto con la reparación del daño muscular para resistir durante las sesiones de entrenamiento intenso. Recuerde que las proteínas dietéticas *no* construyen múscu-los más grandes automáticamente, *usted* construye músculos grandes a través del ejercicio regular y el entrenamiento. Las proteínas dietéticas simplemente compensan el trabajo duro. ¡El crédito es suyo!, nada tuvo que ver el atún adicional y los batidos de proteínas que se tomó diariamente.

A continuación, se encuentra la ingestión diaria recomendada de proteínas. Tenga en mente que aunque los atletas tienen requerimientos más altos de proteínas que las personas aplastadas en el sofá, su proporción también cae dentro de 10 a 15% del total de calorías. Esto sigue siendo así porque, a fin de cuentas, los atletas comen más de todo (especialmente carbohidratos).

Primero, encuentre la categoría de ejercicio en la que usted se encuentra, después multiplique su peso en libras por el número de gramos a la derecha. Después de que termine con todas estas matemáticas y conozca sus requerimientos diarios, lleve un registro de alimentos durante una semana y compare el total de sus proteínas diarias revisando sus alimentos en el cuadro que se encuentra en el capítulo 3.

Categoría de ejercicio	Proteínas diarias recomendadas (gramos)
Personas sedentarias	0.36 gramos por libra
Deportistas moderados	0.36 - 0.5 gramos por libra
Atletas serios adultos	0.5 - 0.8 gramos por libra
Fisicoculturistas	0.5 - 0.8 gramos por libra
Atletas adolescentes en crecimiento	0.6 - 0.9 gramos por libra

He aquí algunos ejemplos:

Un fisicoculturista de 200 libras necesitará de 100 a 160 gramos de proteínas al día.

Un triatleta de 150 libras necesitará de 75 a 120 gramos de proteínas al día.

Un gimnasta de elite de 14 años de edad, que pesa 92 libras, necesitará de 55 a 83 gramos de proteínas por día.

Un miembro ocasional de un club deportivo, de 120 libras, necesitará de 43 a 60 gramos de proteínas al día.

Note que aunque el gimnasta en crecimiento puede requerir una mayor cantidad de proteínas, por su peso corporal, que un fisicoculturista, éstos últimos usualmente (*esperando que así sea*) pesan mucho más, y por lo tanto tienden a tener requerimientos más altos de proteínas totales.

Alimentos antes, durante y después del ejercicio

Alimentos previos a un evento. Antes de iniciar con esta sección, debe saber que la comida más "perfecta" antes de su evento deportivo no podrá compensar la alimentación de una semana basada en ¡papas fritas y a la francesa y galletas! Con esto en mente, estudie las siguientes pautas y ayude a hacer que la comida previa a su competencia sea un "principio ganador".

➤ Haga su comida fuerte (aproximadamente de 600 a 800 calorías) *por lo menos* 3 a 4 horas antes de un evento. Esto le proporcionará el tiempo adecuado para digerir sus alimentos. (Seguramente no desea sentirse pesado, con náuseas o con indigestión mientras corre.)

➤ Apéguese a los alimentos ricos en carbohidratos y modere la ingestión de proteínas magras. Los carbohidratos están cargados de energía y son fáciles de digerir. Evite comer alimentos altos en grasas (requieren mucho más tiempo para salir de su estómago y usted no desea tener comida molestándole durante su evento).

➤ Evite los alimentos muy altos en fibra que puedan provocarle molestias estomacales, *o* que lo manden al baño a la mitad de esa gran patada.

➤ También limite los alimentos gaseosos, como los frijoles, las coles de bruselas, las uvas, el brócoli y cualquier otro alimento que usted piense que le pueda causar un estómago gaseoso.

➤ Los alimentos líquidos también son necesarios, especialmente si usted tiene "los nervios previos al juego" y no puede soportar la idea de alimentos sólidos. Algunos atletas prefieren tomar suplementos líquidos porque no les provoca sentirse tan llenos como una gran comida con la misma cantidad de calorías. De hecho, también salen de su estómago más rápidamente que los alimentos sólidos. Algunas personas prefieren obtener sus calorías de los sólidos y otras de los líquidos, pero la gente es diferente y la elección es suya.

➤ También, aléjese del salero. Como usted leyó en el capítulo de la sal, algunas personas tienden a retener muchos fluidos, lo que les puede hacer sentirse inflados e incómodos.

➤ Nunca coma nada que sea completamente nuevo para usted antes de una competencia importante. *Siempre* pruébelo durante el entrenamiento y vea como lo resiente su estómago.

➤ Reduzca el tamaño de su ingestión de alimentos a medida que se acerque su evento. Por ejemplo: de 3 a 4 horas antes, usted puede tener una gran comida (aproximadamente de 600 a 800 calorías); de 2 a 3 horas antes, usted puede tener una comida más pequeña (aproximadamente de 400 a 500 calorías); de 2 horas o menos antes, sólo tome algunos tentempiés (bollos, fruta, galletas de higo, jugo de fruta, yogures y alimentos similares).

Menú preparado

¿A qué hora es su evento deportivo?, ¿cuál será su alimento antes del evento: desayuno, comida o cena? Revise los menús de muestra y dése una idea de la comida que debe elegir. Tenga en mente que usted *siempre* debe tener una comida bien balanceada, rica en carbohidratos la noche anterior, ya que especialmente el día del evento, es probable que usted esté nervioso y pierda el apetito.

<u>Desayuno</u>: (para una competencia tarde en la mañana o temprano en la tarde)
Un tazón de cereal con leche baja en grasas
plátanos rebanados
Bollo con jalea
Vaso de jugo de naranja

<u>Cena</u>: (para una competencia temprano en la mañana o a "cualquier hora del siguiente día")
Pollo a las brasas
Pasta con salsa marinara
Brócoli con zanahorias
Ensalada de frutas
2 galletas de higo
Vaso de leche baja en grasas

<u>Comida</u>: (para una competencia cercana la tarde o noche)
Un emparedado de pavo con pan de trigo entero
Ensalada con aderezo ligero
Helado de yogur con fresas rebanadas
Vaso de leche baja en grasas o jugo

PyR

¿Realmente existe alguna "comida para ganar" o "alimentos para ganar" que puedan mejorar su desempeño?

¡Sí, sí y sí! Si un alimento o comida en particular le hace sentir *mentalmente* en su mejor forma, entonces ésa es su comida para ganar. Otros nutriólogos pueden pensar que es una locura, pero por experiencia propia yo sé que esto es cierto. Yo crecí como una gimnasta de competencia. Tal vez usted oyó hablar de mí. Usaba el nombre de "Nadia Comeniche" – *sólo estoy bromeando*. Cada mañana, antes de una competencia, yo *debía* comer un tazón de avena, 2 rebanadas de pan tostado y un vaso de leche. ¡Definitivamente, era más superstición que cualquier otra cosa, pero si eso ayudaba a mi psiquis, era todo lo que importaba! ¡Así que si existe algún alimento en especial o una comida en particular que funciona para usted, disfrútela!

Cargue a su cuerpo de combustible durante actividades prolongadas de alto rendimiento

Algunos deportes son tan largos que se requieren alimentos *a lo largo* del evento para abastecer al cuerpo con glucosa cuando los almacenes de glucógeno se estén agotando. Por ejemplo, los corredores en un maratón necesitan tomar de 40 a 60 gramos de carbohidratos por hora, lo que se traduce simplemente (pero importante) a: entre 160 y 240 calorías. Aunque parece una minúscula cantidad, estas calorías deben suministrarse cada hora durante el tiempo de ejercicio. De hecho, su mejor opción es la de comer pequeñas cantidades de galletas de higo o fruta cada 15 a 30 minutos. O haga su vida más fácil y sólo tome una de esas bebidas deportivas populares. Usted puede *"hidratarse"* y *"carbo-hidratarse"* al mismo tiempo.

Alimentos para la recuperación

Ahora, la última pieza del rompecabezas. ¿Qué debe comer para nutrirse después de la competencia? Primero entienda que los alimentos de recuperación no son sólo para recuperarse después de una competencia o un juego importante; son igualmente estratégicos para los siguientes entrenamientos de práctica. De hecho, los atletas que regularmente entrenan muy fuerte durante horas, deben poner atención en remplazar los almacenes vacíos de glucógeno, los fluidos y el potasio perdido diariamente a través del sudor. Lo que es más, el reabastecimiento de carbohidratos y fluidos debe iniciarse tan pronto como sea posible, en un lapso no mayor a 30 minutos después de hacer ejercicio, para lograr un tiempo de recuperación rápido. ¿Suena poco realista? Simplemente tome un jugo de frutas o una bebida deportiva mientras llega a las rondas de felicitaciones de los "cinco primeros lugares". Una vez que pueda ingerir una comida completa, disfrute de lo que quiera, pero asegúrese de incluir los siguientes alimentos esenciales:

➤ Muchos fluidos como agua, jugo de fruta, bebidas deportivas, sopas y frutas y vegetales jugosos (es decir, sandía, uvas, naranjas, tomates, lechuga y pepinos).

179

➤ Muchos alimentos ricos en carbohidratos: pasta, papas, arroz, pan, fruta, yogur y similares.

➤ Cantidades moderadas de alimentos con proteínas magras.

➤ Alimentos ricos en potasio, como papas, plátanos, naranjas, jugo de naranja y pasas.

➤ *No* intente reabastecerse del sodio perdido espolvoreando sus alimentos con sal *o* tomando las peligrosas tabletas de sal. Una comida típica, moderadamente salada, suministra suficiente sodio para reabastecer la cantidad perdida con el sudor.

¡Tómese rápidamente ese fluido!

¡Tome esa botella de agua porque seguramente va a necesitarla! De hecho, el ejercicio provoca tal demanda de reabastecimiento de fluidos, que una hidratación adecuada antes, durante y después de la intensa actividad física es crítica para un excelente desempeño. Piense en las numerosas tareas que dependen de los fluidos: su *sangre* necesita fluidos para transferir el oxígeno a los músculos que están trabajando, su *orina* necesita fluidos para desechar los productos metabólicos de desperdicio y su *sistema regulador de temperatura* necesita fluidos para disipar el calor a través del sudor.

Usted puede estar pensando: "Bueno, entiendo que la sangre y la orina requieren de fluidos para transportar las cosas, ¿pero que rayos tiene que ver el *calor* con los fluidos? Esto es lo que pasa: cuando usted hace ejercicio, la temperatura interna empieza a subir. Su cuerpo, a cambio, se libera de todo el calor interior acumulado por medio del maravilloso arte del sudor. Se puede sentir mojado, cochino y desagradable en el exterior, pero el sudor le ayuda a mantener su interior con una temperatura de trabajo agradable para que usted pueda continuar su feliz camino. Si usted no sudara, básicamente acabaría tan frito como un huevo en una sartén.

Y ahora la conexión con los fluidos. Para sudar usted necesita agua (cantidades importantes de agua). En otras palabras, el agua entra por su boca y sale por el sudor. Es algo parecido a la fibra, entra por su boca, y sale por ... (bueno usted ya entendió). El resultado final es que necesita remplazar *continuamente* el fluido que pierde por el sudor para evitar que su cuerpo se deshidrate y se caliente en exceso. Lo que es más, los atletas que no cumplen sus requerimientos de agua no sólo ponen en peligro su desempeño, sino que pueden tener un padecimiento serio causado por el calor (es decir, calambres, agotamiento y ataque).

Guía para una hidratación correcta

Desafortunadamente para los atletas, el mecanismo de la sed es un indicador poco confiable. En el momento que usted siente sed, quizá ya está en camino hacia una deshidratación; *además* la cantidad de fluido que sacia su sed no es suficiente para saciar su cuerpo. Para asegurar una hidratación correcta, usted necesita seguir un horario para beber. Esto es lo que se recomienda:

➤ 16 onzas (o 2 tazas) 2 horas antes del ejercicio

➤ de 8 a 16 onzas (o 1 a 2 tazas) de 15 a 30 minutos *antes* de hacer ejercicio

➤ de 4 a 8 onzas (o $^1/_2$ a 1 taza) cada 15 minutos *durante* el ejercicio

➤ 16 onzas (o 2 tazas) por cada libra perdida *después* de hacer ejercicio

Cómo revisar su estado de hidratación

La prueba de escala previa/posterior

Brinque sobre la báscula y péscse antes y después de hacer ejercicio. Por cada libra de fluido perdido (sólo es fluido, *no* grasa), beba 2 tazas de agua (u otro fluido) para *rehidratar* correctamente su cuerpo. Usted no necesariamente tiene que tomárselo de una sola vez, pero asegúrese de estar plenamente hidratado al siguiente día. Por ejemplo, un jugador de futbol pesa 165 libras antes del juego y 162 libras después del juego. Por lo tanto él debe tomar 6 tazas de agua para recuperar las 3 libras de fluido que perdió.

Revise su orina

El color de su orina también es un buen indicador de su estado de hidratación. Si su orina es voluminosa y con un color de amarillo claro a pálido, usted está bien. Pero por otro lado, si su orina es oscura y concentrada ¡siga tomando ese fluido, porque le falta mucho para llegar a un estado de hidratación correcto!

Bebidas deportivas contra el agua natural

La vieja y simple H_2O es barata, efectiva y buena para la mayoría de los atletas, pero en algunos casos usted obtendrá beneficio de los carbohidratos añadidos en una bebida deportiva (como Gatorade, PowerAde, All Sport, Boost, etc.). Así que, ¿cuándo tiene usted que tomar la sustancia cargada? Cuando el ejercicio continuo dure más de 60 minutos *o* cuando esté haciendo ejercicio en un clima extremadamente caliente. Verá, así como el agua proporciona hidratación directa, las bebidas deportivas también proporcionan algunos electrolitos y carbohidratos (justo los suficientes para mantenerlo en movimiento y disfrutar esos entrenamientos excepcionalmente largos y calientes.

Obstáculo en el camino

El alcohol, el café y el té actúan como *diuréticos*, sustancias que provocan que orine y por lo tanto que pierda agua. Recuerde que el objeto es recuperar las pérdidas de agua y *no* aumentarlas tomando bebidas que harán que la pierda.

Obstáculo en el camino

No dependa del jugo de frutas o de las bebidas gaseosas para la hidratación durante sesiones prolongadas de ejercicio. Estas bebidas están demasiado concentradas en calorías y por lo tanto tardarán más en salir de su estómago. Las bebidas deportivas, por otro lado, son fórmulas especialmente diluidas que abandonan el estómago tan rápidamente como el agua simple.

¿Cuál es la historia de los auxiliares ergogénicos?

Dependiendo de la posición de la Luna y de las mareas (y del color de la corbata de su papá), la gente hace comentarios impresionantes acerca de las sustancias que le pueden ayudar a mejorar su desempeño. La palabra *ergogénico* literalmente significa "productor de trabajo" y, desafortunadamente, existe mucha publicidad engañosa que afirma que se venden píldoras nutrimentales y pociones que pueden mejorar su desempeño. Es importante aclarar esto: sólo existen algunos auxiliares ergogénicos científicamente comprobados, que incluyen una dieta correcta, la carga de carbohidratos y bebidas deportivas. Y una cosa más: la clave hacia el máximo rendimiento competitivo es un cuerpo bien entrenado, un espíritu determinado y el equipo correcto. Recuerde, si suena demasiado bueno para ser verdad, probablemente sí lo sea.

Para reflexionar

El atleta obsesionado con la comida

Es triste e irónico pensar que la misma gente que es considerada héroe de la salud pueda estar librando batallas que amenazan la vida con los alimentos. De hecho, algunos atletas pueden quedar atrapados al tratar de conseguir ese "cuerpo perfecto", poniendo en peligro tanto su desempeño atlético, como, en algunos casos, su vida.

Con frecuencia, gimnastas competitivos, bailarines de ballet, corredores de maratón, buzos, patinadores artísticos y luchadores acuden a los consultorios de nutrición. ¿Nota la conexión? Todos están involucrados en deportes que ponen énfasis a pesos corporales bajos. Se espera que gracias a la creciente conciencia y la educación entre los padres, entrenadores y miembros del equipo habrá menos desórdenes en la alimentación de la comunidad atlética. Para mayor información consulte el capítulo 24.

Lo mínimo que necesita saber

➤ Los atletas necesitan principalmente enfocarse en comer alimentos ricos en carbohidratos tales como granos, pasta, arroz, frutas y vegetales. Los carbohidratos suministran energía tanto para sesiones de práctica intensa como para competencias.

➤ Los atletas tienen requerimientos mayores de proteínas diarias que las personas sedentarias. Ellos requieren de .5 a .8 gramos de proteínas por libra de peso corporal.

➤ Una hidratación correcta es esencial para mantener una actividad prolongada *y* para tener un desempeño óptimo. El agua es un fluido de remplazo perfecto para una sesión que dure menos de 60 minutos. Sin embargo, los atletas de ultrarrendimiento, y los atletas que ejercitan en climas muy calientes, se verán beneficiados con los carbohidratos añadidos y el contenido de electrolitos en las bebidas deportivas populares.

➤ No se deje engañar por la publicidad que declara que vende píldoras para mejorar la figura. ¡La forma de optimizar el desempeño es a través de comer inteligentemente y entrenar duro!

Parte 4
Nutrición suplementaria

Algunas personas prefieren no comer ciertos alimentos, en tanto que otras deben evitar alimentos específicos debido a padecimientos médicos.

Esta sección le brinda una guía completa sobre el vegetarianismo (para esa siempre creciente "población sin carne"), así como una discusión sobre los alimentos que pueden dañarle, las alergias a los alimentos, las intolerancias alimentarias y otras hipersensibilidades relacionadas con los alimentos. Así que, ya sea que le guste darse un agasajo de plantas o que tenga que buscar como rayo el baño después de ingerir queso, manténgase sintonizado.

Capítulo 16

"Vegetando"

En este capítulo

➤ Las razones para volverse vegetariano

➤ ¿Qué son los vegetarianos ortodoxos, los lacto-vegetarianos y los ovolacto-vegetarianos?

➤ Requerimientos de calcio, B12 y zinc

➤ Grandes fuentes vegetarianas de proteínas y hierro

➤ La proteína de soya

➤ Recetas sin carne para torturar a sus papilas gustativas

Las dietas vegetarianas se están volviendo cada vez más populares con más y más estadounidenses que brincan al "vagón del tofú". Al igual que todas las otras dietas prudentes, la gente que sigue los planes de alimentos vegetarianos debe comer, de forma bien balanceada, alimentos variados e incluir frutas y vegetales, nueces, semillas y lácteos bajos en grasas (dependiendo de las restricciones de su dieta vegetariana), legumbres y muchos productos de granos enteros. Aunque un plan de comida típicamente vegetariano tiende a ser muy bajo en grasa saturada y colesterol, no es automáticamente bajo en grasas y azúcares *totales*. Por lo tanto, los *cabeza de vegetal*, al igual que los *cabeza de carne*, también necesitan limitar su ingestión de alimentos con grasas, aceites, untables y dulces.

Para reflexionar

Una dieta vegetariana, cuando se sigue correctamente, puede ser una de las dietas más saludables que existen. Los beneficios de una dieta vegetariana son:

➤ Disminución de la obesidad. Los vegetarianos raramente son obesos y en promedio, los ovolacto-vegetarianos son más delgados que los que comen carne. Sin embargo, el hecho de ser vegetariano no garantiza una figura esbelta. Si come alimentos altos en grasas, usted puede consumir tantas calorías o más que los que sí comen carne.

➤ Menor riesgo de CHD. Los vegetarianos tienden a tener niveles más bajos de colesterol en la sangre y, en general, sus dietas tienen un contenido inferior de grasa saturada.

➤ Tasas más bajas de hipertensión. La razón de esto aún se desconoce, pero los investigadores piensan que puede estar relacionado con el incremento en la ingestión de potasio, magnesio, grasa poliinsaturada y fibra. Así, se requiere más investigación para determinar si la dieta por sí misma tiene algo que ver con los bajos niveles de hipertensión.

La pirámide alimentaria vegetariana

Al igual que la pirámide alimentaria estándar normal, la versión vegetariana ofrece guías para la población "sin carne".

Consulte el capítulo 1 para recordar los equivalentes de una porción para el grupo de los granos, el grupo de los vegetales, el grupo de las frutas y el grupo de los lácteos. En cuanto a la categoría especial de la proteína vegetariana, titulada "Legumbres, nueces, semillas y el grupo de sustitutos de carne", las equivalencias son las siguientes:

1 porción es igual a = $^1/_2$ taza de frijoles o chícharos cocidos, o

$^1/_2$ taza de tofú, o

$^1/_4$ taza de semillas, o

$^1/_4$ taza (1 onza) de nueces, o

2 cucharadas de mantequilla de nueces, o

$^1/_4$ de taza de sustituto de carne, o

2 huevos (preferentemente las claras)

LA PIRÁMIDE ALIMENTARIA VEGETARIANA

UNA GUÍA DIARIA PARA SELECCIONAR ALIMENTOS

GRASAS VEGETALES Y ACEITES, DULCES Y SAL

CÓMALOS EN PEQUEÑAS CANTIDADES

LECHE, YOGUR Y QUESO FRESCO BAJOS EN GRASAS O SIN GRASA Y GRUPO DE SUSTITUTOS FORTIFICADO
2-3 PORCIONES

CÓMALOS MODERADAMENTE

LEGUMBRES, NUECES, SEMILLAS Y GRUPO DE SUSTITUTOS DE CARNE
2-3 PORCIONES

CÓMALOS MODERADAMENTE

GRUPO DE VEGETALES
3-5 PORCIONES

CÓMALOS EN ABUNDANCIA

GRUPO DE LAS FRUTAS
2-4 PORCIONES

CÓMALOS EN ABUNDANCIA

GRUPO DE PAN DE GRANOS ENTEROS, CEREALES, PASTA Y ARROZ
5-11 PORCIONES

CÓMALOS LIBREMENTE

Fuente: The Health Connection©.

Los diversos tipos de vegetarianos

Las comidas vegetarianas cubren un amplio territorio y pueden recorrer toda una variedad de personas: desde las que evitan *todos* los productos animales hasta las que simplemente evitan comer algunos alimentos animales seleccionados. He aquí los diferentes tipos de vegetarianos.

Vegetarianos ortodoxos. Es el tipo más estricto de los vegetarianos (son como el Papa de todos los vegetarianos). Los vegetarianos ortodoxos se abstienen de comer alimentos que provienen de animales (carne, lácteos, huevos), así como de usar productos que provienen de animales (lana, seda o piel). Si usted es un vegetariano ortodoxo, tiene que ser especialmente cuidadoso y obtener las cantidades adecuadas de proteínas, hierro, calcio, vitamina D, vitamina B12 y zinc.

Lacto-vegetarianos. Este grupo elimina la carne y los huevos, pero incluye todos los productos lácteos.

Ovolacto-vegetarianos. Este grupo elimina toda la carne (carne roja, aves, pescado y mariscos), sin embargo, incluye productos lácteos y huevos.

Semi-vegetarianos. Este grupo no come carne roja, pero come pollo, pavo y pescado, así como productos lácteos y huevos.

Seudo-vegetarianos. Estas personas no comen carne los días que deciden ser vegetarianos, sin embargo, devoran las hamburguesas y los emparedados de carne cuando tienen antojo.

Para reflexionar

Consejos para ingerir comida vegetariana fuera de casa

➤ Siempre que sea posible, trate de elegir un restaurante con cocina vegetariana. Explore todo su vecindario y descubra lo que hay en el área.

➤ Cuando sus acompañantes de comida no tengan nada que hacer en un restaurante vegetariano, sugiera comida china, vietnamita, tailandesa o italiana. Siempre tienen muchos platillos vegetarianos en el menú.

➤ Si no tienen entradas vegetarianas, haga toda su comida seleccionando algunas guarniciones. Por ejemplo, coma una papa al horno, una ensalada de la casa, y pida que le sirvan frijoles a un lado. Aún mejor, solicite una entrada vegetariana especial. La mayoría de los restaurantes puede ser bastante complaciente.

➤ La sopa puede ser una gran opción en cualquier tipo de restaurante. Recuerde preguntar si la base de la sopa es de carne o de vegetales.

➤ Siéntase libre de hacer sustituciones y pedidos especiales. Por ejemplo, cambie un emparedado de tocino, lechuga y tomate por un emparedado de queso, lechuga y tomate, *o* cambie una orden de fajitas de pollo por fajitas vegetarianas.

P y R

Auxilio, estoy enamorada de un comedor de carne, ¿qué debo hacer?

Relájese, intégrese a los años noventa, ¡los matrimonios mixtos están de moda!

➤ Si cocinar es un gran problema porque usted no come los mismos alimentos, planee alguna comida neutral que ambos puedan disfrutar. Por ejemplo, haga vegetales fritos y arroz integral. Usted toma una porción y le pone tofú; y él toma una porción y le pone tiras de pollo o carne.

Cómo asegurar una ingestión adecuada de proteínas

Todos los tipos de vegetarianos pueden satisfacer fácilmente sus necesidades de proteínas. Las proteínas no son discriminatorias, se encuentran en alimentos tanto animales como vegetales. Los productos lácteos bajos en grasas y los huevos pueden proporcionar cantidades generosas de proteínas para los vegetarianos que se atrevan a comerlos, y para los vegetarianos ortodoxos del tipo "esto está totalmente fuera de mis posibilidades", pueden volverse muy amigos del tofú, las nueces, las semillas, las lentejas y el tempeh. También regresen al capítulo 3 para refrescar su memoria acerca de los productos complementarios, esto es, obtener una proteína completa (una proteína que contenga todos los aminoácidos esenciales) combinando dos o más proteínas vegetales incompletas.

Las diversas caras de la proteína de la soya

Hace varias décadas, los alimentos con soya fueron uno de los secretos mejor guardados del mundo. Ahora finalmente, se han sacado del armario y están deseosos de brincar en casi cualquiera de sus recetas; la proteína de soya puede mejorar el contenido de proteínas, calcio y hierro de casi cualquier platillo. Siga adelante y experimente incorporando algunas de las siguientes variedades en sus comidas, y recuerde que la soya sin sabor le dará sabor a lo que usted cocine o marine con ella.

Leche de soya. Empiece su día con un vaso de leche de soya o sírvala en su cereal para el desayuno. La leche de soya le proporciona alrededor de 4 a 10 gramos de proteína por cada porción de una taza, y se puede encontrar baja en grasas y de varios sabores.

Proteína aislada de soya. Esta sustancia en polvo representa literalmente 90% de proteínas puras, ya que la mayoría de las grasas y carbohidratos han sido desechados. Está elaborada de harina de soya desgrasada y se puede mezclar estratégicamente en *muffins*, panqueques y galletas para ayudar a incrementar sus proteínas diarias. Una porción de 1 onza (aproximadamente 4 cucharadas) contiene entre 13 y 23 gramos de proteínas.

Harina de soya. Ésta es otra gran forma de incrementar las proteínas en sus productos horneados. La harina de soya se puede usar para hacer panes, *muffins*, galletas y *brownies* rápidamente, y una porción de $^1/_2$ taza proporciona 22 gramos de proteínas.

Proteína de soya texturizada (PST) también llamada proteína vegetal texturizada (PVT).
Está hecha de harina de soya desgrasada, y puede ser granulada, en hojuela o en trozo. La PST
viene con sabor o simple, y se puede mezclar con chile, tacos, hamburguesas vegetarianas,
guisados y estofados vegetarianos. Cuando se mezcla con agua, 1 taza preparada proporciona
22 gramos de proteínas.

Frijoles de soya tipo vegetal. Estos frijoles de soya secos y maduros están cargados con
14 gramos de proteínas por cada porción de $1/2$ taza. Aún más, también contienen fibra (¡doble
premio!). Su sabor dulce o a mantequilla es agradable en platillos fritos, ensaladas y sopas.

Recursos

Aunque el tofú y
otras proteínas de
soya contienen un
poco de grasa, la
proteína de soya es
muy baja en grasa saturada y no
contiene colesterol.

Tempeh. Esta comida de soya cultivada, de consistencia suave
y masticable, es una gran candidata para emparedados a la
parrilla, sopas, ensaladas, guisados y chiles. Una porción de
4 onzas proporciona 17 gramos de proteínas, alrededor de
80 miligramos de calcio y el 10% de su hierro diario.

Tofú. Casi todo se lleva con esta proteína de soya. Está hecho
de coágulos de leche de soya y se puede mezclar, revolver, freír,
asar a la parrilla, hornear. (Usted podrá cocinar el tofú de
cualquier forma que desee.) Existen tres tipos de tofú: firme,
blando y suave

¿QUÉ? Definición

El **tofú firme** es duro, denso y perfecto para los platillos fritos, las sopas o
donde quiera que el tofú mantenga su forma. Una porción de 4 onzas de tofú
firme proporciona 13 gramos de proteínas, 120 miligramos de calcio y alrededor
de 40% de todo su requerimiento diario de hierro.

El **tofú suave** proporciona 9 gramos de proteínas, 130 miligramos de calcio y un poco
menos de 40% del requerimiento diario de hierro en una porción de 4 onzas. El tofú suave es bueno en platillos que requieren de tofú mezclado (se usa comúnmente en sopas).

El **tofú acremado** es cremoso y parecido a una natilla, por lo que funciona bien en purés
o en recetas mezcladas, como *dips*, sopas y pays. El tofú acremado no proporciona tanto
calcio como las variedades de tofú sólido (sólo 40 miligramos), pero es el más bajo en
grasas y contiene $9^{1}/_2$ gramos de proteínas por porción de 4 onzas.

Obtener el hierro de los alimentos vegetales

Desgraciadamente para las personas no carnívoras, el *hierro hemático* encontrado en los alimentos de origen animal es de más fácil absorción que el hierro *no hemático* suministrado por los vegetales. Pero no importa, sólo salga de su camino para comer alimentos vegetales en abundancia que sean ricos en hierro y usted cumplirá su cuota sin problema. Los alimentos ricos en hierro incluyen los frijoles secos, las espinacas, las alcachofas, las remolachas, las melazas oscuras, el jugo de ciruela pasa y las frutas secas. También puede encontrar que sus cereales favoritos para el desayuno están fortificados con este mineral. Otro truco comercial es el de aumentar la cantidad de hierro que absorberá en una comida al incluir un alimento rico en vitamina C (tomates, jugo de naranja, etc.). Para mayor información sobre el aumento del hierro consulte el capítulo 8.

En búsqueda del calcio no lácteo

Para los lactos y los ovolactos, los productos lácteos bajos en grasas están llenos de calcio. Por otro lado, todos ustedes que son vegetarianos ortodoxos, definitivamente van a tener que hacer una verdadera planeación; pero también pueden alcanzar sus requerimientos diarios de calcio al incluir en su dieta hojas de col, brócoli, col blanca, nabos, jugo de naranja fortificado con calcio, granos fortificados con calcio, y al igual que con su tarjeta de crédito American Express, *nunca* salga de casa sin sus productos de leche de soya fortificados con calcio (incluyendo el tofú, los frijoles de soya y el tempeh).

¿Ha tomado suficiente B12 hoy?

Obtener suficiente vitamina B12 también puede ser un obstáculo para los vegetarianos estrictos por la simple razón de que la B12 se encuentra principalmente en alimentos derivados de animales. Una vez más, los lactos y los ovolactos de alguna manera están a salvo, ya que los productos lácteos y los huevos les ofrecen lo suficiente para satisfacer sus requerimientos diarios. Sin embargo, cuando se trata de la pandilla de los vegetarianos ortodoxos, usted tendrá que excavar más profundamente.

Para reflexionar
Los vegetarianos que no ingieren lácteos y que no toman el sol con regularidad deberían adquirir alimentos fortificados con vitamina D, *o* consultar con su médico acerca de los suplementos de vitamina D.

Trate de comprar productos alimenticios que estén fortificados con B-12, como cereales, panes, *algunos* productos análogos de la soya y posiblemente el tempeh. Si quiere, también puede tomar un suplemento de B12 que le proporcione 100% de las cantidades diarias recomendadas, sólo para mantenerse en el lado seguro.

No olvide el zinc

Los vegetarianos ortodoxos no sólo deben obtener las cantidades diarias recomendadas de calcio, proteínas, B12 y otros nutrientes, sino que también se deben preocupar por obtener una buena cantidad de zinc. Aunque este mineral se encuentra en los productos de grano entero, el tofú, las nueces, las semillas y el germen de trigo, el cuerpo absorbe mucho menos el "zinc de las plantas" que el "zinc de los animales". Por lo tanto, los vegetarianos necesitan poner particular atención para obtener este mineral en abundancia.

Menú preparado

Un día en la vida de un vegetariano

Menú 1

Desayuno
Hojuelas de amaranto con leche de soya
Frambuesas y moras frescas
Muffin con jalea de durazno

Comida
Emparedado de mantequilla de maní y plátano
Taza de *chili* vegetariano con cebollines
Vaso de leche de soya bajo en grasas

Tentempié
Mezcla de frutas secas y nueces
Vaso de jugo o leche de soya

Cena
Tempeh de vegetales fritos (zanahorias brócoli, coliflor y tempeh) con arroz integral
Camote
Col al horno espolvoreada con semillas de ajonjolí
Vaso de leche de soya

Postre
Sueño de arroz (sustituto de helado)
Plátanos en rebanadas

Menú 2

Desayuno
Tofú revuelto (ver receta) con pan de trigo entero tostado
Tazón de avena con dátiles y almendras picados
Vaso de jugo de mora o de naranja

Comida
Tazón de sopa de lentejas con rollos de masa agria
Tiras de zanahoria con *dip*
Vaso de jugo o leche de soya

Tentempié
Una rebanada de pan de plátano
Vaso de leche de soya

Cena
Tortilla de trigo entero rellena de frijoles y salsa
Ensalada de espinacas rociada con aceite de olivo y vinagre de vino tinto

Postre

Manzana al horno con jarabe de maple y nueces picadas

Recetas increíbles "sin carne"

Frijoles rojos cajún y arroz

Cuatro porciones

1 taza de arroz blanco largo

1 lata de 15 ¼ onzas de alubias drenadas y enjuagadas

1 taza de tomates en lata

½ cebolla pelada en cubos de ¼ de pulgada

1 pimiento verde, en cubos de ¼ de pulgada

2 hojas de laurel

2 tazas de agua

2 cucharaditas de pimentón

1 cucharadita de salsa inglesa

1 pizca de pimienta de Cayena

½ de cucharadita de ajo en polvo

4 cucharadas de cebolla verde picada

Ponga todos los ingredientes (excepto la cebolla verde picada) en una sartén grande, tape y déjela hervir. Reduzca a fuego lento y cocine durante 15-20 minutos hasta que el arroz esté tierno y el líquido se evapore. Ponga encima de cada porción 1 cucharada de cebolla verde picada. Balancee esta comida con una ensalada de hojas verde oscuro, bañadas con aderezo italiano sin grasa.

Análisis de nutrición por porción

Calorías 290, grasa total 1 gramo

Grasa saturada 0 gramos, fibra 7 gramos

Proteína 10 gramos, sodio 170 mg, colesterol 0 mg

©*Food for Health Newsletter, 1996.* Reimpresión autorizada.

Lasaña vegetariana de espinacas

Ocho porciones

2 libras de queso ricotta bajo en grasas

4 tazas de queso mozzarella de leche
   descremada, rallado

1 frasco de 32 oz, de salsa de tomate/marinara
   (baja en sodio)

1 paquete de pasta para lasaña cruda

2 cajas de 10-12 onzas de espinacas picadas

½ cucharada de orégano

1 huevo entero + 2 claras

¾ cucharadita de pimienta

ajo y albahaca al gusto

spray antiadherente para cocinar

1 taza de agua (para cocinar
   solamente) sin cocinar

Ponga a cocer las espinacas y drénelas bien, póngalas a un lado. Mezcle el queso ricotta, los huevos, la pimienta, el ajo, el orégano, la albahaca y la mitad del queso mozzarella. Añada las espinacas y mezcle bien. Cubra el recipiente para la lasaña con el *spray* antiadherente para cocinar y caliente el horno a 350°F. Cubra el fondo del recipiente con salsa de tomate y después ponga una capa de la lasaña cruda. Luego, extienda uniformemente la mitad de la mezcla de espinacas y queso sobre la superficie... y repita las capas (lasaña y mezcla de espinacas y queso). Termine con una capa más de lasaña (total de 3 capas de lasagna) y vacíe la salsa de tomate restante. Espolvoree la otra mitad del queso mozzarella. Finalmente vacíe el agua alrededor del borde del recipiente (esto hará que la pasta se cueza) y cubra herméticamente con papel de aluminio. Hornee durante 1 hora y 15 minutos, hasta que esté burbujeando. Deje reposar y enfríe durante 15 minutos antes de rebanar.

Análisis de nutrición por porción

Calorías 243, grasa total 7.5 gramos

Grasa saturada 3 gramos, fibra 3 gramos

Proteínas 19 gramos, sodio 479 mg, colesterol 43 mg

*De la cocina de Ellen Schloss

Chili vegetariano

Seis porciones

$^1/_2$ taza de proteína texturizada vegetal (PTV)	2 tallos medianos de apio, picados
$^1/_4$ de taza de agua hirviendo	1 pimiento verde, sin semillas y picado
$^1/_2$ cucharada de aceite de olivo	8 onzas de hongos, partidos en cuatro
1 cebolla grande, en dados	el jugo de un limón
3 dientes de ajo, machacados	$^1/_2$ cucharadita de albahaca
2 zanahorias medianas picadas	$^1/_2$ cucharadita de orégano seco
$^1/_8$ de cucharadita de pimienta roja	1 lata de 15 onzas de alubias
1 $^1/_2$ de cucharadita de chile en polvo	1 lata de 28 onzas de tomates triturados
1 $^1/_2$ cucharadita de comino molido	1 cucharada de pasta de tomate
1 tomate grande picado	$^1/_2$ cucharada de vino de Marsala (opcional)
1 lata de 15 onzas de frijol pinto	2-4 cucharadas de cebollín y/o perejil (opcional)

Combine la PTV y el agua hirviendo en un tazón y deje reposar. Mientras tanto, caliente el aceite en una cacerola grande, añada la cebolla y saltéela hasta que esté suave (alrededor de 3 minutos). Después, añada el ajo, la zanahoria, el apio, el pimiento, los hongos, el jugo de limón y las especias. Cocine tapado a fuego medio durante 5 minutos.

Mezcle la PVT, los frijoles, el tomate picado y los tomates triturados. Lleve a ebullición. Cocine sin tapar a fuego lento durante 15 minutos, moviendo ocasionalmente. Añada el vino de Marsala y la pasta de tomate, deje hervir a fuego lento durante 5 minutos más. Retire la cacerola del fuego y mezcle las hierbas frescas. Sirva el *chili* en tazones y adorne con un poco de crema ácida baja en grasas y cebolla morada picada. Sirva con una barra fresca de pan de grano entero.

Análisis de nutrición por porción (chili solamente)

Calorías 330, grasa total 2.4 gramos

Grasa saturada 0 gramos, fibra 14 gramos

Proteínas 22 gramos, sodio 400 mg, colesterol 0 mg

*De la cocina de Meredith Gunsberg

Tofú revuelto

Cuatro porciones

16 onzas de tofú firme	1 pizca de comino molido
5 cucharadas de agua	1 pizca de polvo de ajo
2 cucharadas de miso ligero	pimienta molida al gusto
$1/_2$ cucharadita de tumeric	

Machaque el tofú en una sartén pequeña. En un tazón por separado, mezcle los demás ingredientes. Caliente el tofú a fuego medio, e inmediatamente añada la mezcla de miso. Agite constantemente hasta que la mezcla del tofú revuelto esté caliente. Sirva caliente con pan tostado y salsa catsup si lo desea.

Análisis de nutrición para una porción (tofú solamente)

Calorías 82, grasa total 4 gramos

Grasa saturada 1 gramo, fibra 0 gramos

Proteína 8 gramos, sodio 32 gramos, colesterol 0 mg

*De la cocina de Meredith Gunsberg

Dip de pepino y yogur

Cuatro porciones

1 pepino grande, pelado, sin semillas
y rallado

1 taza de yogur natural sin grasa

1 cucharada de eneldo picado finamente

2 dientes de ajo, machacados

el jugo de un limón pequeño

1-2 cucharaditas de cebollín,
picado finamente

Combine todos los ingredientes (excepto el cebollín y el eneldo) y mezcle perfectamente. Espolvoree el cebollín y el eneldo. Sirva con pan árabe y muchos vegetales crudos. Rinde un poco más de una taza.

Análisis de nutrición por porción ($^1/_4$ de *dip*)

Calorías 32, grasa total 0 gramos

Grasa saturada 0 gramos, fibra 0 gramos

Proteínas 3 gramos, sodio 270 mg, colesterol 0 mg

*De la cocina de Meredith Gunsberg

Lo mínimo que necesita saber

➤ *Los vegetarianos ortodoxos* son los más estrictos y evitan todas las carnes, lácteos y huevos. *Los lacto-vegetarianos* ingieren lácteos, pero evitan la carne y los huevos. *Los ovolacto-vegetarianos* comen lácteos y huevos, pero evitan toda la carne.

➤ Los vegetarianos (especialmente los vegetarianos ortodoxos) necesitan ser mucho más responsables para obtener suficientes proteínas, calcio, vitamina D, vitamina B12, hierro y zinc.

➤ Muchos de los productos que no son de origen animal proporcionan proteínas. Las nueces, las semillas, las legumbres y los productos basados en la soya son todos grandes fuentes de proteínas. Los lactos y los ovolactos, que son vegetarianos menos estrictos, pueden obtener proteínas de los productos lácteos y del huevo. La clave de los vegetarianos es comer suficientes proteínas complementarias para obtener todo lo que requieren.

➤ La proteína de soya puede ayudar a mejorar las proteínas, el calcio y el hierro de casi cualquier comida.

TAL VEZ SEA ALÉRGICO A ALGO...

Capítulo 17

Alergias a los alimentos y otros malestares

En este capítulo

➤ Los secretos confidenciales de las alergias alimentarias

➤ Diagnóstico de una verdadera alergia alimentaria

➤ La diferencia entre las diversas sensibilidades a los alimentos

➤ Vivir con intolerancia a la lactosa

➤ La enfermedad celiaca

¿A usted le brota una urticaria cuando mencionan la palabra cacahuate? ¿Corre usted desesperado al baño después de ingerir cualquier alimento elaborado a base de leche? ¿El simple olor a marisco hace que se le revuelva el estómago?

Para millones de personas, estos síntomas pueden convertir el placentero acto de comer en una situación incómoda y hasta peligrosa. De hecho, se estima que dos de cinco adultos declaran tener *algún* tipo de sensibilidad a los alimentos, que va desde alergias severas hasta intolerancias menos serias (pero igualmente molestas). Este capítulo presenta las diversas hipersensibilidades a los alimentos, y finalmente explica la confusión, las controversias y el escepticismo en cuanto a qué es qué en el mundo de los ofensores alimentarios.

Para reflexionar

La palabra "alergia" viene de las palabras griegas *allos* que significa otro, y *ergon* que significa trabajar. En otras palabras, el sistema inmunológico trabaja de manera diferente a lo esperado normalmente.

Para reflexionar

A algunas personas se les han diagnosticado alergias a los aditivos alimenticios, como sulfitos (conservadores alimenticios), tartracina (colorantes alimenticios) y GMS (intensificadores de sabor), y por lo tanto deben revisar las etiquetas de los ingredientes con extremo cuidado y también hacer muchas preguntas cuando comen fuera de casa.

Entienda las alergias alimentarias

Una verdadera *alergia alimentaria* es una reacción hipersensible que se presenta cuando el sistema inmunológico responde anormalmente a proteínas inofensivas que se encuentran en los alimentos. Esto significa que su cuerpo interpreta, equivocadamente, un componente bueno como un intruso y produce anticuerpos para "detener" la invasión. Algo parecido a *cada* episodio de *Tres son multitud*. ¿Recuerda la ocasión en la que Jack se escabulló por la casa una noche, y Chrissy y Janet pensaron que era un ladrón y lo golpearon en la cabeza? Algo muy parecido pasa con las alergias a los alimentos, solamente que en este caso usted ya no puede reírse y apagar la televisión; usted está realmente experimentando los miserables síntomas de primera mano.

Los culpables alimentarios más comunes, vinculados con las reacciones alérgicas, son el trigo, los mariscos con concha, las nueces, los frijoles de soya, el maíz, las proteínas de leche de vaca y los huevos. Además, los órganos afectados con más frecuencia son la piel (los síntomas incluyen erupción cutánea, urticaria, comezón e hinchazón), el tracto respiratorio (los síntomas incluyen dificultad para respirar y la "fiebre del heno"), y el tracto gastrointestinal (los síntomas incluyen náusea, abotagamiento, diarrea y vómito). Algunas reacciones alérgicas son tan severas que pueden provocar un choque anafiláctico, que es una respuesta de todo el cuerpo a la amenaza de muerte, y requiere de atención médica inmediata.

Definición

La **sensibilidad alimentaria** es un término general usado para describir *cualquier* respuesta anormal a los alimentos o a los aditivos de los alimentos.

La **alergia alimentaria** es una reacción extrema del sistema inmunológico del cuerpo, usualmente activada por alimentos que contienen proteínas (como la leche de vaca, las nueces, los frijoles de soya, los mariscos, los huevos y el trigo).

El **choque anafiláctico** amenaza la vida, es una reacción alérgica de todo el cuerpo hacia una sustancia ofensora. Los síntomas incluyen: hinchazón de boca y garganta, dificultad para respirar, baja de la presión arterial y pérdida de la conciencia. En otras palabras, ¡obtenga ayuda rápidamente!

La **intolerancia alimentaria** es una reacción adversa a los alimentos que generalmente *no* afecta al sistema inmunológico (como la intolerancia a la lactosa).

El **envenenamiento por alimentos** es una reacción adversa, causada por alimentos contaminados (microorganismos, parásitos y otras toxinas).

Los **anticuerpos** son moléculas grandes de proteínas producidas por el sistema inmunológico del cuerpo, en respuesta a sustancias extrañas.

Diagnóstico de una verdadera alergia alimentaria

Muchas personas consideran estos asuntos de la sensibilidad alimentaria como una moda a seguir y charlatanería; y desafortunadamente ¡la gente se ha ganado esta forma de pensar! ¿Sabía usted que de miles de millones de personas que creen tener una alergia alimentaria, menos de 2% de la población adulta estadounidense realmente la tiene? Pero entonces, ¿por qué la idea de las alergias alimentarias se propaga de forma tan equivocada? Una de las razones puede ser que la gente acusa a los alimentos de malestares físicos. Quizá usted ha leído algunos artículos poco serios y piensa, "Sí, así me siento yo, creo que tengo una alergia alimentaria". Otra razón *agravante* para un diagnóstico equivocado son los llamados "charlatanes de alergias" que toman el dinero que usted ha ganado con mucho esfuerzo y le diagnostican "el sabor de la alergia del mes". Y siempre le recetan algún remedio del tipo: mezcle $2/3$ de botella de esencia de limón con $1/3$ de botella de ginseng y ¡tómelo mientras se para de manos sobre una sola mano!

En el mundo actual, una verdadera alergia alimentaria se puede diagnosticar correctamente con métodos de prueba científicamente comprobados. Si usted piensa que padece de alguna respuesta alérgica a ciertas sustancias alimenticias, hágase revisar. El primer paso es encontrar un médico calificado, con buena reputación y certificado. Después programe una cita. Esto es lo que usted puede esperar:

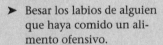

Para reflexionar
Algunas personas tienen alergias alimentarias tan severas que hasta pueden presentar síntomas al:

➤ Besar los labios de alguien que haya comido un alimento ofensivo.

➤ Oler o inhalar el alimento ofensivo mientras se cocina.

➤ Tocar utensilios que hayan estado en contacto con los alimentos ofensivos.

Para reflexionar
Las estadísticas reportan que hasta 7% de todos los infantes y niños pequeños son alérgicos a ciertos alimentos, lo que representa una incidencia superior a la de los adultos estadounidenses (menos de 2%).

➤ **Una historial médico minucioso.** Se le harán preguntas detalladas sobre usted y los antecedentes médicos de su familia. Se dará atención especial al tipo y la frecuencia de sus síntomas, así como al momento en el que éstos se presentaron con relación a la ingestión del alimento.

➤ **Un examen médico completo.** Se le practicará un examen físico, poniendo especial atención en las áreas donde ha experimentado los síntomas de la alergia alimentaria sospechada.

➤ **Dieta de eliminación de alimentos.** Probablemente, el doctor le pedirá que lleve un diario de alimentos al tiempo que usted elimina *todos* los alimentos sospechosos de su dieta. El alergólogo, entonces, le indicará que añada lentamente, *uno por uno*, estos alimentos a su dieta para que se identifique específicamente cuáles son los que pueden causar una reacción adversa.

➤ **Prueba de la piel.** Se colocará el extracto de un alimento en particular en la piel (usualmente en el brazo o la espalda) y después se pinchará o rascará la piel para esperar una reacción de comezón o hinchazón. Esta prueba no es 100% confiable ya que algunas personas, que no son necesariamente alérgicas a los alimentos, pueden desarrollar una erupción cutánea. Por otro lado, algunas otras no muestran reacciones en la piel y sin embargo sí tienen respuestas alérgicas verdaderas cuando ingieren los alimentos.

➤ **Prueba RAST (pruebas radioalergosorbentes).** Esta prueba mezcla pequeñas muestras de su sangre con extractos de alimentos en un tubo de ensayo. Si usted es verdaderamente alérgico a un alimento en particular, su sangre producirá anticuerpos para combatir al extracto de alimento con el que se ha mezclado. Este tipo de prueba tiene la ventaja de ser realizada fuera de su cuerpo y por lo tanto usted no tendrá que sufrir comezones e hinchazones en caso de que se comprobara que es positiva. Nota: Esta prueba sólo indicará una alergia y no el grado de la sensibilidad al alimento dañino para usted.

➤ **Pruebas de desafío doble de alimentos.** Este tipo de prueba debe ser realizado bajo estricta supervisión, preferentemente en el consultorio del alergólogo o en un hospital. Se considera la "norma de oro" en las pruebas de alergia alimentaria. Se preparan dos cápsulas de comida seca, una es la sustancia verdadera y la otra contiene una sustancia no reactiva. Ni el doctor ni el paciente sabe cuál es cuál (es un desafío para ambos). Estos desafíos pueden descartar, o bien detectar, las alergias y las intolerancias a los alimentos y a otras sustancias alimenticias como los aditivos.

Obstáculo en el camino

Cuídese de los amantes de las "pruebas de citotoxicidad". Éstas implican la toma de pequeñas muestras de sangre, que se separan, y después se mezclan los glóbulos blancos con extractos específicos de alimentos para observar los cambios en la forma y tamaño de los glóbulos. Debido a que las pruebas de citotoxicidad no siempre son confiables, no deben usarse para diagnosticar alergias alimentarias ni tampoco son recomendadas por la Academia estadounidense de alergia e inmunología.

Tratamiento para una verdadera alergia alimentaria

Entonces, ¿cuál es el tratamiento una vez que se ha diagnosticado una verdadera alergia alimentaria? ¡Evitar cualquier cosa que contenga el alimento dañino!

Aunque esta lista *no* es un sustituto de la consulta con un dietista registrado, sí puede brindarle una idea clara de cuáles son los ingredientes alimenticios que usted debe evitar después de que se le diagnosticó una de las siguientes alergias alimentarias:

Leche de vaca. Revise las etiquetas muy cuidadosamente y evite todos los alimentos con los siguientes ingredientes: leche, yogur, queso, queso cottage, natillas, caseína, suero de leche, jocoque, sólidos de leche, coágulos, caseinato sódico, lactoglobulina, lactoalbúmina, leche con sabor a chocolate, nata, crema, crema ácida y mantequilla.

Trigo. Evite todos los alimentos con los siguientes ingredientes: trigo, germen de trigo, harina de trigo, galletas saladas, cuscús, bulgur, trigo entero, harina para pasteles, harina de gluten, harina para repostería, harina integral, semolina, salvado, cereal o extracto de malta, almidón modificador de alimento, fécula y granola.

Maíz. Evite todos los alimentos con los siguientes ingredientes: maíz fresco, enlatado o congelado (en sus versiones regulares o en crema), maíz descascarillado, granos de maíz, elote, harina de maíz, azúcar de maíz, polvos de hornear, miel de maíz, fécula de maíz, almidón modificado del alimento, dextrina, maltodextrina, dextrosa, fructosa, ácido láctico, alcohol de maíz, gomas vegetales, sorbitol, vinagre y palomitas.

Soya. Evite todos los alimentos con los siguientes ingredientes: soya, lecitina, tofú, proteína vegetal texturizada (PVT), tempeh, almidón modificado del alimento, miso de soya, salsa de soya, salsa teriyaki y harina de frijoles de soya.

Nueces. Algunas personas alérgicas a los cacahuates y a otros tipos de nueces no sólo necesitan evitar lo obvio y natural, como las nueces y las mantequillas o cremas de nuez, también deben tener cuidado con las nueces "escondidas" mezcladas en los productos horneados, los platillos vegetarianos, los caramelos, los cereales, las ensaladas y las comidas con pollo frito.

Huevos. Evite todos los alimentos que indican la presencia del huevo al listar cualquiera de los siguientes ingredientes: huevo en polvo o seco, clara de huevo, yema de huevo seca, sustituto de huevo, ponche de huevo, albúmina, ovalbúmina, ovomucina, ovomucoide, vitelino, ovovitelino, livetino, globulina y albúmina de huevo ovoglobulina.

Mariscos. Evite el camarón, la langosta, los langostinos, el cangrejo, el cangrejo de río, las almejas, los ostiones, los crustáceos, los caracoles, el pulpo, el calamar y el mejillón.

¿Entonces, cuál es la diferencia entre una alergia alimentaria y una intolerancia alimentaria?

Sencillo, la diferencia recae en la forma en que su cuerpo maneja el alimento dañino. Mientras que una alergia alimentaria afecta al sistema inmunológico del cuerpo, una intolerancia generalmente afecta al metabolismo del cuerpo. En otras palabras, el cuerpo no puede digerir correctamente un alimento o una sustancia alimenticia, causando un "caos intestinal", mejor conocido como gorgoteo.

¿Qué es una intolerancia a la lactosa?

Para reflexionar

No confunda una intolerancia a la lactosa con una alergia a la leche. Mientras que la intolerancia a la lactosa es la dificultad de digerir la lactosa del azúcar de la leche, una alergia es una reacción alérgica de los componentes de la proteína de la leche de vaca. Lo que es más, las personas que padecen alergias a la leche no pueden tolerar siquiera los productos de especialidad, reducidos en lactosa, porque la parte de la leche a la que son alérgicos (o sea, la proteína de la leche) continúa presente.

¡Si usted no tolera la ingestión de la leche y experimenta inflamación, náusea, espasmos, gases excesivos, *o* fuertes diarreas después de comer un alimento lácteo, no está solo! De hecho, se estima que de 30 a 50 millones de estadounidenses padecen algún grado de intolerancia a la lactosa, que es la inhabilidad para digerir la leche y la *lactosa* del azúcar de la leche. Una persona con este padecimiento cuenta que había visitado tantos baños para caballeros cuando viajaba por Europa, que estaba listo para escribir *La guía fácil de los baños europeos*.

¿Por qué algunas personas no pueden tolerar los alimentos lácteos? La gente que sufre de intolerancia a la lactosa no tiene la capacidad de producir suficiente enzima de *lactasa*, que es la responsable de la digestión de la lactosa en los intestinos. Sólo imagínese tratar de destruir un rascacielos sin la ayuda de un tractor; sería imposible. Al igual que el tractor, la lactosa depende de la *lactasa* para dividirse, digerirse y absorberse en el flujo sanguíneo. Además, este tipo de intolerancia afecta a la gente a diferentes niveles: mientras una persona corre en busca de un baño después de un solo sorbo de leche, otras toleran cantidades pequeñas de lácteos sin ningún problema.

¿Generalmente, quiénes tienden a sufrir algún problema en la digestión de leche?

➤ Hasta 70% de la población mundial no produce suficiente enzima de lactasa, y por lo tanto tiene algún grado de intolerancia a la lactosa.

➤ Sólo en los Estados Unidos, los siguientes grupos experimentan algunos o todos los síntomas de intolerancia a la lactosa:

Más de 80% de la población de origen asiáticos

El 79% de los estadounidenses nativos

El 75% de la población de origen africano

El 51% de la población latinoamericana

El 21% de la población de raza caucásica

➤ Existen casos raros de personas que nacieron sin la capacidad de producir la enzima lactasa debido a un defecto congénito.

➤ Después de una cirugía gástrica, la gente que toma antibióticos crónicamente o fármacos antiinflamatorios puede perder la capacidad (tanto a corto como a largo plazo) de digerir la lactosa.

➤ La gente puede desarrollar una intolerancia *temporal* a la lactosa durante un ataque de gripe, un virus estomacal o un caso de intestino irritado (colon espástico). Durante estos horribles casos, es probable que su médico le pida que evite la leche y todos los lácteos, ya que la enzima lactasa se destruye fácilmente con cualquier irritación estomacal. En estos casos, cuando usted se recupere, también lo hará su habilidad para producir lactasa.

Vivir con intolerancia a la lactosa

Los siguientes son algunos consejos útiles para la gente que tiene dificultad para digerir la lactosa. Como ya se mencionó, el grado de intolerancia a la lactosa puede variar de persona a persona, por lo tanto *no* todas pueden apoyarse en todas estas sugerencias. Intente cada una de ellas, pero asegúrese de que se encuentra en un lugar cómodo (como diría Archie Bunker: "tenga un retrete cerca de usted" en caso de desastre). No olvide que los alimentos que contienen lactosa generalmente son su mejor fuente del mineral calcio, así que los niños y las mujeres con requerimientos mayores de calcio deben consultar a un dietista registrado para asegurar una ingestión adecuada *y* la posibilidad de tomar un suplemento de calcio.

➤ Vea cuidadosamente la lista de ingredientes de alimentos y revise la inclusión obvia y *disfrazada* de lactosa, incluyendo, la leche, el queso, la crema, la margarina, la crema ácida, los sólidos de leche, la leche con chocolate, el suero de leche, los coágulos de leche, los batidos de leche, los sólidos de leche descremada. Recuerde que la gente con problemas severos con la lactosa no puede tolerar ni una mínima cantidad de leche añadida a los panqueques, al pan dulce, a las galletas, a los pasteles, al puré de papas instantáneo, a los aderezos para ensaladas, a las salsas, a las carnes, a las sopas, a los sustitutos de crema para el café y a los betunes batidos.

➤ Cuídese de los medicamentos de mostrador a los que se les añade lactosa. Hable con su farmacéutico si no está completamente seguro de su contenido.

➤ Hay muchas personas que no pueden tomar un vaso de leche de un solo trago, pero hay otras que pueden tolerar pequeñas cantidades de lácteos combinadas con otros alimentos. Por ejemplo, sírvase un tazón de cereal con fruta y *leche*, o una rebanada de pizza con muchos vegetales (tenga cuidado con el *queso*), o un emparedado de jamón con una rebanada de *queso*.

➤ Algunas personas con intolerancia a la lactosa (I.L.) pueden tolerar el yogur, porque la bacteria en éste metaboliza la lactosa del azúcar de la leche por usted.

➤ También intente el suero de leche y la leche acidófila dulce. Algunas personas los digieren más fácilmente que la leche.

➤ Cuando el helado verdadero es un veneno letal, pruebe el sustituto sin lácteos.

➤ Apéguese a los productos especiales reducidos en lactosa.

➤ Pruebe las tabletas y las gotas especiales que se pueden añadir a la leche regular; dividirán casi completamente la lactosa después de dejarla reposar alrededor de 24 horas en el refrigerador.

➤ También busque las píldoras especiales de enzima de lactasa en su farmacia, las cuales se ingieren *antes* de comer o beber un producto lácteo. Éstas son muy útiles para la gente en una situación "láctea peligrosa".

➤ En casos severos, aun los productos reducidos en lactosa no se pueden tolerar. Pero no le falle a su cuerpo en cuanto al calcio sólo porque su estómago no puede soportar los lácteos. Compre jugos fortificados con calcio, leche de soya fortificada con calcio y otros productos alimenticios fortificados con calcio, que puedan ayudarle. *P.D.*: Hable con su médico o con un dietista registrado sobre los suplementos de calcio.

Recursos

La conexión cándida

Esta teoría especula sobre algunas personas hipersensibles a un hongo de la levadura denominado *cándida*. La gente que se refiere a esta teoría asegura que la cándida puede multiplicarse, debilitar el sistema inmunológico y causar una variedad de síntomas, desde dolores de cabeza hasta depresiones. El así llamado "tratamiento" incluye una dieta que evita todas las levaduras, los alimentos que contienen moho, las frutas, la leche, los carbohidratos refinados (como los carbohidratos simples de azúcar) y los alimentos procesados.

Pero antes de eliminar cualquiera de sus alimentos favoritos de su dieta, ponga atención a esto: la cándida *normalmente* habita en la boca, la piel y los intestinos de la gente saludable sin causarle ningún daño o incomodidad, por lo tanto este diagnóstico es poco probable. Es cierto que algunas personas desarrollan infecciones reales por hongos en la piel y en las uñas, pero no existe un vínculo científico real que conecte a la cándida con los malestares sugeridos, *o* que al evitar ciertos alimentos se pueda disminuir la formación de levadura en su cuerpo.

La enfermedad celiaca: la vida sin trigo, salvado, cebada y avena

Otro padecimiento relacionado con los alimentos (menos común que la intolerancia a la lactosa) es la enteropatía sensible al gluten, mejor conocida como enfermedad celiaca o intolerancia al gluten. Es un desorden crónico encontrado en personas susceptibles genéticamente, que sufren un desorden intestinal después de comer cualquier alimento elaborado con *gluten*, que es una proteína del trigo, del salvado, de la cebada y de la avena. La gente con este padecimiento debe seguir una dieta de por vida, que evite *todos* los alimentos dañinos, *o* sufrirá de malnutrición por diarrea crónica y una mala absorción de nutrientes.

Como se puede imaginar, la vida con esta dieta no es un día de campo, porque un tazón de pasta, un bollo al natural, los cereales, las galletas saladas o hasta una rebanada de pan pueden dañar a unos intestinos con celiaca. Obviamente, con la gran cantidad de restricciones alimentarias, los miembros del club "sin gluten" deben consultar a un dietista registrado, experto en esta área particular de la nutrición. Y, de preferencia, conviértase en el mejor amigo del encargado de la tienda de alimentos naturistas de su localidad, ya que ellos son amigos de la celiaca y generalmente tienen productos especiales que usted necesita para su dieta diaria.

Síndrome del intestino irritable

Aunque no se ha descifrado del todo, actualmente, el síndrome del intestino irritable (SII) parece ser más común que los estornudos. Con síntomas que van desde gases excesivos, espasmos, abotagamiento y episodios intermitentes de estreñimiento y diarrea, el SII (también llamado colon espástico) usualmente no tiene *ninguna* relación con las alergias o intolerancias alimentarias. Más bien, parece un problema funcional del movimiento muscular de sus intestinos. En efecto, generalmente se diagnostica cuando se han descartado todos los padecimientos intestinales serios. Algunos doctores piensan que ciertos casos del SII se deben a ansiedad o nervios.

Para reflexionar
A pesar de que la noción ampliamente difundida de que el chocolate, el azúcar, los productos lácteos y otros alimentos con grasas son responsables de la salida de los barros o granos, la mayoría de los dermatólogos en la actualidad *raramente* identifican una relación oculta entre el acné y la dieta.

Para ayudar a aliviar los síntomas existen tratamientos dietéticos como: comer lentamente, incrementar la fibra gradualmente, reducir la grasa total, tomar mucha agua y hacer ejercicio con regularidad. Es posible que usted también quiera llevar un registro de los alimentos que ingiere durante una semana o dos para saber si alguna comida en particular exacerba los síntomas (algunos de los culpables comunes son el alcohol, el tabaco, la cafeína y los alimentos condimentados). También observe si existe alguna correlación entre su programa de trabajo y los días en los que usted se siente mal; algunas personas se percatan de que los síntomas *disminuyen* los fines de semana, cuando se relajan.

205

Lo mínimo que necesita saber

➤ Una alergia alimentaria ocurre cuando el cuerpo interpreta equivocadamente un alimento, que no es dañino, como un intruso y produce anticuerpos para combatir la sustancia externa.

➤ Si piensa que es alérgico a un alimento, haga que un médico certificado lo revise legítimamente.

➤ Una alergia alimentaria afecta el sistema inmunológico, mientras que una intolerancia alimentaria generalmente sólo afecta al sistema digestivo.

➤ La intolerancia a la lactosa es la incapacidad para producir la cantidad suficiente de enzima *lactasa*, la cual es responsable de digerir la lactosa del azúcar de la leche. Los síntomas son: abotagamiento, espasmos, gases, diarrea y náusea.

➤ La enfermedad celiaca es un padecimiento que provoca una mala absorción severa, después de ingerir el gluten de la proteína, el cual se encuentra en el trigo, el salvado, la avena y la cebada.

➤ El síndrome de intestino irritable es un problema funcional del movimiento muscular de los intestinos, que da como resultado periodos intermitentes de estreñimiento, diarrea, abotagamiento y gases.

Parte 5
Embarazo: nutrición y buena forma para dos

¡Que empiecen los antojos! Estar embarazada es excitante y a la vez abrumador, y se ha recalcado una y otra vez la importancia de una buena nutrición para las futuras madres. Además, actualmente la mayoría de los expertos de la salud han sugerido el ejercicio, el cual puede ayudar a las futuras mamás a sentirse con mejor condición física y mayor movilidad durante sus nueve meses de creciente gordura. Siga leyendo, en esta sección encontrará mucha información esencial que le ayudará a manejar su salud y la de su bebé.

Capítulo 18

Alimentación para usted y para su bebé en crecimiento

En este capítulo

➤ Comer para un embarazo saludable

➤ ¿Cuánto peso debe subir?

➤ Estimular la ingestión de proteínas, lácteos, hierro y fluidos

➤ Estrategias para reducir el estreñimiento, las náuseas, la acidez y la retención de agua

¡Yupi! Usted está embarazada. ¡Felicidades por tan buenas noticias! Este capítulo le ofrecerá toda la información que usted necesita para alimentarse correctamente *y* alimentar a su bebé en crecimiento. Muy bien, ¡qué empiece la diversión!

¿Realmente come para dos? Sí o no

¿Ha oído a alguien decir: "No hay problema, puede comer mucho porque es para dos personas"? Bueno, eso es cierto y falso. *Cierto* porque sus selecciones de comida la afectarán directamente a usted y a su bebé en crecimiento. En otras palabras, coma bastantes alimentos de calidad, cargados de nutrientes, y usted bañara a ese bebé en crecimiento con todos los ingredientes correctos (*o* ¡si usted come chatarra, su bebé recibirá chatarra!). Por otro lado, esta declaración también es *falsa* porque está claro que usted *no* come para dos adultos. De hecho, su bebé en crecimiento sólo es una fracción de su tamaño, así que tome con calma esas segundas ayudaditas.

Incremento de calorías y proteínas

Es verdad que usted necesita más calorías. De hecho, durante el transcurso de su embarazo, usted necesitará consumir alrededor de *80,000 calorías* adicionales. Eso representa alrededor de 360 envases adicionales de yogur, *o* 1 800 tazas de moras, *o* para todas las rebeldes, *2,000* "centros" de donas (¡ni lo piense siquiera!). Pero obviamente este incremento calórico se divide en un periodo de nueve meses y sólo se resume en aproximadamente 150 calorías adicionales por día durante el primer trimestre (los primeros tres meses) y alrededor de 350 calorías adicionales cada día durante el segundo y tercer trimestres (durante los últimos seis meses).

También necesita ingerir proteínas adicionales *como parte* de esas calorías adicionales porque su precioso feto en desarrollo necesita grandes cantidades de las mismas. Obtener este incremento en el requerimiento de proteínas normalmente *no* es un problema. La mayoría de las mujeres sobrepasa sus necesidades antes del embarazo, y al consumir cantidades extra de lácteos y grandes porciones de carne magra, pescado, aves, huevos y legumbres, se asegurará de obtener suficientes proteínas. Para una descripción detallada de cuántas proteínas necesitará, consulte la sección sobre el ajuste de su plan alimentario, más adelante en este capítulo.

Un asunto de peso: ¿cuántas libras debo subir?

La primera cosa que todo el mundo pregunta cuando una mujer embarazada regresa del consultorio del doctor *no* es: "¿Cómo se oían los latidos del corazón del bebé?", o "¿dijo el

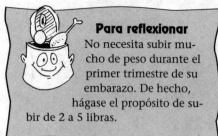

Para reflexionar

No necesita subir mucho de peso durante el primer trimestre de su embarazo. De hecho, hágase el propósito de subir de 2 a 5 libras.

doctor algo acerca de la posición o del tamaño del bebé?" No, la pregunta que se hace más comúnmente es: "¿Cuánto subiste de peso?" ¡Qué molesto! Es suficientemente obvio que su pancita está creciendo y que está subiendo visiblemente de peso, pero en cuanto al número, realmente a nadie le importa más que a usted y a su doctor, ¡y por supuesto a su madre! Así que ¿cuántas libras debe subir? A continuación se presenta lo más recomendable para la mayoría de las mujeres sanas:

Peso antes del embarazo	Aumento de peso sugerido	Aumento de peso semanal durante el 2do y 3er trimestre
Baja de peso < 90% peso deseable	de 28 a 40 libras	> 1 libra
Peso normal (ver rango en el cuadro del capítulo 22)	de 25 a 35 libras	de 0.8 a 1 libra
Moderadamente pasada > 120-135% del peso deseado	de 15 a 25 libras	0.7 libras
Muy sobrepasada > 135% del peso deseado	de 15 a 20 libras	0.5 libras

Tenga en mente que los pesos "deseados" caen dentro de un rango. Usted puede ver qué lugar ocupa "antes del embarazo" al comparar su peso en libras con el cuadro que se encuentra en el capítulo 22. También debe entender que existen algunas circunstancias especiales en las que algunas mujeres *necesitan* subir más de peso y otras menos. Por ejemplo, las mujeres que van a tener gemelos necesitan subir entre 35 y 45 libras, y aunque las mujeres que tienen trillizos casi *nunca* completan los nueve meses de embarazo (generalmente dan a luz alrededor de las 33 semanas), si llegaran, necesitarían subir entre 50 y 70 libras (y además tendrían que contratar a tres nanas de tiempo completo y a un terapeuta de masaje). Corra con su doctor o doctora y escuche su consejo sobre el asunto del peso.

Ajuste su plan alimentario

Lo importante ahora es asegurarse de que suba de peso con los alimentos correctos. ¿Recuerda los 5 amistosos grupos alimentarios que la han perseguido desde la página 1? Bueno, pues ¡*yaaa regresaaaron*! Aunque los requerimientos individuales pueden variar de acuerdo con las necesidades de calorías, el siguiente cuadro le brinda una guía para determinar lo básico en su dieta.

Para reflexionar

Trate de no angustiarse demasiado sobre el aumento de peso; éste es un suceso normal de un embarazo saludable. ¡Recuerde que mientras coma inteligentemente, usted volverá a recuperar su figura anterior rápidamente!

P y R

¿A dónde va el peso adicional?

Al bebé: de 7 a 8 libras

A la placenta: de 1 a 2 libras

Al líquido amniótico: de $1^1/_2$ a 2 libras

Al tejido uterino: 2 libras

Al tejido del pecho: de 1 a 2 libras

Incremento de sangre y otros volúmenes de fluidos: de 6 a 10 libras

Grasa: más de 6 libras

Total = de 25 a 35 libras

Grupo de alimentos	Porciones diarias	Muestra de porciones
Pan/granos	6+	1 rebanada de pan, o $^1/_2$ bollo pequeño, o 1 porción de cereal, o $^1/_2$ taza de arroz o pasta cocida
Frutas	3+	1 fruta mediana, o 1 taza de moras o melón, o $^1/_2$ taza de jugo de fruta
Vegetales	3+	1 taza de vegetales de hojas crudos, o $^1/_2$ taza de vegetales cocidos
Leche/yogur/queso	4+	1 taza de leche, o 1 taza de yogur, o $^3/_4$ de taza de queso cottage, o 1 $^1/_2$ onzas de queso duro

continúa

continuación

Grupo de alimentos	Porciones diarias	Muestra de porciones
Carne/aves/ pescado/frijol/huevos/ nueces	2-3	2 a 3 gramos de carne magra, o 2 huevos (máximo 2 × semana), o $^2/_3$ taza de tofú 2 a 3 onzas de pescado o aves
Líquidos	8+	8 onzas de agua, agua mineral y otras bebidas
Grasas/dulces	moderadas	Sólo trate de mantener estos alimentos al mínimo.

Menú preparado

Para comer con un "bollo en el horno"

Menú 1
<u>Desayuno</u>
cereal con pasas
1 taza de leche baja en grasas
jugo de toronja

<u>Comida</u>
$^1/_2$ emparedado de pavo (2 oz.) y queso (1 $^1/_2$ oz.)
sopa de verduras (1 taza)
agua mineral

<u>Tentempié</u>
8 onzas de yogur y un plátano

<u>Cena</u>
Ensalada mixta con aderezo ligero
pechuga de pollo (5 oz.)
arroz integral (1 $^1/_2$ tazas)
agua

<u>Tentempié</u>
1 taza de leche baja en grasas
galletas integrales

Menú 2
<u>Desayuno</u>
wafles con fruta fresca
1 taza de yogur
1 vaso de leche o jugo

<u>Comida</u>
ensalada de pollo asado (3 oz.)
pan tostado o pan pita estilo melba
fresas frescas
agua

<u>Tentempié</u>
pretzels, un durazno
1 taza de leche

<u>Cena</u>
pescado a la parrilla (4 a 5 oz.)
pasta con vegetales, salsa marinara y 1 taza de brócoli
queso parmesano
jugo de moras

<u>Tentempié</u>
helado de yogur con granola baja en grasas

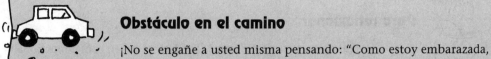

Obstáculo en el camino

¡No se engañe a usted misma pensando: "Como estoy embarazada, puedo comer *lo que quiera* y *cuando quiera!*" Sí, es cierto que con el embarazo se requieren incrementos calóricos y de nutrientes, pero hay formas de cubrir estas necesidades ¡y también hay formas de cubrirlas añadiendo unas 20 libras de gordura! Esto no significa que deba privarse de los antojos y urgencias, porque esa es una de las cosas más divertidas del embarazo. Sólo que no se llene de grasas y dulces desde el momento de conocer su embarazo hasta el momento de dar a luz (*oye, estoy embarazada, por favor pásame los caramelos*). Tenga en mente que ese peso adicional *no* es todo para el bebé. ¿Ha oído hablar de algún bebé recién nacido que pese entre 30 y 40 libras? El resumen es: mucho peso durante el embarazo, mucho peso adicional *después* de nacido el bebé.

¿Por qué tanto alboroto por el calcio?

Aunque este mineral sea necesario a lo largo del ciclo de la vida, es particularmente importante durante el embarazo. (Por fin, usted sabrá la razón por la cual todo el mundo le insiste en que tome leche). De hecho, sus requerimientos diarios suben de 800 miligramos a 1 200 miligramos cuando está embarazada (algunos expertos recomiendan 1 500 miligramos); eso representa aproximadamente 4 porciones de lácteos (por ejemplo: 1 taza de leche + 1 taza de budín, + 1 taza de yogur con fruta + 1 ½ onzas de queso duro). Tal como lo aprendió en el capítulo 8, el calcio es el responsable de huesos y dientes fuertes, del buen funcionamiento de los vasos sanguíneos, de los nervios, de los músculos, así como de mantener saludable el tejido de los ligamentos. Durante el embarazo, el calcio es especialmente importante porque ahora usted debe preocuparse por sus huesos *y* por los huesos, tejidos y dientes del bebé en crecimiento. De hecho, su bebé depende de *su* calcio para tener un desarrollo normal, por lo tanto cuando escatima en alimentos ricos en calcio (y no toma suplementos), el calcio almacenado en sus huesos será suministrado al feto en crecimiento para cubrir el aumento de las demandas. En otras palabras, *hola osteoporosis*. Consulte el capítulo 8 para ver el contenido de calcio de diversos alimentos, tanto lácteos como no lácteos.

P y R

¿Las vitaminas prenatales cubren todo el calcio que mi bebé necesita?

¡Definitivamente no! Los suplementos prenatales suministran alrededor de 200 a 250 miligramos por píldora, eso ni siquiera llega a ser una porción del grupo de los lácteos.

Para reflexionar

Las mujeres embarazadas con intolerancia a la lactosa deben comer muchos alimentos fortificados con calcio que *no sean lácteos*, junto con los productos especiales reducidos en lactosa. También, platique con su médico sobre los suplementos de calcio. (Para mayor información sobre la intolerancia a la lactosa consulte el capítulo 17.)

Aumento de hierro

¿Alguna vez se ha preguntado por qué las vitaminas prenatales están cargadas de hierro? Es porque durante el embarazo su cuerpo requiere el doble de la cantidad usual de este mineral. De hecho, usted pasa de necesitar normalmente 15 miligramos (¿recuerda las tolerancias diarias requeridas [TDR]?) a requerir una dosis diaria de 30 miligramos cuando está embarazada. Así que, *¿por qué* exactamente las mujeres embarazadas requieren más hierro? Recuerde que el hierro se encuentra en la sangre y es responsable de llevar y entregar oxígeno a cada una de las células de su cuerpo. Debido a que las mujeres embarazadas tienen un *aumento* en el volumen de la sangre, es lógico que al tener más sangre se requiera más hierro. También piense que tiene que abastecer de oxígeno tanto a sus células *como* a las células de su bebé en crecimiento. Nuevamente, esta mayor demanda de oxígeno requiere mayores cantidades del "muchacho de entregas O", o sea el hierro.

Para reflexionar

Debido a que *también* se requiere de un aumento en calorías, proteínas, calcio y una variedad adicional de nutrientes para alimentar al bebé, las mujeres en el periodo de lactancia también se verán beneficiadas al seguir pautas generales de alimentación que se presentan en este capítulo. Note como las demandas de calorías, proteínas, calcio, ácido fólico y hierro aumentan durante el embarazo y la lactancia.

	Antes del embarazo	Embarazo	Lactancia/amamantando
Calorías		+300	+500
Proteínas (gr)	44-50	60	59-65 (primeros seis meses) 56-62 (segundos seis meses)
Calcio (mg)	800	1 200-1 500	1 200
Ácido fólico (mg)	200	400	300
Hierro (mg)	15	30	15

Y no crea que puede olvidarse del departamento de los alimentos sólo porque las vitaminas prenatales están saturadas de todas estas cosas. Entienda que sus suplementos prenatales (le brindan alrededor de 30 a 60 miligramos) son un apoyo "sólo por si acaso" (usted deberá preocuparse realmente por comer muchos alimentos ricos en hierro). ¿Se dio cuenta en el plan alimentario que usted requiere de 2 a 3 porciones de alimentos con proteínas al día? Esto le ayudará a satisfacer su demanda extra *tanto* de proteínas como del mineral hierro porque el hierro que se absorbe mejor se encuentra en los alimentos de este grupo. Para obtener más consejos sobre cómo aumentar su hierro, regrese al capítulo 8.

* Las mejores fuentes de hierro hemático:

alimentos de origen animal, como res, puerco, cordero, ternera, pollo, pavo, pescado, mariscos y huevos.

* Las mejores fuentes de hierro no hemático:

alimentos que no son de origen animal, como panes y cereales enriquecidos, frijoles, frutas secas, semillas, nueces, brócoli, espinacas, col verde y melaza oscura.

Para reflexionar
Algunas veces el aumento de hierro puede provocarle estreñimiento, diarrea e incomodidad abdominal, y defecar color oscuro. No se alarme, es parte de la rutina. ¡Asegúrese de aumentar la fibra y los líquidos y camine tanto como sea posible!

Para reflexionar
Las mujeres embarazadas necesitan más calorías, proteínas, calcio, hierro, ácido fólico, zinc, vitamina C y diversas vitaminas B, incluyendo la B1, B2, B3, B6 y B12.

¡Siga bebiendo, sorbiendo, tragando y engullendo!

La hidratación correcta es otro componente vital de un embarazo saludable. ¿Sabía usted que una mujer promedio es de 55 a 65% agua, y que un recién nacido promedio es alrededor de 85% agua? Durante este periodo de 9 meses de cambios, giros y crecimiento corporal (y de verdad son cambios, giros y crecimiento), sus demandas de líquidos se elevan como un cohete debido a las siguientes razones:

➤ Necesita conservar en ascenso su suministro de sangre y el volumen de fluidos. Verá, a través de la sangre y del sistema linfático, el agua ayuda a llevar oxígeno y otros nutrientes a todo su cuerpo.

➤ Como siempre, los líquidos son necesarios para ayudar a desechar sus alimentos y ayudar a la absorción de nutrientes.

➤ Los fluidos adicionales, junto con la fibra, pueden ayudar a aliviar algunos problemas molestos de plomería, o sea "madre mía, estoy estreñida".

¡Bien hecho!
Los "líquidos favorables" que usted debe tomar todo el tiempo son: agua natural, agua mineral, agua embotellada, jugo de vegetales, jugo de fruta y leche baja en grasas.

Los líquidos que usted no debe tomar son: alcohol, café, té, bebidas gaseosas, cola de dieta (y otras bebidas endulzadas artificialmente) y tés de hierbas.

¡Bien hecho!
Si se obtiene una cantidad suficiente de vitamina de ácido fólico se puede reducir *drásticamente* el riesgo de que los bebés nazcan con defectos en el tubo embrionario, como la espina bífida. Así que llénese de vegetales de hojas verdes y apóyese (con precaución) en las vitaminas prenatales que suministran ácido

➤ Los líquidos proveen un colchón para el desarrollo del feto y también ayudan a lubricar sus articulaciones.

➤ Finalmente, el fluido es necesario para el funcionamiento normal de *cada* célula de su cuerpo.

¿Ya está convencida? Bueno, también debe darse cuenta de que en algunos momentos del embarazo, usted puede necesitar aumentar aún *más* la cantidad de líquidos; por ejemplo, si está sudando en clima caliente, *o* cuando está haciendo ejercicio, *o* cuando tiene algún tipo de fiebre, vómito, o diarrea (obviamente en este último caso consulte a su médico inmediatamente).

¡Alimentos que debe olvidar!

La siguiente es una lista de alimentos que se sugiere que *evite* hasta después de que nazca el bebé.

Alimentos crudos: pueden incrementar el riesgo de una infección bacterial. Evite cualquier alimento crudo, incluyendo el sushi y otros mariscos, carne tártara, aves mal cocidas, leche en bruto o sin pasteurizar, huevos tibios o tiernos, huevos crudos como los que se encuentran en el ponche de leche y huevo, masa para galletas, ensalada César y batidos de leche.

Nitratos, nitritos y nitrosaminas: son químicos que posiblemente provoquen cáncer; se encuentran en las salchichas, el tocino, la mortadela y otras carnes frías procesadas.

Alcohol: puede causar daños en el desarrollo del feto (síndrome fetal del alcohol). Evite cervezas, vinos y licores.

Cafeína: a pesar de que no existe una evidencia comprobada para concluir que la cafeína afecta adversamente la reproducción en los humanos, ésta sí pasa a través de la placenta y llega al cuerpo del bebé. Por lo tanto es preferible evitar el café, el té y otras bebidas altamente cafeinadas.

Tés de hierbas: algunos de ellos pueden tener propiedades medicinales. Revise con su nutriólogo o médico cualquier duda que tenga, antes de asumir que puede beberlo.

GMS (significa glutamato monosódico): puede causar efectos secundarios incómodos a la madre embarazada, como dolores de cabeza, mareos y náuseas.

Endulzantes artificiales: ¡cuidado con ellos! Aunque algunos profesionales de la salud declaran que los endulzantes artificiales son perfectamente seguros durante el embarazo, otros dicen que se debe evitar su consumo por completo. ¿Para qué jugar con la salud del bebé?, mejor aléjese de ellos por un breve periodo de nueve meses.

P y R

¿Qué es la diabetes gestacional?

La diabetes gestacional es un ataque de elevación de azúcar en la sangre (o intolerancia a los carbohidratos) que generalmente se detecta alrededor de la semana 28 de embarazo. Debido a que este padecimiento es provocado por la placenta, la cual libera grandes dosis de hormonas anti insulina, tan pronto como la pierda la madre (durante el nacimiento del bebé), este padecimiento desaparece en la mayoría de los casos. La gente con diabetes gestacional tiene restricciones dietéticas específicas y debe trabajar con un nutriólogo calificado (dietista registrado) en la planeación de sus comidas.

¡Bien hecho!

¡Cubra y llene a su bebé de vitaminas!

Frutas ricas en vitamina C:

naranja, toronja, mango, fresas, papaya, frambuesas, tangerina, kiwi, melón, guayaba, limón, jugo de naranja, jugo de toronja, y otros jugos fortificados con vitamina C.

Vegetales ricos en vitamina C:

brócoli, tomate, camote, pimienta, col rizada, col, coles de Bruselas, colinabo, coliflor y espinacas.

Frutas ricas en vitamina A:

chabacanos, melón, papaya, mango, ciruelas pasa, durazno, nectarina, tangerina, sandía y guayaba.

Vegetales ricos en vitamina A

brócoli, coles de Bruselas, zanahorias, col verde, lechuga escarola, lechuga verde oscura, espinacas, camote, col rizada, calabaza, achicoria, pimiento rojo, y jugo de tomate.

Las pruebas y tribulaciones de tener un bebé

Cuando se encuentran en los inicios de la bendición maternal, algunas mujeres brillan y otras, hay que decirlo, se ponen verdes (aunque algunos esposos lo describen como una interesante sombra azul grisácea). Aunque agonizantes e incómodos (*por decirlo de una manera dulce*), los efectos secundarios espantosos, como el estreñimiento, las náuseas, la retención de agua, las agruras, son meros padecimientos normales del "embarazo" y por supuesto que valen la pena ante el hermoso producto final.

El sentimiento de "oh-oh, mejor consigo Drano"

La mayoría de las mujeres embarazadas experimentan la tristeza del estreñimiento en un momento u otro, por la carga que lleva durante nueve meses. Entonces, ¿por qué la comida tiende a detenerse en seco en una de las pistas antes de llegar a su destino final? Desafortunadamente, existen muchas explicaciones.

➤ Cambios hormonales

➤ Aumento en la presión de su tracto intestinal al tiempo que su bebé aumenta de tamaño

➤ Todo el hierro adicional en los suplementos prenatales

➤ Insuficiente fibra en su dieta

➤ No bebe suficientes líquidos

➤ La antigua y simple falta de ejercicio

Sí, es cierto que las primeras tres circunstancias son completamente incontrolables, pero ahora se hablará de las últimas tres: fibra, líquidos y ejercicio, las cuales son bastante controlables y ¡pueden disminuir *drásticamente* sus problemas de plomería!

Primero, aumente la fibra dietaria comiendo más frutas frescas, vegetales, alimentos con grano entero. Mejor aún, regrese al capítulo de la fibra (capítulo 6) y lea los consejos para aumentar su consumo diario de fibra. Después beba toneladas de líquidos. Y finalmente, siga en la frecuencia y lea el capítulo 19, el cual explica la forma de "moverse y divertirse con un bollo en el horno". Esto significa incorporar un plan de ejercicio seguro y efectivo (con la autorización del doctor, por supuesto) en su programa de embarazo.

¡UF! Las asquerosas náuseas

Comúnmente conocidas como la "enfermedad matutina", la terrible náusea y el vómito pueden presentarse *en cualquier* momento del día, así que no se deje engañar. Pero lea estas noticias tranquilizadoras: aunque horribles y desagradables, son *normales* y se cree que son un efecto secundario de los cambios hormonales que ocurren durante el embarazo. Lo que es más, en caso de que usted se vuelva la mejor amiga de su baño (o de todos y cada uno de los baños que se encuentren cerca), permanezca cerca (*literalmente*), ya que las náuseas desaparecen hasta la semana 14.

He aquí algunos consejos que pueden ayudar a reducir la náusea:

➤ Coma alimentos ricos en carbohidratos a lo largo del día. Son fáciles de digerir y le proporcionarán a su cuerpo un poco de energía (calorías). Por ejemplo: bollos, *pretzels*, galletas saladas, cereal y pasteles de arroz; todas estos son tentempiés de primera.

➤ Si usted tiene náuseas temprano en la mañana, conserve algunos de los carbohidratos anteriores cerca de su cama. Cómase algo *antes* de levantarse; esto hará que empiece el proceso digestivo y la liberará del excesivo ácido en su estómago.

➤ Para la mayoría de las mujeres es más fácil tolerar las comidas frías que las calientes; sin embargo, cada persona es diferente. Lo que provoca que una mujer se sienta mal, puede ser el alivio de otras. En otras palabras, escuche a su cuerpo y siga adelante con lo que le funcione mejor.

➤ Evite los olores fuertes al cocinar, y abra las ventanas para que entre un poco de aire fresco.

➤ Cuando *no* retenga los alimentos sólidos, tome una paleta helada, barras de fruta heladas o un trago de limonada o jugo de fruta.

➤ Evite los alimentos altos en grasas ya que permanecen más tiempo en su estómago y pueden exacerbar la náusea.

➤ Algunas veces, los suplementos pueden intensificar la náusea. Si usted toma píldoras con hierro, intente tomarlas con un tentempié o dos horas después de alguna de las comidas, con un poco de ginger-ale. Si la náusea persiste, es probable que desee hablar con su médico sobre la posibilidad de eliminar el hierro hasta que se sienta mejor.

➤ *No* tome vitaminas prenatales con el estómago vacío, tómelas con un alimento o un tentempié.

Llame inmediatamente a su médico si tiene vómito persistente, o si está perdiendo peso, o si tiene demasiada náusea como para tomar líquidos.

Las molestias de la hinchazón

El edema es una hinchazón incómoda, o retención de agua que se presenta principalmente en sus pies, sus tobillos y sus manos durante el embarazo. Mientras no aumente su presión arterial o la proteína en la orina, el edema es normal y desafortunadamente tiende a empeorar durante el último trimestre (sus últimos 3 meses de embarazo). Sin embargo, no hay de que preocuparse; la mayor parte de este molesto fluido se perderá durante y poco después de dar a luz a su bebé.

Trate de ponerse más cómoda ante los efectos del edema:

➤ Acuéstese con los pies elevados sobre una almohada.

➤ Quítese todos sus anillos apretados.

➤ Utilice zapatos flojos y cómodos.

➤ Evite los alimentos salados como la col ácida, los pepinillos, la salsa de soya, los *pretzels* salados y las frituras.

➤ *Nunca* restrinja su ingestión de líquidos; siempre continúe bebiendo muchos líquidos.

¡Ay!, mi corazón adolorido

Las *agruras* son en realidad una sensación de quemadura en su esófago inferior, que se acompañan usualmente de un sabor ácido. Aunque este sentimiento *adorable* puede presentarse en cualquier momento durante el embarazo, es más común que ocurra los últimos meses, cuando su bebé está creciendo rápidamente y ejerciendo presión en su estómago y su útero. Aún más, durante el embarazo, la válvula que se encuentra entre su estómago y su esófago puede relajarse haciendo que la comida, ocasionalmente, revierta su dirección.

Algunos remedios simples para aliviar un poco las agruras.

➤ Relájese y coma lentamente su comida.

➤ En lugar de comer mucho en una sentada, haga varias comidas más pequeñas a lo largo del día.

➤ Limite sus líquidos *con* los alimentos, pero aumente los líquidos *entre* comidas.

➤ Mastique chicle o chupe caramelos (sin que se entere su dentista), esto puede ayudarle a neutralizar el ácido.

➤ Nunca se acueste totalmente horizontal después de comer. Mantenga la cabeza elevada cuando duerma, poniéndose almohadas adicionales y colocando un par de libros debajo del colchón para ayudar a que se incline ligeramente hacia arriba.

➤ Evite usar ropa ajustada. Use ropa floja y cómoda.

➤ Levántese y camine. Esto puede ayudar a estimular a que el flujo de sus jugos gástricos vaya en la dirección correcta.

➤ Lleve un registro y dé seguimiento a algunos de los alimentos que pueden disparar sus agruras. Algunos de los culpables comunes son: el café, las colas, las comidas condimentadas, las comidas fritas grasosas, el chocolate, las frutas y los jugos cítricos, y los productos con base de tomate.

Lo mínimo que necesita saber

➤ ¡Usted necesita alrededor de 80,000 calorías adicionales por la carga que lleva durante 9 meses! Eso representa alrededor de 150 calorías extra por día durante el primer trimestre y alrededor de 350 calorías extra por día durante el segundo y tercer trimestres.

➤ Se requieren proteínas, calcio, hierro y una variedad de los demás nutrientes adicionales durante todo el embarazo para cubrir el aumento de las demandas del feto en crecimiento.

➤ Las mujeres normales, saludables, deben hacerse el propósito de subir entre 25 y 35 libras.

➤ Aunque la náusea, el estreñimiento, la retención de agua y las agruras son muy incómodos, se puede asegurar con tranquilidad que son efectos secundarios normales del embarazo.

Capítulo 19

Muévase y diviértase con un bollo en el horno

En este capítulo

➤ Los pros de hacer ejercicio durante el embarazo

➤ Cuánto y con qué frecuencia

➤ Consejos importantes sobre seguridad

➤ Programas correctos de ejercicio

En los tiempos antiguos (usted sabe, cuando nació), el embarazo era un tiempo de descanso y no de ejercicio (por ejemplo: "¿usted está embarazada?, relájese, ponga los pies hacia arriba y coma algunos bombones"). Actualmente se sabe más acerca del ejercicio y el embarazo. De hecho, las investigaciones informan que las mujeres embarazadas que hacen ejercicio regularmente tienden a sufrir menos dolores e incomodidades, mejoran su autoestima, tienen más vigor, fuerza y energía, y *quizá* menos miedo a la sala de partos.

Está bien, el embarazo *no* es el momento de tratar de romper el récord mundial en salto de altura, o de hacer su mejor tiempo en el maratón de la ciudad de Nueva York, pero ciertamente sí puede continuar con una versión modificada de su régimen de ejercicio regular, o, si usted es principiante en el mundo de la condición física, inicie con un programa de ejercicios prenatales. Siga adelante y compare el parto con una competencia olímpica. El proceso de los nueve meses de embarazo es su oportunidad de entrenarse para el gran día. Y oiga, "todas las mamás" constantemente compiten *y* ganan en este intenso evento, y cada una debería obtener una medalla de oro alrededor del cuello en el momento en el que el bebé se asoma al mundo.

La mayoría de los doctores dan luz verde al ejercicio

La mayoría de los obstetras, actualmente, se complacen con la idea de que las mujeres embarazadas hagan ejercicio durante toda la trayectoria hacia la sala de partos, dentro de los límites del sentido común, por supuesto. Sin embargo, debido a que ciertas instancias médicas eliminan el ejercicio, y a que nadie sabe médicamente qué es lo mejor para usted que su propio obstetra, *nunca* empiece a hacer ejercicio sin consultarlo antes con su médico particular.

P y R

¿Se puede iniciar un programa de ejercicios cuando se está embarazada, aunque se encuentre totalmente fuera de forma?

Sí, de hecho, los estudios informan que las principiantes pueden cosechar los beneficios del ejercicio siempre y cuando lo tomen con calma, hagan un calentamiento y un enfriamiento correcto, mantengan sus niveles cardiacos dentro del rango de seguridad y tengan una supervisión apropiada por lo *menos* en las primeras sesiones. Además, las novatas en acondicionamiento físico *siempre* deben obtener la aprobación de sus doctores antes de empezar a brincar.

P y R

¿Las mujeres con una buena condición física tienen partos más fáciles que las mujeres que carecen de ella?

Pues probablemente no. ¡En resumidas cuentas, un parto fácil tiene más que ver con la genética, la posición del bebé y muchísima suerte! Existen mujeres con una "condición física extraordinaria" cuya labor de parto es infernal, y también existen mujeres sedentarias cuyos bebés saltan inmediatamente, tras cuatro pujidos. Sin embargo, una cosa es segura, las mamás *con condición física* pueden superar de mejor manera la labor de parto prolongada y agonizante, *y* se recuperan en un periodo más breve que las mamás que no la tienen.

Qué dicen los expertos?

Éste es un resumen de las pautas y recomendaciones del Colegio americano de obstetras y ginecólogos (ACOG) sobre el ejercicio durante el embarazo y el posparto.

Para las mujeres embarazadas saludables, que *no* tienen factores de riesgo adicionales, la ACOG recomienda lo siguiente:

1. Durante el embarazo, las mujeres pueden continuar haciendo ejercicio y obtener los beneficios de una buena salud aun a partir de rutinas de ejercicio de ligero a moderado. El ejercicio regular, por lo menos tres veces por semana, es preferible a una actividad intermitente.

2. Evite el ejercicio en posición supina (yaciendo sobre su espalda) después del primer trimestre. Esta posición puede disminuir el flujo sanguíneo al útero. También, evite estar parada sin movimiento durante periodos prolongados.

3. Las mujeres embarazadas tienen menos oxígeno disponible para una actividad aeróbica, y por lo tanto *no* deben esperar poder hacer lo que solían hacer antes del embarazo. Ponga mucha atención a las señales que le envía su cuerpo y modifique la intensidad del ejercicio de acuerdo a cómo se sienta. Pare de hacer ejercicio cuando se sienta fatigada y ¡*nunca* fuerce a su cuerpo hasta quedar exhausta!

   Aunque algunas mujeres tienen la capacidad de continuar con sus ejercicios regulares para bajar de peso con la misma intensidad con que los hacían antes de embarazarse, algunos de estos ejercicios, como la natación y la bicicleta estática, son más fáciles de hacer y presentan menor riesgo de sufrir daños.

4. Su cambio de tamaño, forma y peso hacen ciertos ejercicios más difíciles, por lo tanto evite las actividades que la puedan hacer perder el equilibrio y quizá caerse. Además, cualquier tipo de ejercicio que incluya el potencial, aunque sea ligero, de sufrir un trauma abdominal, debe evitarse.

5. El embarazo requiere alrededor de 300 calorías adicionales por día. Por ello, las mujeres que hacen ejercicio durante el embarazo deben tener particular atención en asegurarse una dieta adecuada.

6. Las mujeres embarazadas que hacen ejercicio durante el primer trimestre deben mantenerse frescas bebiendo mucha agua, usando la ropa correcta y evitando ambientes demasiado húmedos o calientes.

7. Después del nacimiento, reanude *gradualmente* las rutinas de ejercicio que solía hacer antes del embarazo. Muchos de los cambios físicos que se llevan a cabo durante el embarazo persisten de cuatro a seis semanas.

NO debe hacer ejercicio durante el embarazo si usted tiene alguno de los siguientes padecimientos:

➤ Hipertensión inducida por el embarazo (presión arterial alta)

➤ Ruptura prematura de membranas

➤ Labor prematura durante el embarazo anterior y/o en el actual

➤ Insuficiencia de cerviz/celaje (un procedimiento quirúrgico para cerrar la cerviz y mantener al feto intacto dentro del útero)

➤ Sangrado persistente durante el segundo o tercer trimestres

➤ Retardo en el crecimiento intrauterino

223

Además, las mujeres con ciertos padecimientos médicos u obstétricos, incluyendo la hipertensión crónica o una tiroides activa, enfermedades cardiacas, vasculares o pulmonares, deben ser evaluadas cuidadosamente con el fin de determinar si un programa de ejercicio es correcto o no.

El calentamiento, el enfriamiento y todo lo que va en medio

Embarazada o no, el ABC del ejercicio sigue siendo el mismo. Asegúrese de iniciar cada sesión con un *calentamiento* correcto, un poco de actividad aeróbica que reavivará su sistema y preparará a su cuerpo para el ejercicio que sigue. Después continúe con un segmento aeróbico de intensidad baja a moderada, trabaje manteniendo un paso cómodo, pare cuando se sienta fatigada y *nunca* se obligue a seguir hasta acabar exhausta. Finalmente, siempre termine su sesión de aeróbicos con el *enfriamiento* correcto, disminuya gradualmente el paso hasta que su corazón llegue a un rango de nivel de descanso. Consulte el capítulo 13 para obtener más detalles sobre los programas de ejercicio.

Estire su cuerpo con cuidado

El estiramiento regular le puede ayudar a mantener su flexibilidad *y* evitar algunas de las tiranteces de los músculos típicas del embarazo que aparecen durante el último trimestre. Como siempre, el estiramiento debe realizase después de algún tipo de actividad de calentamiento para aumentar su circulación y la temperatura interna de su cuerpo. También asegúrese de hacer cada estiramiento con calma y manténgalo de 10 a 30 segundos, ¡*nunca* se balancee! Durante el embarazo, el objetivo es estirarse bien y con facilidad. Nunca lleve su estiramiento hasta pasar el punto en el que no siente dolor.

Revise la intensidad

En 1994, el Colegio Americano de Obstetras y Ginecólogos (ACOG) eliminó la regla que limitaba a las mujeres embarazadas que hacen ejercicio a una frecuencia cardiaca de 140 latidos por minuto, o menos. Actualmente, no hay limitaciones en la frecuencia cardiaca. De hecho, los expertos dicen que usted puede monitorear su propia intensidad, siempre y cuando ejerza el sentido común. Tenga en mente que usted *siempre* debe tener la capacidad de mantener una conversación cómodamente para asegurarse que está trabajando en el rango aeróbico seguro, y *nunca* se presione hasta la fatiga, tener calambres u otras incomodidades. (Repase la sección sobre revisar su frecuencia cardiaca en el capítulo 13).

Entienda que estar embarazada significa dar por hecho que usted se cansará más fácilmente. Por lo tanto, sea cuidadosa en el gimnasio y modifique su rutina de ejercicios que hacía antes de estar embarazada disminuyendo tanto la intensidad de la rutina *como* la extensión de la misma. Tampoco espere estar al parejo de esas atletas que no están embarazadas; ¡siga adelante y encuentre oponentes menos competitivos!

P y R

¿Qué debo esperar durante el primero, segundo y tercer trimestres?

Durante el primer trimestre, aunque el tamaño no es un problema, ¡su rango de hormonas sí lo es! Debido a que algunas mujeres se sienten increíblemente cansadas y mareadas, escuche a su cuerpo y haga cualquier actividad que usted pueda sostener hasta que se sienta mejor.

Durante el segundo trimestre, la mayoría de las mujeres se recuperan y se sienten nuevamente ellas mismas. Si usted entonces se siente bien para hacer ejercicio, es un momento fantástico para incorporar el ejercicio regular a su programa semanal.

Durante el último trimestre, su cintura crece y el peso puede afectar su vigor, su agilidad y su equilibrio, y usted debe pensar en realizar actividades más suaves, que no pongan presión en sus articulaciones y su cuerpo (por ejemplo nadar y caminar).

¡"Llénese de energía" sin tantos golpes y brincos!

Cuando se trata de seleccionar el *tipo* de ejercicio, todas las mujeres son diferentes. Una mujer se puede sentir perfectamente con sólo modificar su deporte habitual (por ejemplo, una corredora puede seguir corriendo a un paso más lento), pero otra mujer podría no sentirse cómoda con todas las sacudidas y el impacto del traqueteo en las articulaciones, especialmente durante el último trimestre, cuando su peso empieza a subir. Piense en incorporar actividades más suaves para su sistema; por ejemplo, camine en lugar de correr, nade en lugar de hacer aeróbicos de alto impacto, o empiece a pedalear en una bicicleta estacionaria.

¡Bien hecho!
No espere a tener sed, lleve una botella de agua y beba antes, durante y después de sus ejercicios para asegurar una hidratación adecuada para usted y su bebé.

Dé un paseo con su "bebé"

Una de las ventajas de caminar es el hecho de que no existe ningún impacto de choque, usted selecciona su propio paso y la distancia, le ofrece tiempo precioso para "pensar" (lo cual pronto será un lujo en cuanto llegue el bebé), además de que la caminata se puede hacer en cualquier lugar. Para obtener un poco de aire fresco, dé un paseo alrededor del vecindario o vaya a una carretera. Si usted prefiere hacerlo en interiores, intente la caminadora o dé un paseo en un centro comercial. Cualquier cosa funciona, pero recuerde estos puntos indispensables:

➤ Necesita conservar una posición recta y fuerte; diríjase con el pecho.

➤ Mueva rítmicamente los brazos hacia adelante y hacia atrás desde los hombros. No los columpie más alto que su pecho ni cruce la línea media.

225

Obstáculo en el camino
Reduzca el riesgo de lastimarse evitando las actividades que requieren mucho equilibrio y coordinación porque al tiempo que su cuerpo gira, también lo hace su centro de gravedad debido al crecimiento de su estómago, de su pecho y de su útero.

Aléjese de las actividades que puedan hacerla caer: esquiar, montar a caballo, andar en bicicleta y patinar.

Evite los deportes que involucren movimientos agudos como balancear una raqueta de tenis, el voleibol, el boliche y similares.

Recursos
Intente usar dos sostenes deportivos para tener soporte y comodidad adicional para senos agrandados.

➤ No camine afuera cuando el piso esté congelado. Recuerde que su equilibrio no es tan bueno como solía ser.

➤ No trate de conquistar montañas escarpadas que puedan llevar su frecuencia cardiaca hasta el dolor, ni ponga mucha tensión en su espalda.

➤ No camine en climas vaporosos, calientes o húmedos.

➤ Mantenga su cuerpo y a su bebé hidratados. Beba mucha agua antes, durante y después de su caminata.

➤ Coma un tentempié antes de iniciar su caminata para evitar que baje su nivel de azúcar en la sangre.

➤ Use zapatos cómodos con buen soporte. Los pies de algunas mujeres se hinchan durante el embarazo, así que podría necesitar usar zapatos o tenis por lo menos medio número más grandes.

➤ Use la ropa apropiada dependiendo del clima. En días fríos, use ropa que pueda quitarse y que pueda amarrar alrededor de su cintura cuando empiece a entrar en calor.

Inscríbase en una clase de ejercicios prenatales

Las clases de ejercicios prenatales están diseñadas especialmente para las futuras mamás y ¡toman en consideración el giro del centro de gravedad, la reducción del vigor y el cambio continuo del cuerpo! Generalmente, estas clases especiales se enfocan en el calentamiento, enfriamiento, rutinas aeróbicas y estiramientos a conciencia. En algunos casos, también incluyen el entrenamiento de fuerza y el yoga. Todos los ejercicios están cuidadosamente adaptados y tienen coreografías que la mantienen con energía, pero de manera cómoda y adecuada. Además, no se sentirá observada ya que todo el mundo en la clase está en el mismo barco, con unas cuantas pulgadas de más o de menos (o yardas) alrededor de la cintura. En otras palabras, es poco probable que la mujer que esté parada junto a usted esté usando un leotardo ajustado (*y si lo hace, peor para ella*). También es un bonito lugar para reunirse, intercambiar historias de la guerra del embarazo y conocer a otras mujeres que pronto tendrán hijos de la misma edad que el suyo.

Investigue qué es lo que se encuentra disponible en su área, revisando en los clubes deportivos locales, los hospitales, los centros de natalidad *o* también puede preguntar en el consultorio de su obstetra.

P y R

¿Qué rayos son los "Kegals"?

Son ejercicios para fortalecer los músculos de su pared pélvica (algo profundo entre la vagina y el ombligo). Para investigar dónde están estos músculos, trate de iniciar y detener el flujo de la orina cuando esté en el baño. Una vez que los ha localizado, fortalezca sus músculos pélvicos con ejercicios de apretar y relajar. Jale hacia arriba y hacia adentro cerca de la línea media del cuerpo, mantenga así durante 5-10 segundos y después relaje. Repita esto cuantas veces pueda, y con tanta frecuencia como quiera. Los ejercicios Kegal pueden hacerse sentada, parada o acostada y pueden ayudar drásticamente a incrementar la circulación genital, a fortalecer y mantener los músculos de la pared pélvica y a evitar la incontinencia después del parto.

¡Sí, "las futuras madres" pueden levantar pesas!

Estar embarazada no necesariamente significa ver desde fuera de la sala de pesas. De hecho, si se incorpora un poco de entrenamiento ligero de levantamiento de pesas a su programa de embarazo es posible reducir un poco el dolor de espalda y de hombros, relacionado con el crecimiento de los senos, del útero, y el peso extra. Lo que es más, puede reducir los calambres de las piernas y la tensión en el cuello que algunas mujeres experimentan hacia el último trimestre. El levantamiento de pesas prenatal puede ayudar a preparar a sus músculos para las "secuelas posteriores al bebé". Esto significa que estarán listos para cargar su bolsa de mano, la bolsa de pañales y la carriola en un brazo, y en el otro al bebé.

Si usted tiene experiencia con las pesas, puede seguir adelante y continuar con una versión *modificada* de su rutina regular (ajuste la cantidad de peso y el número de reps que pueda hacer). Sin embargo, si usted es novata con las mancuernas y las máquinas, definitivamente éste *no* es el momento para levantar cualquier cosa sin supervisión. Usted puede pedir a algún entrenador calificado, que tenga experiencia con embarazadas, que le muestre los movimientos.

Definición
Incontinencia:
La incapacidad de controlar sus funciones excretoras.

Para reflexionar
"El poder del yoga"
El misterioso arte del yoga incluye respiraciones, relajación, estiramiento y alerta del cuerpo. Por lo tanto, el yoga puede jugar un papel mágico para hacer que se sienta de maravilla *durante* y *después* de su embarazo.

Algunas de las cosas que debe considerar:

➤ Agrupe sus metas de entrenamiento con pesas. En lugar de enfocarse en rutinas intensas que incrementarán la fuerza y definirán sus músculos, relájese, tómelo con calma y simplemente concéntrese en mantener la fuerza.

➤ Debido a que usted puede perder agilidad y coordinación por el peso extra que está cargando, considere utilizar únicamente las máquinas. Éstas ofrecen mayor soporte y requieren menor equilibrio que las pesas libres.

➤ Tenga cuidado ya que algunas máquinas requieren de posiciones inapropiadas, y como su estómago se expande hacia el frente, usted *literalmente* no cabrá de forma cómoda en algunas de las máquinas (ah, ¿no es divertido el embarazo?). Pero no deje que eso la detenga para continuar con las rutinas, solicite a un entrenador que le enseñe algunos ejercicios sencillos (quizá fuera de la máquina) o simplemente olvide todo acerca de ese ejercicio en particular hasta que regrese nuevamente a su rutina después del parto.

➤ La cantidad de peso que usted debe levantar depende *tanto* de su fuerza antes del embarazo *como* del estado en que se siente *durante* su embarazo. Levante lo que sienta ligeramente desafiante durante las últimas reps pero *no* una cantidad que realmente la lleve hasta su límite.

➤ Ponga mucha atención a su forma y concéntrese en respirar suave y establemente.

➤ No se desaliente si tiene que levantar menos peso al tiempo que avanza el embarazo. De hecho, así debe ser. Recuerde, usted está embarazada, no es la Mujer Maravilla. Normalmente, las mujeres se sienten más cansadas y tienen menos agilidad y equilibrio conforme van acercándose al noveno mes.

➤ Si en algún punto usted siente náuseas, mareos, fatiga en exceso o cualquier otra sensación incómoda (calambres, nudos, hormigueos, etc.), deje de hacer ejercicio INMEDIATAMENTE y hable con su médico antes de continuar.

P y R

¿Puedo recostarme sobre la espalda y hacer abdominales?

Sí, pero sólo durante el primer trimestre. Después del cuarto mes, usted corre el riesgo de picar la vena cava inferior, que es una importante vena larga que lleva sangre al corazón. Durante el embarazo, el peso de su útero en crecimiento puede comprimir esta vena y provocarle un desmayo. En lugar de ejercicios abdominales sobre su espalda, pida a un entrenador que le enseñe cómo trabajar sus abdominales de costado o parada.

Recuperación después de la llegada del bebé

Generalmente, de cinco a seis semanas *después* del parto, usted está llena de felicidad, su doctor le permite regresar a hacer todos los ejercicios. Esto es más fácil decirlo que hacerlo. Entre la falta de sueño y el sentir que su cuerpo ha pasado por una guerra, el sólo programar el tiempo y tratar de motivarse es en sí una proeza. Pero tome un respiro profundo y trate de sacar un poco de energía porque el ejercicio hace maravillas tanto para su mente como para su cuerpo. Sólo empiece lentamente y vaya a su paso, y *gradualmente* regrese a su rutina previa al embarazo.

Lo mínimo que necesita saber

➤ Las mujeres que hacen ejercicio regularmente durante el embarazo tienden a sufrir menos dolores e incomodidades, mejoran su autoestima y tienen más vigor, fortaleza y energía.

➤ Debido a que en algunos casos médicos se descarta el ejercicio, *siempre* obtenga el consentimiento de su médico antes de iniciar un programa de ejercicio.

➤ Ya que el embarazo generalmente reduce su vigor, su velocidad y su agilidad, modifique sus rutinas que hacía antes del embarazo, disminuyendo la *intensidad* y *extensión* de las mismas. También, mantenga siempre su frecuencia cardiaca dentro de un rango de trabajo cómodo y *nunca* fuerce a su cuerpo hasta el límite de dejarla exhausta.

➤ La mayoría de las mujeres embarazadas prefieren hacer actividades más suaves, que no pongan tensión en las articulaciones, como nadar, caminar y hacer bicicleta estacionaria; especialmente durante el último trimestre cuando sus dimensiones crecen y su peso aumenta aún más.

➤ Tome mucha agua antes, durante y después de hacer ejercicio para asegurarse de que usted y su bebé estén bien hidratados.

Parte 6
Niños saludables: desde la cuna hasta la graduación universitaria

Todo el mundo sabe que algunas veces es todo un reto hacer que los hijos coman saludablemente. Si tan sólo se pudieran moldear las zanahorias y los plátanos en formas de barra y meterlos en una envoltura de "Snickers", la vida sería mucho más sencilla. ¡Desafortunadamente para muchos padres, esto es mucho más difícil!

El primer capítulo de esta sección está dedicado a los amigos más jóvenes. Ofrece sugerencias creativas para introducir vegetales en sus alimentos, ideas de tentempiés bajos en grasas para después de la escuela, y consejos para alentar a los niños a tener mayor actividad física. El segundo capítulo está dirigido a las multitudes universitarias y señala las mejores comidas en el comedor del campus, la verdad acerca de las máquinas despachadoras, los antojitos de media noche, el alcohol y las fiestas, y por supuesto, la forma de evitar esas libras notorias en los jovencitos que parecen acercarse sigilosamente a los estudiantes universitarios..

Capítulo 20

Desde los pañales hasta la preparatoria

En este capítulo

➤ Alimentos para el primer año de vida

➤ Pautas de nutrición para los niños en crecimiento

➤ Cómo involucrar a sus hijos en la cocina

➤ Tentempiés saludables para los ataques de hambre

➤ Cómo lograr que su hijo haga ejercicio

Ser un niño en estos días es un trabajo muy demandante. Entre la tarea, las actividades posteriores a la escuela, los equipos deportivos, el ser popular y seguir las tendencias de la última moda, es *especialmente* importante que los jóvenes aprendan a mantener sus cuerpos en buena condición física y saludables para estar mejor equipados para enfrentar al mundo.

Nadie conoce mejor a sus hijos que la madre. Por lo tanto, este capítulo *no* trata de decirle lo que debe y no debe hacer para alimentar a sus hijos, simplemente ofrece sugerencias y guías que le ayudarán en esa tremenda tarea. Lea y aprenda cómo puede impulsar a sus hijos a comer alimentos nutritivos *y* hacer suficientes actividades físicas. Recuerde que los niños saludables serán adultos saludables.

Su primera decisión alimentaria: ¿leche materna o fórmula?

La mayoría de los pediatras y nutriólogos están ampliamente de acuerdo en que la leche materna es el alimento de elección para los bebés en crecimiento, principalmente porque amamantar es una experiencia hermosa de vinculación entre la madre y el bebé *y* es económicamente deliciosa. ¡En otras palabras, es barata, barata, barata! Pero lo más importante es que la leche materna tiene la capacidad de proteger a su bebé de diversas infecciones, ya que se cree que lleva anticuerpos (sustancias protectoras) de la madre al infante. Además, el *calostro*, la sustancia amarillenta anterior a la leche, que se secreta durante los primeros días después del parto, puede llevar aún *más* anticuerpos, además de estar cargado de proteínas y zinc.

Para todas las mujeres que decidieron no dar pecho, o que no pueden amamantar, no pierdan el sueño. Actualmente, las compañías alimentarias fabrican fórmulas muy sofisticadas para los bebés que se parecen mucho a los componentes de la leche humana. Aún más, los bebés que se alimentan con fórmula pueden recibir tanto "tiempo de apapachos" como los bebés que se alimentan con pecho, y por lo tanto también se forman vínculos de cercanía con la mamá. Así que cualquiera de los dos que usted escoja (la botella o el pecho), ¡quédese tranquila ya que *todos* los niños tiene la oportunidad de ir a la Universidad de Harvard, y/o de pertenecer al equipo de futbol olímpico!

> **Para reflexionar**
>
> Haga que su hijo o hija compare su cuerpo con un auto de carreras. Si a un auto se le pone gasolina de alta calidad, correrá muy bien. Si se le pone gasolina diluida en agua, se descompondrá. Su cuerpo trabaja de igual forma: si llena su sistema con elecciones inteligentes de alimentos provenientes de todos los grupos de alimentos de la pirámide alimentaria, se sentirá increíble. Pero por otro lado, si come demasiada comida chatarra, le pasará lo mismo que al auto, se descompondrá.

Cuándo y cómo empezar con los sólidos

Aunque usted haya elegido amamantar durante los primeros seis meses, en este punto su bebé en crecimiento necesita más calorías y hierro de los que pueden suministrar la leche materna o las fórmulas. Generalmente, los pediatras recomiendan iniciar con los alimentos sólidos entre los cuatro y los seis meses. He aquí algunas estrategias para empezar.

➤ Una regla general es la de introducir un sólo alimento nuevo a la vez (durante cuatro a seis días) para descartar las alergias e intolerancias. Si su bebé tolera un alimento y usted no nota ninguna reacción adversa (es decir, erupción en la piel, asma, diarrea, dolores de estómago), puede pasar al siguiente producto alimenticio. Los alimentos altamente alergénicos incluyen el trigo, la clara de huevo y la leche de vaca. Evite dar éstos a su hijo hasta los siete o nueve meses de edad.

➤ El cereal de arroz usualmente se recomienda como el primer alimento a introducir, ya que es el menos alergénico. Siga las instrucciones de la caja del cereal (usualmente se mezclan de 3 a 5 cucharadas soperas de cereal seco con leche materna, fórmula o agua). Aunque a usted le parezca simple, *no* añada nada más; ni azúcar, ni sal, ni miel, etc. Su bebé lo encontrará perfecto, y ésta es realmente la textura a la que usted quiere que él o ella se acostumbre.

➤ Después de que el cereal ha pasado la prueba, déle un poco de yogur natural, puré de frutas y puré de vegetales. Observe cómo su bebé empieza a ser un maestro en el arte de empujar la comida hacia adentro de la boca con la lengua; ¡es un genio! En este momento, también puede dar a su bebé jugo de fruta 100% natural, sin endulzar, pero asegúrese de diluirlo a la mitad con agua.

➤ Entre los seis y los diez meses, el sistema digestivo de su bebé está madurando y es tiempo de introducir todo tipo de mezclas trituradas: carne, pollo, pavo, queso cottage, yemas de huevo (evite las claras ya que tienden a ser altamente alergénicas), lentejas y frijoles.

➤ A los 12 meses, usted puede sustituir la fórmula por leche de vaca, con el consentimiento de su pediatra. Aliente a su bebé a tomar por lo menos tres tazas completas de leche al día, pero no tanta como para que se sienta tan lleno que rechace las comidas sólidas que le suministran las calorías y el hierro que necesita.

➤ Recuerde que debe ir a su propio paso y escuche lo que el pediatra tenga que decir sobre el crecimiento y el desarrollo de su pequeñito: es claramente la mejor indicación del estado nutrimental de su bebé.

Alimentos populares para el primer año

cereales de arroz	cereales de cebada	cereales de avena
calabaza	camote	zanahorias
ejotes	chícharos	aguacate
yogur natural	puré de manzana	plátanos
duraznos	ciruelas pasa	peras
pollo	res	cordero
pavo		

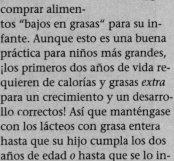

Obstáculo en el camino
No sea demasiado entusiasta en comprar alimentos "bajos en grasas" para su infante. Aunque esto es una buena práctica para niños más grandes, ¡los primeros dos años de vida requieren de calorías y grasas *extra* para un crecimiento y un desarrollo correctos! Así que manténgase con los lácteos con grasa entera hasta que su hijo cumpla los dos años de edad *o* hasta que se lo indique su pediatra.

¡Bien hecho!
Consejos para alimentar a su pequeñito. Haga que la hora de la comida sea relajada y placentera. No trate de apresurar a su bebé con comidas de cinco minutos exactos, *ni* sostenga el teléfono en una mano y la cuchara en la otra. Siga el paso de su bebé, y permítale que toque la comida y que intente llevarla a la boca. Constantemente involúcrese en pláticas, sonrisas y retroalimentación positiva.

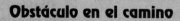

Obstáculo en el camino

Tenga cuidado con ciertos alimentos. Durante el primer año, evite los alimentos que son difíciles de chupar y que puedan causar atragantamiento, como nueces, palomitas, caramelos duros y zanahorias crudas. También evite alimentos que tengan cáscara, como las uvas y las salchichas, y alimentos espesos y pegajosos, como la mantequilla de maní.

La miel de abeja debe evitarse definitivamente en niños de menos de un año de edad, ya que puede provocar botulismo infantil. Algunas veces, la miel de abeja está contaminada con esporas de *clostridium botulinum* que pueden crecer en el intestino de un infante y producir una toxina que provoca que el bebé se enferme; y en casos extremos puede causar la muerte. Los adultos no necesitan preocuparse porque la bacteria "amistosa" presente en sus intestinos evita que estas esporas se desarrollen.

Tenga especial cuidado cuando introduzca alimentos que tiendan a ser altamente alergénicos, como las claras de huevo, el trigo, el maíz, las nueces, los mariscos, las frutas cítricas, el chocolate, la cocoa, los mariscos, el puerco, las moras y los tomates. En algunos casos, su pediatra puede indicarle que espere hasta después del primer año.

Lo correcto para los niños en crecimiento

Éstas son las pautas básicas para los niños de tres años en adelante. Tenga en mente que este cuadro representa los requerimientos *mínimos* (*todos* los niños requieren por lo menos esta cantidad). Obviamente, los niños activos que participan en deportes después de la escuela (o los niños que juegan y corren mucho) necesitarán más comida que el promedio de los que se sientan a ver televisión. También, tenga en cuenta que los tamaños de las porciones pueden variar. Los niños más jóvenes generalmente comen porciones más pequeñas que los niños mayores.

Grupo de alimentos	Porciones mínimas al día	Nutrientes clave
Grupo de panes y granos	6+	Carbohidratos, vitaminas B, hierro
Grupo de vegetales	3+	vitamina C, vitamina A, ácido fólico, magnesio, fibra
Grupo de frutas	2+	vitamina C, vitamina A, potasio, fibra
Grupo de leche, yogur y queso	3+	calcio, riboflavina, proteínas
Grupo de carnes, aves, frijoles secos, huevos y nueces	2	proteínas, vitaminas B, hierro, zinc

P y R

¿Debe preocuparse porque sus hijos no están recibiendo suficiente alimento?

No. Los niños generalmente comen cuando tienen hambre y dejan de comer cuando están llenos. Sin embargo, usted debe poner atención a las elecciones diarias de alimentos de entre los diversos grupos alimentarios. Si ciertos alimentos son invariablemente evitados, trate de encontrar ideas geniales para lograr su aceptación.

Sea un modelo en la vida saludable

¡Lo que ve el mono, es lo que hace! Al tiempo que sus hijos van creciendo, ellos observan y copian todo lo que usted hace, *incluyendo los hábitos alimentarios*. Recuerde que las acciones hablan más fuerte que las palabras, así que empiece a comer frutas y vegetales como si fueran golosinas.

¡Cocine con sus hijos, no para ellos!

¡Introduzca a sus hijos a la comida saludable *y* a la cocina! Los niños están más interesados y *deseosos* de comer alimentos desconocidos cuando han participado en su preparación. Intente algunas de las siguientes sugerencias:

➤ Seleccione algunas noches de cada semana e involucre a sus hijos en la planeación *y* preparación de la cena. Designe diferentes trabajos para cada uno de los niños.

➤ Usted prefiere escoger a un niño a la vez. La noche del martes puede ser la noche en la cual usted y su hijo preparen algo creativo para la cena de toda la familia. El jueves puede ser la noche especial de su hija y de usted para planear esa velada.

➤ ¿Qué le parece un "tema de la noche" completa? Por ejemplo: una noche japonesa. Haga pollo teriyaki sobre arroz; usted puede poner una mesa en el suelo y sentarse sobre cojines y usar palillos chinos en lugar de tenedores. O haga la noche griega, vístanse con togas y sirva ensaladas griegas.

¡Bien hecho!
Haga que la hora de la comida sea divertida para los niños *más jóvenes*, ponga un lugar en la mesa del comedor para una muñeca especial o para un animal de peluche.

Para reflexionar
Hasta los 24 años, los niños construyen los cimientos para una vida con huesos fuertes y saludables, así que asegúrese de que coman y beban muchos lácteos bajos en grasas y jugos fortificados con calcio y otros productos alimenticios que se encuentran actualmente en el mercado. Para mayor información consulte el capítulo 8.

Diversión y recetas fáciles

A continuación se encuentran algunas recetas que ayudarán a que sus hijos disfruten la cocina.

Crepas de moras para el desayuno

Cuatro porciones

Spray de aceite vegetal antiadherente	¹/₂ taza de frambuesas
2 tazas de harina de grano entero	¹/₂ taza de zarzamoras
1 huevo batido	¹/₂ taza de fresas rebanadas
2 ¹/₂ tazas de leche baja en grasas	

Ponga la harina en un tazón y añada el huevo y las 2 tazas de leche (guarde ¹/₂ taza). Bata con un batidor de alambre hasta que desaparezcan todos los grumos y la mezcla esté completamente suave. Gradualmente, añada la ¹/₂ taza de leche restante para hacer una mezcla ligera. Rocíe el spray antiadherente sobre una sartén caliente (a fuego medio) y vacíe suficiente mezcla en la sartén para hacer un gran círculo. Esparza la cantidad deseada de fruta encima y presiónela dentro de la crepa. Cocine por aproximadamente 2 o 3 minutos más y después dé vuelta a la crepa y cocine por el otro lado. Levántela con cuidado, póngala en un plato y enróllela.

*De la cocina de Lisa Alexander y Jesse Bauer

Palomitas llamativas

Haga palomitas en la estufa, rocíeles un poco de aceite antiadherente, después anímelas con uno los siguientes ingredientes:

➤ queso parmesano, o

➤ chile en polvo y ajo, o

➤ canela molida, o

➤ salsa de soya baja en sodio

Conos de ensalada de atún

Cuatro porciones

Abra una lata de atún en agua y quite el líquido. Triture el atún y mezcle con zanahorias picadas, tomates picados y queso cheddar bajo en grasas rallado (opcional). Mezcle ligeramente con mayonesa baja en grasas *o* con aderezo italiano para ensalada, y sirva en conos para helado con fondo plano (que no sean azucarados). Sirva para la comida o en una fiesta, ¡sus hijos los adorarán!

*De la cocina de Lisa, Jason y Harley Bauer

"Tenga un encuentro con su licuadora"

Nieve de plátano y fresas

1 taza de leche baja en grasas	2 cucharaditas de vainilla
1 taza de fresas frescas	3 o 4 cubos de hielo
1 plátano	

Ponga todos los ingredientes en la licuadora y mezcle hasta que esté suave y espumoso.

Batido de mantequilla de maní y yogur

4 bolas grandes de helado de yogur de vainilla (o su sabor preferido)	1 a 2 cucharadas de mantequilla de maní
1 taza de leche baja en grasas	

Mezcle todos los ingredientes en una licuadora hasta que esté espeso y suave.

Nada mejor que los alimentos "prohibidos"

Es un hecho que existen alimentos más saludables que otros; sin embargo, hay espacio en cada plan alimentario para *todos* los alimentos, ¡hasta para la comida chatarra! Tome una actitud positiva acerca de los alimentos poniendo énfasis en las elecciones saludables y limitando (*no eliminando*) los que no son saludables, como los pasteles, las galletas y los caramelos. De hecho, el prohibir a sus hijos que coman ciertos alimentos no funciona, sólo hace que los de contenido altos en grasas sean mucho más tentadores.

¡Bien hecho!
"Muestre sus colores"

Mientras más colores haya en su plato, mayor será el contenido de vitaminas. Por ejemplo, un plato de pasta con brócoli, salsa de tomate y queso parmesano tendrá mucho más color y contenido de vitaminas que un plato de pasta simple con mantequilla.

Un acierto es dar a conocer a los niños pequeños la pirámide alimentaria y explicar la importancia de cargar combustible a su cuerpo con los diversos grupos de alimentos, *después* limite los postres a uno por día. Esto hasta puede funcionar para los niños pasados de peso. En lugar de eliminar *todos* los postres, simplemente enfóquese en *aumentar* las frutas, los vegetales y la actividad física. Recuerde: un problema de peso *no* se debe a una rebanada de pastel o algunas galletas. Usualmente se debe a una falta de ejercicio y cantidades *excesivas* de grasas y dulces.

Y, ¿qué hay con los adolescentes? Cuando sus hijos empiezan a crecer, usted tiende a tener mucho menos control sobre lo que comen. Continúe ofreciendo alimentos saludables y evite los que no son tan saludables; tenga cuidado de *no* crear un ambiente obsesivo sobre "mala comida/buena comida", ya que esto puede convertirse en serios desórdenes alimentarios.

El gourmet furtivo: 15 formas de disfrazar a los vegetales

¿Su hijo ni siquiera se acerca a los vegetales? Vea si puede esconder algunos aquí y allá con algunas de estas sugerencias.

1. Añada y mezcle salsas de vegetales en la receta de pastel de carne.

2. Disperse vegetales cocidos en la pasta y después cubra con salsa marinara.

3. Ponga zanahorias ralladas en la ensalada de atún o de pollo y métala en un pan árabe.

4. Haga pizza casera. Mezcle champiñones rebanados y brócoli picado *antes* de poner el queso.

5. Haga lasaña vegetal. Usted puede esconder un solo vegetal, como espinacas (*vea* la receta de lasaña de espinacas en el capítulo 17), *o* mezcle una variedad de vegetales picados y cocidos como calabacitas, coliflor, brócoli, zanahorias, champiñones, ejotes y similares.

6. Añada chícharos, maíz y zanahorias cocidos al puré de papa.

7. Sirva la sopa de vegetales con galletas saladas.

8. Haga un puré de calabaza y zanahorias, y añádalo en pequeñas cantidades en su carne molida de res o de pavo. Haga hamburguesas y áselas a la parrilla.

9. Adorne una papa al horno con brócoli picado y queso derretido bajo en grasas.

10. Haga bollos de calabacitas y zanahorias bajos en grasas

11. "Hagan sus propios tacos": sirva diferentes platos con carne molida de res (o carne de pavo molida), tomates rebanados, lechuga rallada y zanahorias.

12. Haga brochetas de pollo con vegetales. Alterne pedazos de pollo *a la parrilla* con pimientos, tomates, cebollas, calabacitas y champiñones en brochetas de metal. Haga una variedad de *dips* que sus niños adorarán experimentar con salsa de barbacoa, salsa de mostaza con miel, salsa agridulce y aderezos de ensalada bajos en grasas. Por supuesto, es posible que corra con suerte y que a sus hijos simplemente les guste la salsa original para marinar.

13. Pique finamente brócoli cocido y mézclelo con el arroz.

14. Anime a sus hijos con la cocina china y haga que le ayuden a lavar y cortar los vegetales. Intente el pollo con vegetales fritos, carne de res con vegetales fritos o mariscos con vegetales fritos. Sírvalos sobre arroz o lingüini y déles palillos chinos para comer.

15. Haga un *dip* de espinacas con yogur natural bajo en grasas, crema ácida baja en grasas y puré de espinacas cocidas. Haga que lo pruebe con zanahorias, apio, pimientos y calabacitas rebanadas. Si no quieren probar con vegetales crudos, déles galletas saladas; por lo menos comerán las espinacas del *dip*.

Recursos

Desafortunadamente, estudios recientes reportan que 21% de los niños estadounidenses entre 12 y 19 años son obesos. Esto es bastante alarmante considerando que la obesidad puede dañar seriamente la socialización, *además* de que conduce a una variedad de serios problemas médicos, incluyendo enfermedades cardiacas.

¡Bien hecho!
Ejercicio en casa

Haga que sus hijos registren el ejercicio que harán durante la semana, entiendan la importancia de la actividad física regular y ¡se sientan orgullosos de sus logros!

Por ejemplo
Lunes: andar en bicicleta durante 1 hora
Martes: clase de baile de 45 minutos

¡Apague ese aparato!

Demasiada televisión generalmente significa demasiado tiempo sentado. Trate de imponer un límite de dos horas para ver la TV y motive a sus hijos para que ¡se levanten y se muevan! Enséñeles la importancia del ejercicio y haga que realicen alguna actividad física todos los días, por lo menos durante 30 minutos: sacar al perro a pasear, brincar la cuerda, patinar, jugar con la pelota o a perseguirse, nadar, inscribirse a alguna clase después de la escuela, *o* unirse al equipo deportivo.

Tentempiés saludables para los ataques de hambre a la salida de la escuela

Fruta fresca

Vegetales y *dip* bajo en grasas

Yogur y granola

Galletas de higo y leche baja en grasas

Coctel de frutas con almíbar ligero

Rebanadas de plátano y manzana con mantequilla de maní

Zanahorias y apio con mantequilla de maní

Pan tostado de trigo entero con mermelada de manzana

Mezcla de granola (nueces y pasas)

Fruta seca

Cereal con fruta y leche baja en grasas

Pizzas hechas con *muffins*

Barras heladas de fruta

Paletas heladas de yogur

Nieve de plátano y fresas (vea la receta en este mismo capítulo)

Batido de mantequilla de maní y yogur (vea la receta en este mismo capítulo)

Galletas de animalitos y de trigo integral

Pretzels con jugo de fruta

Sopa de vegetales y pan árabe

Pastelillos de arroz de sabores

Palomitas llamativas (vea la receta en este mismo capítulo)

Lo mínimo que necesita saber

➤ La mayoría de los expertos en salud recomienda la leche materna en lugar de la fórmula, ya que se cree que la leche materna pasa sustancias protectoras de la madre al bebé.

➤ Entre los cuatro y los seis meses, su pediatra dará el consentimiento para empezar a dar alimentos sólidos al bebé. Introduzca un solo alimento a la vez para evitar las alergias alimentarias.

➤ Todos los niños en crecimiento deben comer un total diario de *por lo menos* 6 porciones de panes y granos, 2 porciones de fruta, 3 porciones de vegetales, 3 porciones de lácteos y 2 porciones de carne, aves, frijoles secos, pescado, huevos o nueces. Es normal que los niños más pequeños coman porciones de tamaños *mucho* más pequeñas que los mayores.

➤ Permita que los niños sean niños y que ocasionalmente ingieran comida chatarra. Entienda que un ambiente obsesivo de negación puede ser contraproducente.

➤ Ponga un límite de dos horas para ver la televisión y motive a sus hijos para que se vuelvan más activos físicamente.

Capítulo 21

La comida en los años universitarios

En este capítulo

➤ Los pros de desayunar

➤ Los alimentos saludables en el comedor del campus

➤ Los infames adolescentes

➤ Los antojos de la noche y las máquinas despachadoras

➤ Todo acerca del alcohol y las fiestas

➤ Un examen rápido de nutrición

¿Esta rutina le suena familiar? El día inicia sin desayuno, "¿quién tiene tiempo?" Con una clase de inglés a las ocho, usted tiene suerte si logra vestirse, lavarse los dientes y salir volando. El desayuno *no* es una prioridad. Pero a la hora del almuerzo, se muere de hambre y podría desmayarse. El almuerzo consiste en una hamburguesa con queso, papas fritas y un refresco de cola, terminando con una rebanada de pastel de chocolate o una dona (debe conservar la fuerza, ya sabe, porque todavía siguen dos clases agotadoras). A las seis de la tarde, regresa dando tumbos al comedor del campus, exhausto después de su día caótico. Pone en su charola cualquier cosa que parezca apetitosa: pollo frito y puré de papas, burritos y crema ácida, o pizza de *pepperoni*, y por supuesto acompañado de otro refresco de cola. Además, como todo es gratis, ¿por qué no tomar unas cuantas galletitas y un cono de helado antes de dirigirse al dormitorio?

Es momento de enfrentarse a la tonada; ¡necesita afinar su nutrición!

Error 1: no hay tiempo para el desayuno

Es irónico pensar que después de tantos años, mamá tenía razón. Tomar el desayuno *es* importante. Desafortunadamente, muchos estudiantes de universidad tienen el hábito de saltar esta comida esencial. Recuerde, cuando usted se despierta después de un buen sueño por la noche, su cuerpo ha estado en estado de ayuno por lo menos durante ocho horas. A menos, por supuesto, que haya ido a una fiesta hasta tarde en la noche, ¡entonces podría hablarse de sólo dos horas de sueño! Como ya se mencionó, el "des-ayuno" en la mañana ayuda a darle velocidad a su sistema al suministrarle energía en forma de comida a su cuerpo. Sin comida, usted se sentirá cansado, con flojera y probablemente luche para permanecer despierto durante las clases de la mañana. ¿Alguna vez ha tenido literalmente que detener sus párpados con los dedos para mantenerlos abiertos mientras su profesor da su cátedra a las ocho de la mañana? El llenar de combustible su cuerpo con un desayuno saludable puede ayudarle a estar alerta y concentrado durante su programa matutino.

¿Saltarse el desayuno para "eliminar calorías"?... ¡No lo creo!

Por cierto, para todos ustedes, estudiantes, que se saltan el desayuno para "eliminar calorías", piénsenlo nuevamente. La mayoría de las personas que se saltan el desayuno terminan tan hambrientos a la hora de la comida o de la cena que pueden sobre compensar esto y comer como puercos. Éste es un ejemplo de cómo el dejar de tomar el desayuno se puede convertir en un desastre en la dieta: Nancy, estudiante en la Universidad de Michigan, se saltaba el desayuno regularmente para tratar de perder peso. Se encontraba tan hambrienta a la hora de la comida que inevitablemente comía de más; y por supuesto saboteaba su dieta en el proceso. Se le recomendó que experimentara con un desayuno nutritivo durante dos semanas para determinar si comer durante la mañana le ayudaría a controlar sus antojos del medio día. Con toda seguridad, ella se sintió con más energía y alerta durante su rutina matutina y comió *sustancialmente* menos durante la comida, lo que le permitió que perdiera tres libras. ¿No tiene tiempo para el desayuno? ¡ENCUÉNTRELO!

Error 2: demasiadas elecciones de alimentos altos en grasas

Para mucha gente, ir a la universidad significa partir lejos de casa por primera vez. No es fácil tener que valerse por sí mismo cuando se está acostumbrado al lujo de la comida casera de mamá. Ah, los recuerdos de un refrigerador lleno, fruta fresca y comidas calientes sobre la mesa del comedor cada noche.

Oiga, depender de sí mismo no es razón suficiente para descuidar el departamento de la alimentación. La mayoría de los alimentos mencionados antes en el "escenario del infierno de la universidad", están cargados de grasa, azúcar y sal, lo cual puede acarrear problemas, como engordar y otras enfermedades graves. Además, estos alimentos carecen de vitaminas, minerales y otros nutrientes esenciales que su cuerpo necesita para funcionar correctamente.

¿Usted dice que es imposible comer correctamente en la escuela?, ¿que el servicio de alimentos de su universidad no provee ningún alimento sano? Seguro que sí lo hace, usted sólo necesita ver más allá de algunas de las comidas chatarra. Realmente existen muchas cosas buenas en el comedor de su escuela. ¿Dónde más podría tener todo, desde la sopa hasta las nueces a su alcance, tres veces al día? Siga leyendo y aprenda a elegir los alimentos que le harán verse y sentirse de lo mejor todo el tiempo.

Obteniendo la licenciatura en el comedor del campus

A continuación, se presenta una colección de platillos alimenticios comúnmente encontrados en los comedores de las universidades. Encuentre los platillos que su escuela le ofrece y aprenda a ser un maestro en la prueba, con elecciones nutritivas para el desayuno, la comida y la cena.

Barra de cereales

No hay nada más rápido y mas satisfactorio que un tazón de cereal en la mañana. Disfrute las dos variedades: los calientes y los fríos, ambos son altos en carbohidratos, completamente llenos de nutrientes, y generalmente muy bajos en grasas.

PARA ELEGIR CON MAYOR FRECUENCIA. Primero, los cereales altos en fibra, como All Bran, Raisin Bran, Bran Flakes, Bran Chex, o cualquier otro con la palabra "bran" (salvado) en el nombre. La fibra no sólo alivia el estreñimiento, también protege de ciertos tipos de cánceres. Sírvase bastante leche o yogur bajos en grasas para elevar su calcio diario, y no olvide mezclar con mucha fruta fresca (plátanos, duraznos, moras, frambuesas, fresas, manzanas, pasas, zarzamoras, piña, etc.) para obtener un mayor contenido de vitaminas y añadir dulzura. No se detenga exclusivamente ante los cereales fríos, caliéntese durante las frías mañanas de invierno con un buen tazón de avena o crema de trigo calientes.

PARA ELEGIR CON MENOR FRECUENCIA. Olvídese de todos los cereales azucarados. Aunque son deliciosos, algunas marcas realmente contienen más azúcar en una porción que una rebanada de pastel. Si los cereales altos en azúcar le son indispensables, entonces trate de mezclarlos con un cereal más saludable para reducir la cantidad de azúcar. Por ejemplo, mezcle la mitad de un tazón de Zucaritas con la mitad de uno de Bran Flakes. Quién sabe, quizá después de un tiempo, usted prefiera el cereal más saludable. Evite servirse leche "entera". Está cargada de grasa saturada que obstruye las arterias. Intente cambiar primero a la leche a 2%, después a 1%. Y, si está totalmente decidido, tome la leche descremada (totalmente sin grasa).

Barra de ensaladas

La palabra "ensalada" usualmente trae a la mente una variedad de vegetales de colores brillantes tales como lechuga, tomate, pepinos, zanahorias, cebollas, brócoli, pimientos, etcétera. Todos estos ingredientes para ensaladas ofrecen vitaminas, minerales y fibra, y, la mejor noticia, es que tienen muy pocas calorías. ¡Desafortunadamente, la barra de ensaladas también ofrece una variedad de productos para acompañar altos en grasas que pueden convertir su plato, con espíritu saludable, en una gran catástrofe! Siga leyendo, y "EXAMINE" la siguiente opción de la barra de ensaladas con colores voladores.

247

PARA ELEGIR CON MAYOR FRECUENCIA. Llene su plato con muchos vegetales crudos llenos de color. Ponga más energía a su ensalada con proteínas y conviértalo en una comida. Ponga algunos garbanzos, frijoles, huevo, quesos bajos en grasas, pavo rebanado o rosbif, o atún simple. Apéguese a los aderezos "ligeros" o bajos en grasas, o use mucho vinagre balsámico con un toque de aceite. Si no puede comer ensalada sin aderezo regular, elija las vinagretas o muy poquito de las selecciones con mayor grasa (de 1 a 2 cucharadas).

PARA ELEGIR CON MENOR FRECUENCIA. No llene su plato con guarniciones cargadas de mayonesa, como la ensalada de macarrones, de col, de papa y de zanahoria con pasas. Si su cintura no puede soportar calorías de grasa extra, tenga cuidado con otras guarniciones altas en grasas, como las ensaladas de pasta con aceite, el queso, las aceitunas, el aguacate, las tiras de tocino, las semillas de girasol, las nueces y las ensaladas muy cremosas.

Platillos calientes

¿Listo para poner en su charola cualquier cosa que se vea deliciosa? ¡Decisiones, decisiones, decisiones! Primero, deténgase e investigue cuál de los platos fuertes y las guarniciones se ajustará a su presupuesto de grasas. Haga elecciones apetitosas entendiendo los métodos de elaboración de alimentos más saludables. Naturalmente, puede tener una desviación ocasional, pero trate de mantenerse del lado de los alimentos de la lista "PARA ELEGIR CON MAYOR FRECUENCIA".

PARA ELEGIR CON MAYOR FRECUENCIA. Busque los platillos fuertes y las guarniciones a la parrilla, horneados, al vapor, hervidos, ahumados, ligeramente fritos, al carbón, de cocción lenta y ligeramente marinados. Elija platillos cocinados con teriyaki, salsa de soya, salsa a la *barbecue*, salsa de tomate, salsa marinara, salsa agridulce, salsa de vino blanco o consomé. Aunque algunas de estas salsas pueden ser altas en azúcar y sal, son una mejor opción que las de la lista de "PARA ELEGIR CON MENOS FRECUENCIA".

➤ Coma mucho pollo o pavo sin piel, y todos los tipos de mariscos. Incluya ocasionalmente una porción de carne roja, magra (2 o 3 veces a la semana) que bien puede ajustarse dentro de un plan para comer saludablemente. Cuando seleccione una sopa, elija las versiones que no sean cremosas, como verdura con cebada, fideos con pollo, frijoles y lentejas, arroz con tomate, minestrone, sopa de almeja manhattan (de la roja, no de la blanca), sopa juliana. Apéguese a los platillos que no son fritos, como vegetales al vapor o salteados, elote, puré de papas, al horno o asadas; arroz, cuscús y pastas en aceite ligero o salsa roja.

➤ Sea imaginativo y mezcle varios de los productos que se ofrecen para crear su propia comida original. Por ejemplo, agregue una cucharada de arroz a las sopas de vegetales, mezcle vegetales en las pastas, ponga yogur sobre una papa al horno. El cielo es el límite.

PARA ELEGIR CON MENOS FRECUENCIA. No coma todas esas frituras favoritas: pollo frito, pescado frito, huevos fritos, hamburguesas con pan frito, papas a la francesa, aros de cebolla, cáscara de papa frita, papa rayada, *tempura* de vegetales, etcétera. También aléjese de los platillos principales que estén cargados de queso de leche entera, como lasaña, ziti horneado, burritos de queso, pollo/ternera/berenjena con parmesano, emparedados a la parrilla con queso, macarrón con queso, calzones y pizza con queso (especialmente la de *pepperoni*, la de salchichas o la de albóndigas). Ah sí, y no olvide esas ricas salsas para pastas como la Alfredo (¡el ataque cardiaco de la ciudad!).

➤ Evite las sopas cremosas, como la crema de brócoli, crema de champiñones, sopa de cebolla a la francesa (con queso), crema de almeja de Nueva Inglaterra y de langosta. Cuidado también con la piel de pollo y de las carnes más altas en grasas, como las salchichas, el tocino, el chorizo, el *pepperoni*, las alitas de pollo, las alitas búfalo y las costillitas. Limite la cantidad de huevos para el desayuno a sólo dos por semana. Aunque las claras son proteína pura, las yemas contienen demasiado colesterol.

Artículos del refrigerador

¿Quién dijo que la comida tiene que ser caliente? Existen muchas opciones saludables escondidas en la sección del refrigerador del comedor. Desde emparedados para prepararse con ensaladas y yogures, siempre y cuando haga elecciones inteligentes, una comida "fría" puede ser igualmente nutritiva y satisfactoria.

PARA ELEGIR CON MAYOR FRECUENCIA. Escoja los emparedados más bajos en grasas, como los de pechuga de pavo, pollo asado, rosbif magro y jamón. Añada fibra extra al poner algunos vegetales y prefiera pan de trigo entero al pan blanco. Elija la mostaza, la salsa catsup o los aderezos ligeros como untables. Coma los yogures bajos en grasas, ya que éstos están cargados de calcio, proteínas y generalmente tienden a ser bajos en calorías. Preparar ensaladas con pollo, pavo, rosbif, jamón y cantidades moderadas de queso también son alternativas inteligentes; sólo tenga cuidado con el aderezo.

PARA ELEGIR CON MENOR FRECUENCIA. No se acostumbre a comer emparedados cargados de muchísima mayonesa, como los de ensalada de atún, ensalada de pollo, ensalada de huevo y ensalada de mariscos. Evite los emparedados preparados previamente, que contengan carnes altas en grasas, como los de salami, mortadela, *pepperoni* y tocino. Además, limite las ensaladas y los emparedados que contengan queso extra y aceite.

Bebidas

¿Se siente con ganas de tomar un vaso grande de bebida gaseosa frío? *¡NO LO HAGA!* Con tanto despachador de bebidas a su alcance, ¿por qué no seleccionar algo más saludable? Las siguientes pautas le ofrecen mejores alternativas para calmar su sed.

PARA ELEGIR CON MAYOR FRECUENCIA. ¡Beba agua, agua y más agua! La simple y vieja agua puede sonar aburrida, pero resulta ser el "súper héroe" de todas las bebidas. No sólo el agua es la mejor forma de saciar la sed, también hidrata su cuerpo y ayuda a "mover las cosas en el camino" (¿captó la imagen?). Trate de mezclar agua mineral o agua de manantial con el jugo de un limón, de una lima, de una naranja o hasta con un poco de jugo de fruta para dar sabor.

➤ Si el H_2O no le emociona, por lo menos seleccione una bebida que le ofrezca un poco de nutrición en lugar de ofrecerle pura azúcar. Por ejemplo, los jugos de frutas naturales contienen varias vitaminas, como vitamina A, vitamina C, potasio, magnesio y otras vitaminas B, dependiendo del tipo de jugo. La leche baja en grasas y la leche con chocolate también son alternativas inteligentes ya que ambas proveen calcio y proteínas.

PARA ELEGIR CON MENOS FRECUENCIA. No se tome de un sorbo todas las bebidas azucaradas (bebidas gaseosas, ponche de frutas y tés helados con azúcar). Son AZÚCAR PURA, NO NUTRICIÓN. Las bebidas de dieta tampoco son la mejor opción, con todos esos endulzantes artificiales, ¿quién los necesita realmente? Cuidado también con los cafés y los tés. Con toda esa cafeína, usted estará nervioso, irritable y rebotando contra las paredes.

Barra de papas

Saque ventaja de este carbohidrato complejo sin grasa y *COMA*. No sólo las papas horneadas son bajas en calorías (alrededor de 100 calorías por media papa), sino que están cargadas de potasio y una buena cantidad de fibra si se come la cáscara. Nunca piense en poner mantequilla o crema ácida (grasa, grasa, grasa). En lugar de esto, pruebe algunas alternativas saludables:

PARA ELEGIR CON MAYOR FRECUENCIA. Pruebe una papa al horno con:

Brócoli y salsa marinara	Queso cottage
Chili vegetariano	Salsa mezclada con vinagreta ligera
Salsa, catsup o salsa a la *barbecue*	Mostaza de Dijon
Yogur bajo en grasas (natural y de sabor)	Vegetales cocidos y queso parmesano
Vegetales fritos con salsa de soya	Una porción pequeña de mantequilla o margarina

PARA ELEGIR CON MENOR FRECUENCIA. Usted ya sabe de lo que se trata. MANTÉNGASE MUY ALEJADO DE LA MANTEQUILLA Y DE LA CREMA ÁCIDA.

Postres

El perfecto final para una comida, ¡quizá no!

PARA ELEGIR CON MAYOR FRECUENCIA. Seleccione fruta fresca, yogur helado, gelatinas, galletas bajas en grasas, nieve, barras heladas de fruta, puré de manzana y manzanas al horno. Si usted que cree que no es suficiente con uno de estos postres, entonces *comparta* un postre azucarado y grasoso con un amigo.

PARA ELEGIR CON MENOR FRECUENCIA. No se acostumbre a terminar cada comida con un postre suculento alto en grasas, como el pastel de chocolate, las galletas, los helados tipo *sundae*, el pastel de fresa, los pudines, las natillas y pay de manzana a la moda.

¡Bien hecho!
El comedor del campus está tan cargado de comida saludable como de comida no tan saludable. La meta es: balancee sus propias comidas y seleccione una variedad de alimentos nutritivos *la mayoría* de las veces, y permítase comer algunas de las cosas que *"no son tan saludables"* de vez en cuando. La clave es mantener baja la ingestión de grasas (aproximadamente 30% de las calorías debe provenir de grasas) comiendo una variedad de todos los grupos de alimentos.

IDEAS PARA EL DESAYUNO EN EL COMEDOR DEL CAMPUS

APROBADOS

Leche baja en grasas, pan tostado con mermelada y una naranja
Tazón de cereal, leche baja en grasas y jugo de naranja

Yogur con cereal y pasas, y un vaso de leche o jugo

Bollo con una capa delgada de queso crema y rebanadas de tomate, un vaso de leche y una manzana

Avena con manzana con duraznos rebanados y un vaso de jugo de toronja

Panqueques con fresas, plátanos y miel "ligera" con un vaso de leche o té caliente con limón

Wafles adornados con duraznos, yogur y un vaso de jugo de toronja

Huevos revueltos, un bollo con mermelada y un vaso de jugo de naranja

Tortilla de hueco con vegetales, ensalada de frutas y un vaso de leche

Huevos escalfados sobre un *muffin*, cocoa caliente ligera y una rebanada de melón

IDEAS PARA LA COMIDA EN EL COMEDOR DEL CAMPUS

APROBADOS

Un emparedado de pechuga de pavo sobre pan de trigo entero, tiras de zanahoria y yogur helado con granola

Tazón de sopa de lentejas, una papa adornada con brócoli y salsa marinara, y una naranja

Pizza de vegetales y ensalada de fruta fresca

Hamburguesa sobre un bollo, una ensalada como guarnición y una manzana

Emparedado de pollo a la parrilla con lechuga, tomate, dos galletas y leche baja en grasas

Vegetales a la parrilla con queso en un pan árabe y ensalada de fruta

Sopa de fideos con pollo, yogur bajo en grasas y una barra congelada de frutas

Una gran ensalada con frijoles y garbanzos, pan árabe y yogur de fruta bajo en grasas adornado con una pera

Ensalada de pechuga de pavo, un pan dulce o una rebanada de pastel muy ligero adornado con fresas

Papa al horno con brócoli y queso, una ensalada como guarnición y rebanadas de piña fresca

Un emparedado de rosbif o jamón, una taza de sopa de tomate y algunas uvas

Un emparedado de mantequilla de maní, un tazón de sopa de verduras y una manzana

IDEAS PARA LA CENA EN EL COMEDOR DEL CAMPUS

APROBADOS

Una hamburguesa de vegetales sobre un bollo, ensalada y fruta fresca

Burrito de pollo con salsa, vegetales como guarnición y una naranja

Pechuga de pollo a la parrilla, puré de papas y zanahorias con dos galletas y cocoa ligera caliente

Pizza de vegetales, una ensalada como guarnición y fruta fresca

Pasta con vegetales y salsa de tomate, espolvoreada con queso parmesano y un poco de gelatina

Pescado hervido con vegetales salteados sobre arroz y un cono de helado de yogur con chispas

Chili vegetariano, una ensalada grande y una rebanada de pastel muy ligero

Brocheta de pollo, vegetales sobre arroz y una banana split con helado de yogur

Una ensalada grande con frijoles, un tazón de sopa minestrone y raspado de frutas

Camarones ligeramente fritos y vegetales sobre lingüini y duraznos rebanados para el postre

Fajitas de pollo con salsa y una barra helada de fruta.

Los infames adolescentes

La universidad es el momento para obtener conocimiento, *no peso*. Entonces, ¿por qué tantas novatas de la universidad (y algunos novatos) suben de peso durante su primer año de carrera?

Parcialmente puede ser debido a una declinación en su IRM (intensidad de reposo metabólico, también conocido como intensidad metabólica de base, que es el número de calorías que quema cuando su cuerpo no está activo). La mayoría de los niños pequeños tiene un IRM muy alto, ellos pueden comer una tonelada y no subir de peso. Pero, al crecer y entrar a la edad adulta, el IRM usualmente se hace más lento y usted ya no puede quemar calorías sin tanto esfuerzo. (Por lo menos, esto se convierte en un hecho verdadero para la mayoría. Algunas personas mantienen un alto metabolismo por siempre y para siempre, diablillos con suerte).

La razón innegable para el aumento de peso (mejor conocido como las notorias libras de grasa de los adolescentes) se debe a los malos hábitos para comer y a la falta de ejercicio. Ahora conocerá a algunos de los culpables comunes.

Los antojos de medianoche y los pedidos a domicilio

Muchos de los estudiantes tienen el hábito de saltarse los alimentos, sólo para encontrarse desesperadamente hambrientos tarde en la noche. ¿Esto le suena familiar?: "Hola, Domino's, quisiera ordenar una pizza grande suprema". Su cuerpo necesita combustible *a lo largo* del día, no al final de su día (como cuando se come esa bolsa tamaño familiar de papas fritas a las dos de la madrugada). Tenga en mente que las calorías que se comen durante el día tendrán mayor probabilidad de quemarse que las calorías que se comen justo antes de ir a la cama (a menos que sea un sonámbulo extraordinariamente activo) debido a que usted quema más calorías mientras está activo que cuando está inactivo. Saque ventaja del comedor del campus durante las comidas regulares y evite las comidas innecesarias en la noche.

Máquinas despachadoras

¡DETÉNGASE! No presione ese botón antes de que haya inspeccionado toda la mercancía. La mayoría de los placeres tentadores que gritan "¡cómeme!, ¡cómeme!" detrás de la ventana de cristal están cargados de grasas. Por ejemplo, una bolsa de M&Ms contiene 10 gramos de grasa; una barra de Snickers, 14 gramos de grasa; un paquete jumbo de galletas con chispas de chocolate, 18 gramos de grasa; y las galletas con queso que "sólo se venden en las máquinas despachadoras", 11 gramos de grasa. Recuerde que el objetivo de un plan de comida saludable es el de tomar menos de 30% del total de sus calorías provenientes de las grasas, y uno solo de los artículos de la máquina despachadora puede realmente llenar su día.

Lo que es peor, usted no se puede escapar de ellos. Estas máquinas están localizadas convenientemente en los dormitorios, en los edificios de salones de clase, y en los lugares de reuniones de estudiantes (cierre sus ojos, no las vea siquiera). En cuanto a los momentos en los que usted definitivamente no puede pasar sin echar sus monedas en la ranura, dispare entonces hacia las alternativas más saludables. Por ejemplo, fruta fresca, *pretzels*, galletas de higo, barras de granola bajas en grasas, galletas de trigo. Y si su antojo de dulce no lo deja, *ocasionalmente* satisfaga la urgencia de comida chatarra con caramelos duros, regaliz, gomitas (*jelly beans*), ositos de goma y otros masticables. Ellos no le ofrecen nada en términos de nutrición (*mucha azúcar)*, pero por lo menos generalmente son bajos en grasas (algo parecido a lo mejor dentro de lo malo).

Descuidándose en el comedor

Llenar su charola con alimentos no saludables, altos en grasas durante las comidas también puede hacerla candidata a ¡"Señorita caderas anchas!" (o el "Señor más ancho de la Tierra"; para no discriminar a los muchachos). No hay más excusas, es tiempo de controlar los daños importantes. Aprenda los PARA ELEGIR CON MAYOR FRECUENCIA que se encuentran en la sección llamada "Obteniendo la licenciatura en el comedor del campus".

Falta de ejercicio

Otro culpable común del aumento de peso es la inactividad. El nombre del juego es lograr un equilibrio; las calorías que entran deben equivaler a las calorías que salen. En otras palabras, comer demasiada basura y sentarse todo el día (ya sea para estudiar o para ver telenovelas) le hará ganar libras, simplemente porque está comiendo más calorías de las que está quemando. Todos los tipos de ejercicio queman calorías: caminar, brincar la cuerda, clases de aeróbicos, subir escaleras; no necesariamente tiene que hacer algo intenso.

La moraleja de la historia: Evite comer todo lo innecesario cuando esté aburrido y en busca de algo que hacer, mejor salga y muévase. No olvide leer los capítulos 13 y 14 sobre ejercicio.

El alcohol y las fiestas

Es cierto, algunos estudios sugieren que una bebida ocasional puede realmente beneficiar a su salud. Pero, vamos, a quién está engañando, ésa no es la manera de beber de la mayoría de los chicos de la universidad. Es algo más parecido a VAMOS A TENER UNA FIESTA TODA LA NOCHE Y VAMOS A TOMAR HASTA CAER. Quizá se convenza de bajarle un poco a la bebida al conocer primero algunos de los efectos calóricos. El alcohol está cargado de calorías. Más específicamente, está cargado de calorías "menos nutrientes" (siete por gramo, para ser exactos). Justo otra posible razón para subir de peso.

Bebida alcohólica	Porción (en onzas)	Calorías aproximadas
Cerveza	12	150
Cerveza ligera	12	100
Bloody Mary	5	115
Gin and tonic	7.5	170
Daiquiri	4.5	250

continúa

continuación

Bebida alcohólica	Porción (en onzas)	Calorías aproximadas
Piña colada	4.5	260
Desarmador	7	175
Tequila sunrise	5.5	190
Tom Collins	7.5	120
Ginebra/Ron/Vodka/Whiskey 100° G.L.	1.5 (1 trago)	125
Ginebra/Ron/Vodka/Whiskey 80° G.L.	1.5 (1 trago)	100
Vino, tinto y blanco	5	105
Champaña	5	133
Martini	2.5	155

Además, incidentalmente, el alcohol lo puede conducir a comer en la noche. He aquí un ejemplo. Lisa pasa por una pizzería localizada junto al bar más popular fuera del campus. Cada jueves, viernes y sábado por la noche, el lugar se llena de chicos semi borrachos que devoran pizza y pregonan que ese lugar tiene la mejor pizza del mundo. Un día, Lisa se detiene y come una rebanada, pero sin pedir alcohol. ¿Adivine qué? ¡Era incomible!

Ya sea que salga a comer antojitos con un grupo de amigos o que devore el emparedado de su compañero de cuarto, el alcohol ciertamente puede nublar su pensamiento e instigarle a que tenga una orgía de alimentos en la noche.

Otra de las razones por las que debe alejarse de las bebidas es: "Ay, me duele la cabeza". Literalmente usted puede perder un día completo entre los dolores de cabeza, la náusea, la fatiga y otros síntomas desagradables que se presentan a partir de tomar "una de más".

Manejo del alcohol 101

Para esos momentos *ocasionales* en los que toma:

➤ Asegúrese de tener alimentos en el estómago antes de beber. La comida puede actuar como un amortiguador y retrasar la absorción del alcohol en el caudal sanguíneo.

➤ Conozca su límite. Toda la gente tiene su propia capacidad para el alcohol, y es importante que usted sepa cuando parar. Tenga en mente que usted no impresionará a una chica o a un chico si está vomitando toda la fiesta sobre él o ella.

➤ Pida al cantinero que le diluya su bebida con jugo de fruta o agua mineral. También ordene vino con mezclas (mitad vino y mitad agua mineral).

➤ Alterne las bebidas en una fiesta con agua simple, jugo de fruta y cualquier otra bebida que no sea alcohólica. De esta manera usted nunca estará con las manos vacías.

➤ Un consejo: apéguese a las bebidas que no son alcohólicas y evite completamente el alcohol.

Cuestionario rápido (¿realmente puso atención al capítulo?)

¿Así que usted sabe todo acerca de comer saludablemente en el campus? Bueno, lúzcase al contestar el siguiente cuestionario. (Las respuestas se encuentran en la siguiente página.)

1. Encierre en un círculo las dos bebidas que pueden ser la mejor elección en el comedor del campus:

   a. Tés helados endulzados
   b. Agua
   c. Jugo de naranja
   d. Bebidas gaseosas

2. ¿Cuál de los siguientes emparedados contiene la mayor cantidad de grasa?

   a. Emparedado de atún
   b. Emparedado de rosbif
   c. Emparedado de pechuga de pavo
   d. Emparedado de pollo asado

3. ¿Tomar el desayuno le puede ayudar a controlar su peso?

   a. Verdadero
   b. Falso

4. Un aderezo bajo en grasas para una papa al horno es:

   a. Crema ácida
   b. Mantequilla
   c. Margarina
   d. Salsa marinara

5. Elija para el desayuno el cereal que le ofrezca más fibra:

   a. Capitan Crunch
   b. Raisin Bran
   c. Rice Krispies
   d. Zucaritas

6. ¿Qué tipo de papa tiene la mayor cantidad de grasa?

a. Papa al horno

b. Papa asada

c. Papas a la francesa

d. Puré de papa

7. Encierre en un círculo los productos con más grasa en una barra de ensaladas:

a. Aceitunas

b. Frijoles

c. Tiras de tocino

d. Garbanzos

8. ¿Cuál es la sopa más saludable?

a. Crema de brócoli

b. Vegetales con cebada

9. ¿Es bueno comer carne roja magra de vez en cuando?

a. Verdadero

b. Falso

10. Algunos de los postres más saludables que se encuentran en el comedor del campus son:

a. Puré de manzana

b. Yogur congelado

c. Pastel muy ligero

d. Todos los anteriores

Respuestas: 1) b y c, 2) a, 3) Verdadero, 4) d, 5) b, 6) c, 7) a y c, 8) b, 9) Verdadero, 10) d

Lo mínimo que necesita saber

➤ Tome la responsabilidad de sí mismo y seleccione alimentos bien balanceados y saludables en el comedor del campus.

➤ No olvide iniciar su día con un desayuno nutritivo. Tomar el desayuno le ayudará a regular su apetito a lo largo del resto del día y a no comer demasiado durante la comida y la cena.

➤ Evite las libras mortales de los adolescentes evitando las máquinas despachadoras, eliminando los pedidos de noche, haciendo selecciones bajas en grasas en el comedor del campus y levantándose del sofá para hacer ejercicio.

➤ El alcohol contiene muchas "calorías nulas" y beber con exceso le puede hacer ganar peso.

Parte 7
Control del peso 101

El control del peso parece ser un trabajo de tiempo completo para algunas personas; ¡entran y salen de cada una de las dietas que hay en el planeta! Las hay que temen que, al morir, ¡anoten su peso en su esquela! Por supuesto, todas estas personas son maniáticas de las dietas.

Finalmente, es el momento de dejar de subir y bajar como un yoyo y adherirse a un plan de ataque efectivo. Ya sea que quiera perder peso, ganar peso, o lo más importante, dejar de obsesionarse, esta sección final lo cubre todo, así que siga leyendo. Se proporcionarán programas para perder peso y ayudarle a eliminar (y mantener fuera) esas libras extra no deseadas, junto con estrategias para atiborrarse de calorías que ayudarán a esos amigos delgados a engordar sus cuerpos. También se echará un vistazo a los desórdenes alimentarios que amenazan la vida y dónde encontrar ayuda cuando la comida y el ejercicio van más allá de la salud y se salen de control.

Capítulo 22

Vamos,
ya deje eso

En este capítulo

➤ Por qué una dieta de moda *no* funciona

➤ Identificar su peso corporal ideal

➤ Perder peso con un programa bien balanceado

➤ El lenguaje de las "burbujas"

➤ Mantener un peso corporal saludable para siempre

Son muchas las dietas que existen desde tiempos remotos: la dieta de Scarsdale, la dieta de la toronja, la dieta del plátano con queso cottage, la dieta de la sopa de col, la dieta *sin* carbohidratos y hasta la "dieta para perder casi 10 libras por semana comiendo solamente palomitas y puré de papa" (obviamente escrita por algún psicópata muy estreñido).

Desafortunadamente, la dieta de moda siempre ha sido (y seguirá siendo) un deporte estadounidense que no desaparecerá, algo parecido a las velas con truco en un pastel de cumpleaños, cada vez que se le sopla a una la otra vuelve a encender para burlarse de usted. Pero la broma es la gente. ¡A pesar de esos ganchos para aplastar la grasa, la cintura nacional sigue protuberante! De hecho, la mayoría de la gente que pierde peso en esos programas extraños, termina ganándolo nuevamente, ¡*además* de algunas libras extra para eliminar después! Esto se conoce comúnmente como el efecto de yoyo. Lo que es más, la manía por las dietas usualmente deja a las personas agotadas e irritables.

Entonces, ¿cuál es la mejor dieta?

Si usted está buscando un remedio rápido, cierre el libro. Este capítulo *no* le va a ayudar. El resultado final es que la gente debe perder peso comiendo los mismos alimentos saludables que

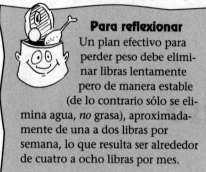

Para reflexionar

Un plan efectivo para perder peso debe eliminar libras lentamente pero de manera estable (de lo contrario sólo se elimina agua, *no* grasa), aproximadamente de una a dos libras por semana, lo que resulta ser alrededor de cuatro a ocho libras por mes.

seguirá comiendo *después* de perderlo. Esto significa que muchos de los carbohidratos complejos provienen de granos enteros, frutas y vegetales, lácteos bajos en grasas y fuentes magras de alimentos con proteínas. ¿Tiene sentido, verdad? O sea que, para perder peso *para siempre*, ¡usted tiene que trabajar para cambiar su conducta alimentaria para siempre! Pruebe el plan de la burbuja que se presentará más adelante en este capítulo. Usted no tiene nada que perder excepto las chaparreras, la pancita, los brazos gorditos de la abuela (perdón a las abuelitas) y la ropa interior talla extra grande.

¿Cuánto debe pesar? Identifique su peso corporal ideal

Lo primero es lo primero, encuentre un peso que sea posible alcanzar. La medida usada más comúnmente para determinar un peso saludable ha sido la tabla de pesos y medidas de la compañía de seguros de vida Metropolitan, la cual se estableció y se basó en las relaciones peso/medida de la gente asegurada más longeva. Aunque esta tabla es una valiosa herramienta, sólo debe usarse como una guía general porque cubre un amplio rango de números para cada categoría de peso.

Averigüe primero en qué estructura de talla se encuentra:

PARA TENER UN APROXIMADO DE LA ESTRUCTURA DE TALLA
Doble el antebrazo hacia arriba en un ángulo de 90 grados. Mantenga los dedos rectos y gire el interior de su muñeca hacia su cuerpo. Coloque el dedo pulgar y el índice de la otra mano en los dos huesos prominentes de cada lado del codo. Mida el espacio entre sus dedos con una regla. (Un médico usará un calibrador.) Compare estas tablas que muestran las medidas del codo para hombres y mujeres con estructura media. Las mediciones inferiores a las de esta tabla indican una estructura pequeña. Las mediciones mayores indican una estructura grande.

Estatura hombres	Anchura codo	Estatura mujeres	Anchura codo
5' 1" - 5' 2"	2 1/2" - 2 7/8"	4' 9" - 5' 2"	2 1/4" - 2 1/2"
5' 3" - 5' 6"	2 5/8" - 2 7/8"	5' 3" - 5' 10"	2 3/8" - 2 5/8"
5' 7" - 5' 10"	2 3/4" - 3"	5' 11"	2 1/2" - 2 3/4"
5' 11" - 6' 2"	2 3/4" - 3 1/8"		
6' 3"	2 7/8" - 3 1/4"		

Utilizada con la autorización de la compañía de seguros de vida Metropolitan. Las estaturas se toman sin zapatos.

TABLAS DE PESOS Y MEDIDAS DE VIDA MET							
Sin zapatos y sin ropa							
HOMBRES de 25 años y mayores				MUJERES de 25 años y mayores			
Estatura; pies, pulgadas	Estructura pequeña	Estructura mediana	Estructura grande	Estatura; pies, pulgadas	Estructura pequeña	Estructura mediana	Estructura grande
5 1	123-129	126-136	133-145	4 9	99-108	106-118	115-128
5 2	125-131	128-138	135-148	4 10	100-110	108-120	117-131
5 3	127-133	130-140	137-151	4 11	101-112	110-123	119-134
5 4	129-135	132-143	139-155	5 0	103-115	112-126	122-137
5 5	131-137	134-146	141-159	5 1	105-118	115-129	125-140
5 6	133-140	137-149	144-163	5 2	108-121	118-132	128-144
5 7	135-143	140-152	147-167	5 3	111-124	121-135	131-148
5 8	137-146	143-155	150-171	5 4	114-127	124-138	134-152
5 9	139-149	146-158	153-175	5 5	117-130	127-141	137-156
5 10	141-152	149-161	156-179	5 6	120-133	130-144	140-160
5 11	144-155	152-165	159-183	5 7	123-136	133-147	143-164
6 0	147-159	155-169	163-187	5 8	126-139	136-150	146-167
6 1	150-163	159-173	167-192	5 9	129-142	139-153	149-170
6 2	153-167	162-177	171-197	5 10	132-145	142-156	152-173
6 3	157-171	166-182	176-202	5 11	135-148	145-159	155-176

Fuente: Adaptado y usado con autorización de la compañía de seguros de vida Metropolitan, 1983. Pesos para edades entre 25 y 59 años, basados en la mortalidad más baja.

Pruebe la grasa de su cuerpo: deje que lo piquen, lo hundan y lo liquiden

Aunque su peso es la suma total de *todas* las partes de su cuerpo, esto no considera la composición de su cuerpo (la cantidad de grasa corporal contra la masa de cuerpo magra), ¡lo cual es importante saber ya que el peso muscular es mayor que el de la grasa! De hecho, puede parecer que algunas personas están un poco más altas en el cuadro de peso, *pero* tienen muy poca grasa corporal, lo que indica que el peso proviene de la masa muscular y *no* de la masa de grasa.

Para obtener una idea más acertada de dónde está usted parado en términos de grasa, revise el porcentaje de grasa de su cuerpo al dejarse picar, hundir o liquidar, especialmente si usted hace ejercicio con regularidad. Compare estos resultados con los rangos normativos de la siguiente tabla.

% de grasa en el cuerpo para mujeres		
EDAD	BUENO	EXCELENTE
20-29	20.6 - 22.7	17.1 - 19.8
30-39	21.6 - 24.0	18.0 - 20.8
40-49	24.9 - 27.3	21.3 - 24.9
50-59	28.5 - 30.8	25.0 - 27.4
60+	29.3 - 31.8	25.1 - 28.5

% de grasa en el cuerpo para hombres		
EDAD	BUENO	EXCELENTE
20-29	14.1 - 16.8	9.4 - 12.9
30-39	17.5 - 19.7	13.9 - 16.6
40-49	19.6 - 21.8	16.3 - 18.8
50-59	21.3 - 23.4	17.9 - 20.6
60+	22.0 - 24.3	18.4 - 21.1

Calibradores de pliegue en la piel

Para "picarse" se utiliza lo que se conoce como *calibrador*, una combinación de lo que parece un revolver con tenazas para ensalada. Un probador coloca la pistola en ciertas partes de su cuerpo y toma la grasa para que se pueda separar de sus músculos y del hueso. (¡Suena doloroso, pero en realidad no lo es!) Después de recolectar algunas medidas diferentes, usualmente de la parte trasera del su brazo, su muslo, su abdomen, su hombro y su cadera, el probador pondrá cada número dentro de una fórmula para calibrar el porcentaje general de grasa en su cuerpo.

Aunque los calibradores son rápidos, simples y cómodos, algunas veces los resultados de la prueba pueden desviarse si un probador pica algún músculo junto con la grasa *o* no pica suficiente grasa. También necesitará hacerse este tipo de prueba *antes* de empezar una rutina de ejercicios, ya que durante el ejercicio su piel se hincha ligeramente lo que hace que aparente estar más gordo de lo que en realidad está. ¡Auch!

> **Para reflexionar**
> Al comparar a un atleta entrenado con una persona aplastada en un sofá de la misma estatura y peso, el atleta se ve más saludable, delgado y muy probablemente use ropa de una talla más chica que el retoño en el sofá. ¡Esto se debe a que los músculos pesan más que la grasa, aunque ocupen menos espacio!

> **Para reflexionar**
> ¿Dónde carga su exceso de relleno, en su pancita o en su trasero? Los estudios han demostrado que la gente que tiene exceso de grasa en la parte superior del cuerpo y en el estómago padecen *más* riesgos para la salud que la gente que tiene la grasa en los muslos y en los glúteos.

Peso submarino

"Hundirse" es el método más certero de los métodos clásicos para probar la grasa. Básicamente consiste en sentarse sobre una balanza que se localice en una pequeña piscina de agua caliente. Después, saque *todo* el aire de sus pulmones y húndase, hasta que esté completamente sumergido, durante cinco segundos. Su peso submarino se registrará en una pesa digital y se meterá en una fórmula para determinar el porcentaje de la grasa de su cuerpo.

Impedancia bioeléctrica

"Liquidarse" significa acostarse sobre su espalda con un electrodo pegado a su mano y otro a su pie. Entonces, se manda una señal de un electrodo al otro. Mientras más rápido viaje la señal, significará que tiene más músculos. Por otro lado, si la señal viaja lentamente, significa que tiene más grasa, porque la grasa impide o bloquea la señal.

¿Cuántas calorías debe comer para perder peso y cuántas para mantenerlo?

Contar las calorías de cada bocado de alimento que usted coma *no* es la forma en la que funciona. Pero usted puede tener una idea general de cuántas calorías totales debe comer por día, ya sea para mantener *o* bajar de peso, con la siguiente fórmula.

1. Primero averigüe su FMB (frecuencia metabólica de base *o* cantidad de calorías necesarias para desempeñar sus funciones corporales normales durante el descanso).

   FMB = su peso actual en libras × 10

2. Después multiplique su FMB por un factor de actividad

   FMB × 0.30 (para el promedio de actividades diarias)

3. Finalmente, sume su FMB al factor de actividad

A continuación se presenta un ejemplo de una mujer de 130 libras:

   130 libras × 10 = FMB de 1 300 calorías

   1 300 calorías × 0.30 = 390 factor de actividad

   1 300 + 390 = 1 690 calorías por día

La gente que participa en una actividad física regular más de cuatro veces a la semana necesitará elevar el factor de actividad a 0.40 o 0.60.

El ejemplo anterior muestra que una mujer promedio de 130 libras de peso puede mantenerlo con la ingestión de 1 690 calorías por día. Ahora, digamos que ella quiere perder un poco de peso. Para *perder* peso, ella necesitará crear un balance negativo reduciendo la cantidad de calorías diarias de "mantenimiento" *e* ¡incrementar su ejercicio para quemar aún más calorías! Por ejemplo, ella necesita ingresar en un plan de 1 400 calorías alimentarias, *además* de trabajar aeróbicamente de 4 a 5 días a la semana. Ella no tendrá ningún problema para bajar de peso de forma segura y eficiente.

Meta sus propias estadísticas dentro de la fórmula e investigue cuáles serían sus necesidades calóricas para derretir esas libras indeseables. Entienda que *nadie* debe bajar de 1 200 calorías al día, ya que hará que su metabolismo se haga más lento *y* se prepare para volver a subir de peso. Aun si usted es muy pequeño y las matemáticas dan como resultado menos de 1 200, manténgase en 1 200 calorías y haga más ejercicio.

Para reflexionar
La gente es diferente y perderá peso a velocidades diferentes y con planes diferentes. Por ejemplo, su amiga y usted hacen el ejercicio matemático y llegan al mismo plan de 1 400 calorías, pero cuando las dos iniciaron el programa ella perdió de 1 a 2 libras por semana y usted solamente perdió $1/2$ libra por semana. En este caso, se da por hecho que usted tiene un metabolismo más lento y necesita aumentar el ejercicio y bajar al plan de calorías más bajo, que es de 1 200.

El "juego de la burbuja" y su plan personal para perder peso

Ahora que usted ha realizado las fórmulas matemáticas, súbase las mangas y prepárese para seleccionar uno de los siguientes planes de pérdida de peso bien balanceados: 1 200 calorías, 1 400 calorías, 1 600 calorías o 1 800 calorías, *o* juegue y cree un plan intermedio para usted. Vaya a las páginas 268-274 y eche un vistazo a los diversos planes calóricos. Conviértalo en una diversión y simplemente siga el juego de la burbuja, concentrándose en el número de porciones diarias totales para cada uno de los cinco grupos alimentarios. Note que todos los cálculos han sido realizados por usted, así que no necesita contar una sola caloría. ¡De hecho, la cuenta de calorías se acabó de aquí en adelante!

Entienda las burbujas, ¿qué cuenta como qué?

Entonces, ¿qué rayos son todas esas burbujas? Una burbuja es simplemente un tamaño de porción, y por lo tanto, la cantidad de burbujas al lado de cada uno de los grupos alimentarios es la cantidad total de porciones que su plan tiene para cada día. Por ejemplo, si usted está siguiendo el plan de 1,200 calorías, usted tendrá dos burbujas para la fruta y cuatro burbujas para los granos/pan, lo que significa dos porciones de fruta y cuatro porciones de granos. Recorra los diversos artículos bajo cada una de las categorías de alimentos y aprenda exactamente lo que cuenta como una porción para que usted sepa cómo planear sus alimentos para un día.

¡Bien hecho!
No coma los mismos alimentos toda la semana, diviértase mezclando y juntando diferentes alimentos cada día para que no se aburra; sólo asegúrese de mantener sus asignaciones diarias.

No es necesario que pese o mida, una estimación visual funcionará bien. A continuación se presenta la forma en que puede calcular sus tamaños de porción, y recuerde esto sólo es una lista general; existen millones de alimentos que pueden ajustarse perfectamente a cada una de las categorías, así que siga adelante e incluya sus favoritos.

Una burbuja en granos/pan

1 rebanada mediana de *cualquier* tipo de pan

$^1/_2$ bollo pequeño o *muffin*

1 pan árabe pequeño

1 porción de cereal (frío o caliente)

$^1/_2$ taza de pasta, arroz, cebada o cuscús cocidos

1 papa o 1 camote *pequeños* horneados (del tamaño de su puño)

$^1/_2$ taza de chícharos o elote

1 onza (bolsa pequeña) de *pretzels*

1 barra de granola baja en grasas

2 galletas de higo

*Nota: Algunos vegetales se incluyen en este grupo porque contienen mucho almidón.

**Los siguientes son algunos granos comunes y la forma en que se pueden contar

pasta como plato fuerte = cuatro burbujas de granos

pasta o arroz como guarnición = dos burbujas de granos

una papa grande horneada = dos burbujas de granos

un *pretzel* caliente grande = tres burbujas de granos

knish de papa = tres burbujas de grano

un bollo grande = tres a cuatro burbujas de grano

Una burbuja de vegetales

(la mayoría de los vegetales no tienen límite, ¡asegúrese de comer su cuota *mínima!*)

1 taza de vegetales crudos

$^{1}/_{2}$ taza de vegetales cocidos

1 taza de jugo de vegetales

**las únicas excepciones son las papas, los chícharos y el maíz, que se cuentan como granos.

Una burbuja de fruta

cualquier fruta de tamaño mediano (manzana, plátano, pera, etcétera)

$^{1}/_{2}$ melón pequeño

una rebanada grande de sandía o ligamaza

una taza de ensalada de fruta fresca o moras

un vaso pequeño de jugo de fruta (alrededor de $^{1}/_{2}$ taza)

una cucharada grande de nieve de frutas

una barra congelada de frutas

un puño pequeño de frutas secas

Una burbuja de leche

1 taza de leche baja en grasas (descremada o a 1%)

un envase pequeño de yogur sin grasa (con sabor)

un helado de yogur pequeño bajo en grasas

3 rebanadas de queso duro bajo en grasas (o $1/2$ onza)

$3/4$ taza de queso cottage bajo en grasas

1 taza de pudín bajo en grasas

leche descremada; café capuchino, café con leche o cocoa caliente

4 cucharadas de queso parmesano

Una de leche más una de grasa

1 taza de leche entera

queso normal sobre cualquier alimento

una bola de helado real

chocolate caliente, café capuchino, o café con leche

1 taza de pudín de chocolate

cualquier otro alimento elaborado con leche entera

Una burbuja de proteínas

Aproximadamente tres onzas de carne, aves o pescado magros (el tamaño de un mazo de cartas), a menos que se indique lo contrario.

pechuga de pollo (3 onzas)

pechuga de pavo (3 onzas)

carne roja magra (3 onzas)

hamburguesa de pavo o vegetariana (3 onzas)

todos los mariscos y pescados (3 onzas)

tofú ($2/3$ de taza)

claras de huevo (aproximadamente 4)

huevos enteros (2)

frijoles ($1/2$ a 1 taza cocidos)

Una burbuja de grasa

*en cualquier momento que usted *piense* que algo está preparado con grasa, o

*siempre que usted use: 1 cucharadita de mantequilla, aceite, margarina o mayonesa

*1 cucharada de queso crema, mantequilla de maní o aderezo para ensalada

*2 cucharadas de crema ácida

Para los untables reducidos en calorías, duplique el tamaño de las porciones y usted *no* necesitará contar los untables sin grasa.

¡Al fin, los "alimentos libres" que no cuentan nada!

Mostaza	Salsa de coctel
Catsup	Salsa
*Salsa de soya	Salsa de tomate
*Salsa Teriyaki	*Caldo
Salsa inglesa	Azúcar
Todas las especias y condimentos	Sustitutos de azúcar
Mermeladas y jaleas	Caramelos duros (3 al día)
Jarabes para panqueques (poco)	Chicle (1 paquete por día)
Aderezos para ensaladas y untables libres de grasas	Café o té
Rábanos	Bebidas sin azúcar

*estos alimentos son muy altos en sal, siempre que se encuentren disponibles elija las versiones bajas en sodio.

Siga la pista de su comida en las hojas de burbujas diarias

Haga 20 copias fotostáticas del plan de comida (que se encuentra en las páginas siguientes) que se ajuste a usted, y haga una gráfica de su ingestión diaria para las primeras semanas sólo para tener una noción de esto. Después de comer cada alimento o tentempié, tache las burbujas correctas en la parte inferior. Esto le ayudará a mantener una visión precisa sobre cuánta comida ya ha ingerido *y* cuánta le queda por comer para el resto del día.

Plan de alimentos de 1200 calorías aproximadamente

Desayuno:

Comida:

Tentempié:

Cena:

Tentempié:

Granos y panes: O O O O

Vegetales: O O O

Frutas: O O

Leches: O O

Alimentos con proteínas: O O

Grasas: O O

Agua: O O O O O O O O

Menú preparado

Muestra para un día del plan alimentario de 1 200 calorías

Desayuno: 1 porción de cereal
1 taza de leche descremada
$^1/_2$ melón pequeño

Comida: 1 ensalada grande con 3 onzas de pollo a la parrilla, con
2 cucharadas de aderezo para ensalada estilo italiano
pan árabe pequeño

Tentempié: un helado de yogur pequeño

Cena: 3 onzas de camarones a la parrilla con limón
mucho brócoli al vapor
1 papa grande horneada con
1 cucharadita de margarina
1 taza de fresas frescas

Granos y panes ✓ ✓ ✓ ✓
Vegetales ✓ ✓ ✓
Frutas ✓ ✓
Leches ✓ ✓
Proteínas ✓ ✓
Grasas ✓ ✓
Agua ✓ ✓ ✓ ✓ ✓ ✓ ✓ ✓

Plan alimentario de 1400 calorías aproximadamente

Desayuno:

Comida:

Tentempié:

Cena:

Tentempié:

Granos y panes: O O O O O

Vegetales: O O O

Frutas: O O O

Leches: O O

Alimentos con proteínas: O O

Grasas: O O

Agua: O O O O O O O O

Menú preparado

Muestra para un día del plan alimentario de 1 400 calorías

Desayuno: 1 *muffin* tostado
1 cucharada de queso crema
1 taza de leche descremada *más* 1 taza de moras en la licuadora con hielo

Comida: 3 onzas de pechuga de pavo
2 rebanadas de pan de trigo entero
lechuga, rebanadas de tomate y mostaza
manzana

Tentempié: una naranja

Cena: ensalada verde con aderezo sin grasa
3 onzas de pescado a la parrilla con limón
una papa pequeña horneada con 2 cucharadas de crema ácida
espinacas al vapor con 2 a 4 cucharadas de queso parmesano

Granos ✓ ✓ ✓ ✓ ✓
Vegetales ✓ ✓ ✓ ✓
Frutas ✓ ✓ ✓
Leches ✓ ✓
Proteínas ✓ ✓
Grasas ✓ ✓ ✓
Agua ✓ ✓ ✓ ✓ ✓ ✓ ✓

Plan de alimentos de 1600 calorías aproximadamente

Desayuno:

Comida:

Tentempié:

Cena:

Tentempié:

Granos y panes: O O O O O O

Vegetales: O O O

Frutas: O O O

Leches: O O O

Alimentos con proteínas: O O

Grasas: O O O

Agua: O O O O O O O O

Menú preparado

Muestra para un día del plan alimentario de 1 600 calorías

Desayuno: tazón de avena con leche descremada
1 envase de yogur sin grasa con sabor
1 vaso pequeño de jugo de naranja

Comida: hamburguesa de pavo con bollo
ensalada como guarnición, con una cucharada de aderezo
ensalada de frutas frescas

Tentempié: una barra de granola baja en grasas o
una barra congelada de frutas

Cena: pollo frito con poco aceite y *muchos* vegetales (sólo use 1 o 2 cucharadas
de aceite y salsa de soya)
1 taza de arroz integral
1 helado de yogur pequeño

Granos y panes ✓ ✓ ✓ ✓ ✓ ✓

Vegetales ✓ ✓ ✓ ✓ ✓

Frutas ✓ ✓ ✓

Leches ✓ ✓ ✓

Alimentos con proteínas ✓ ✓

Grasas ✓ ✓ ✓

Agua ✓ ✓ ✓ ✓ ✓ ✓ ✓ ✓

Plan alimentario de 1 800 calorías aproximadamente

Desayuno:

Comida:

Tentempié:

Cena:

Tentempié:

Granos y panes: O O O O O O O

Vegetales: O O O O O O

Fruta: O O O O

Leches: O O O

Alimentos con proteínas: O O

Grasas: O O O

Agua: O O O O O O O

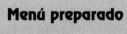

Menú preparado

Muestra para un día del plan alimentario de 1 800 calorías

Desayuno: tortilla de clara de huevo con vegetales (use *spray* antiadherente para cocinar)
2 rebanadas de pan tostado de trigo entero con 2 cucharaditas de margarina reducida en grasas
plátanos y fresas rebanados (~1 taza)
1 taza de leche descremada

Comida: 1 rebanada de pizza de queso con vegetales
1 paleta helada de fruta

Tentempié: durazno
2 galletas de higo

Cena: pescado tipo espada asado (~3 onzas)
marinado en limón y 1 cucharadita de aceite de olivo
1 taza de pasta con salsa marinara
queso mozzarella de leche descremada rayado ($1^1/_2$ onzas)
zanahorias y ejotes cocidos
una manzana horneada

Granos y panes: ✓ ✓ ✓ ✓ ✓ ✓ ✓

Vegetales: ✓ ✓ ✓ ✓ ✓ ✓

Frutas: ✓ ✓ ✓ ✓

Leches: ✓ ✓ ✓

Alimentos con proteínas: ✓ ✓

Grasas: ✓ ✓ ✓

Agua: ✓ ✓ ✓ ✓ ✓ ✓ ✓ ✓

Adiós al síndrome de "lo eché a perder": todas las comidas están permitidas

¿Es culpable de la mentalidad "todo o nada"? ¿Pone usted todos sus alimentos favoritos "fuera de lo permitido" cuando hace dieta, y en el instante en que come cualquier cosa de la "lista mala", se convierte en un cerdo y come todo lo que hay en casa? (Suele pasar: acabar de una vez con todas las papitas y galletas, y prometerse empezar nuevamente el lunes.)

Las dietas pueden fallar cuando se priva de sus alimentos favoritos, aunque no sean tan saludables. Usted *no* ganará más peso por comer, ocasionalmente, en cantidades moderadas, alimentos altos en grasas. De hecho, usted *pierde* peso porque al final ya no se siente privado y puede continuar con su programa de pérdida de peso.

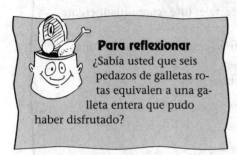

Para reflexionar

¿Sabía usted que seis pedazos de galletas rotas equivalen a una galleta entera que pudo haber disfrutado?

La siguiente lista le muestra que casi *cualquier cosa* puede ajustarse, sólo tiene que tachar las burbujas correctas y hacer la cuenta del resto de los alimentos durante ese día. Por supuesto, trate de mantenerse con las elecciones ¿más saludables la mayor parte del tiempo; pero no se preocupe y dése ocasionalmente el lujo de saborear un trozo de pizza o de pastel, galletas y cualquier alimento que tiente a su paladar. ¡Anímese! Simplemente mantenga su límite diario de burbujas al cambiar otros alimentos para compensar, y ¡usted de todos modos bajará de peso!

Alimentos en el paquete de grasas

Galletas (2 medianas) = 1 grano, 1 grasa

Pastel (rebanada mediana, *cualquier* tipo) = 2 granos, 2 grasas

Dona = 2 granos, 2 grasas

Galleta de repostería grande = 2 granos, 2 grasas

Tarta (mediana) = 2 granos, 2 grasas

Pan danés/repostería = 2 granos, 2 grasas

Muffin de repostería (grande) = 3 granos, 2 grasas

Papas fritas (bolsa pequeña) = 1 grano, 1 grasa

Totopos de maíz (bolsa pequeña) = 1 grano, 1 grasa

Barra de chocolate (Kit-Kat, Snickers y similares) = 1 grano, 3 grasas

Col agria ($^1/_2$ taza) = 1 vegetal, 1 grasa

Ensalada de papa ($^1/_2$ taza) = 1 grano, 1 grasa

Helado (2 bolas) = 2 leche, 2 grasas

Papas fritas a la francesa (alrededor de 20) = 2 granos, 2 grasas

Lomein chino (1 taza) = 2 granos, 2 grasas

Pan de maíz (pieza mediana) = 1 grano, 1 grasa

Sopas de crema (1 taza) = 1 grano, 1 grasa, 1 vegetal

Macarrón con queso (1 taza) = 2 granos, 1 leche (o proteínas), 1 grasa

Pizza (1 rebanada mediana) = 2 granos, 1 leche (o proteína), 1 grasa

**note como en el caso del macarrón con queso y la pizza, el queso puede contarse como leche *o* proteína.

Fijarse metas realistas

No se aflija demasiado por las cantidades tremendas de peso que usted necesita perder. En lugar de eso, divida ese peso en cantidades más pequeñas, metas más fáciles de lograr a corto plazo. Por ejemplo, si usted tiene grabado en el corazón perder 40 libras, entonces prográmese para derrumbar 10 a la vez.

También entienda que la genética juega un papel *clave* en la determinación de la forma de su cuerpo, así que no sueñe que tendrá ese "cuerpo de muñeca Barbie" porque simplemente no va a suceder. Vea a su mamá, a su papá y a otros parientes, aunque la biología no es el destino, la herencia juega un papel integral en moldear sus formas.

Lo más importante es aprender a amar al cuerpo que tiene y concentrarse en la forma de lograr que sea saludable. Usted podría no ser talla seis o tener músculos protuberantes, pero puede aprender a ser feliz con el cuerpo que tiene y a cuidar de él.

No se obsesione con la báscula, ¡lo puede volver loco!

No deje que las fluctuaciones diarias normales, debido al agua, la sal y las hormonas, lo pongan en un estado de pánico. Limite la cantidad de veces que se pesa a no más de una o dos veces por semana. Para evitar brincar sobre la báscula cada vez que entra al baño, empáquela en el armario entre los días de medición de peso o simplemente pésese fuera de su casa (en el gimnasio, en el consultorio de su doctor o en cualquier otra parte).

Empiece a moverse y siga moviéndose

Seguir un plan alimentario saludable es sólo la mitad de la ecuación para perder peso; ¡¡tiene que moverse para perderlo!! Numerosos estudios han demostrado que el ejercicio ayuda a promover la pérdida de peso *y* a mantenerlo ya que reaviva el metabolismo (esto significa quemar más calorías). Lo que es más, el ejercicio lo libera de la tensión *y* hasta puede mejorar su estado de ánimo para motivarlo a realizar elecciones más inteligentes de alimentos durante el día. Regrese a los capítulos 13 y 14 y ¡memorícelos!

Mantenga su peso después de que lo ha perdido

¿Así que ya alcanzó su meta, y ahora qué? ¡VIIIVAAA por un lado y UUY por el otro! Mantener el peso es realmente *más difícil* que perderlo, porque ya no se tiene un número como meta a alcanzar, usted ya llegó. Siga ahí y lea los siguientes consejos para que su físico ya en su peso permanezca de esa forma.

➤ El truco es aflojar las riendas de la dieta, pero no demasiado. Continúe con una versión *modificada* de su plan de burbujas (en su cabeza únicamente), ya que está tan bien balanceada que le impulsa a comer saludablemente.

➤ Calcule un rango de peso de cinco libras arriba o abajo de su peso actual. Por ejemplo, si su peso es de 130 libras, dése un rango de 128 a 132 libras. Continúe pesándose una vez a la semana, y si sobrepasa ese rango, regrese a las hojas de las burbujas.

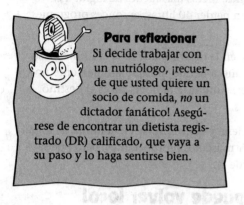

Para reflexionar

Si decide trabajar con un nutriólogo, ¡recuerde que usted quiere un socio de comida, *no* un dictador fanático! Asegúrese de encontrar un dietista registrado (DR) calificado, que vaya a su paso y lo haga sentirse bien.

➤ Planee una "comida libre" cada semana. En otras palabras, una comida que no se ajuste o que no esté calculada dentro de sus planes (cualquier cosa que quiera). Si su peso continúa estable, añada una segunda "comida libre" o posiblemente un postre. Experimente y vea lo que su cuerpo puede manejar, todo el mundo es diferente.

➤ Usted puede preferir aumentar algunos granos más a su plan (*o* fruta y leche). Observe lo que revelan las mediciones de peso semanales y nunca entre en pánico si sube ligeramente; sólo elimine algunas de las adiciones la siguiente semana. Recuerde que la clave para mantenerse es la de investigar cuánta comida puede manejar su cuerpo.

➤ Por ningún motivo abandone su programa de ejercicio regular. El ejercicio le permite comer más, ya que le ayuda a quemar las mega calorías *y* ¡lo conserva duro y con buen tono porque elimina la grasa del cuerpo y aumenta su masa sin grasa!

Lo mínimo que necesita saber

➤ Las dietas de moda no funcionan. La gente debe perder peso comiendo los mismos alimentos saludables que seguirá comiendo después de haber perdido peso.

➤ Una tabla popular para encontrar su peso corporal ideal es la Tabla de pesos y medidas, elaborada por la compañía de seguros de vida Metropolitan.

➤ Su peso en la báscula es la suma total de *todas* las partes de su cuerpo (masa de grasa y masa sin grasa), por lo tanto es útil hacerse una prueba de *porcentaje de grasa en el cuerpo* para identificar específicamente cuánta grasa hay en su cuerpo.

➤ No se obsesione con la idea de tener un cuerpo como los muñecos Barbie y Ken; eso simplemente no va a suceder. Planee metas realistas para perder peso al entender que la genética juega un papel *clave* en la forma de su cuerpo.

➤ Aprenda a amar al cuerpo que tiene y concéntrese en hacerlo saludable, no necesariamente curveado como una modelo.

Capítulo 23

¿Dígame, quiere usted aumentar algunas libritas?

En este capítulo

➤ Estrategias para ayudarle a aumentar de peso

➤ Comidas y tentempiés altos en calorías

➤ Batidos refrescantes para aumentar sus calorías

¿Su metabolismo es tan rápido que usted quema las calorías más rápido de lo que las consume? Es posible que usted sea una de esas personas a las que "no les interesa la comida" o que ve el reloj y piensa: "Ups, se me olvidó comer". Cualquiera que sea la razón detrás de su cuerpo delgado, no tenga miedo, con un poco de esfuerzo y determinación usted puede empezar una ruta ascendente en su báscula.

Seis consejos para ayudarle a empacar las calorías

Para ganar peso se requiere que devore *más* calorías de las que quema. Apéguese a los principios de la alimentación básica y concéntrese en los siguientes consejos:

➤ Coma porciones más grandes en sus tres comidas principales; además, considere aumentar una comida adicional al día.

➤ ¡Los tentempiés son mega importantes! Planee por lo menos tres tentempiés al día. El tentempié número 1 se puede ajustar entre el desayuno y la comida; el número 2, entre la comida y la cena; el número 3, antes de acostarse. Ponga en su bolso o mochila una bolsita de mezcla de granola, frutas secas, galletas saladas, galletas de higo y nueces. Téngala también en su escritorio en el trabajo.

➤ Añada alimentos con densidad calórica a sus comidas. Por ejemplo, mezcle frijoles, semillas, nueces, chícharos, aguacate, queso y aderezos en las ensaladas. Añada camarones, pescado, pierna de pollo y mucho queso parmesano a las pastas. Añada galletas, arroz, maíz, fideos y frijoles a sus sopas. Y no olvide la canasta del pan; ¡unte mucha margarina!

➤ Beba toneladas de jugo de fruta o leche (preferentemente sin descremar, pero tampoco la entera), durante y entre sus comidas; es una gran forma de añadir calorías sin dolor.

➤ Pruebe algunos suplementos densos en calorías tales como el Ensure Plus®, Sustacal®, Bost®, Carnation Instant Breakfast® y Nutriment®. Sólo asegúrese de tomarlos *entre* comidas o *con* las comidas, y no en lugar de las comidas, o se acabará el propósito de las calorías adicionales.

➤ Consulte a un entrenador calificado para entrar a un programa de ejercicios con pesas. Le puede ayudar a formar músculos y *además* conseguirá algunas libras más.

Definición
Los alimentos con **densidad calórica** proveen muchas calorías y grasas en un tamaño de porción relativamente pequeño.

Aunque la idea es aumentar sus calorías, usted también desea mantener una dieta bien balanceada y nutritiva. No se llene de barras de chocolate, donas, pasteles, galletas y otras comidas "menos nutritivas" que lo golpearán con la grasa y no le darán nada de nada en el departamento de nutrición. En lugar de esto, apéguese a los alimentos densos calóricamente *y* que le proporcionen muchos nutrientes al mismo tiempo. He aquí algunos ejemplos.

Empiece con una comida saludable básica	Para añadir algunas calorías
Tortilla de huevo con vegetales	Añada queso y un bollo con margarina
Ensaladas	Añada queso rayado, aguacate, aceitunas y mucho aderezo
Pizza	Añada queso extra y vegetales
Pasta	Añada aceite de olivo y queso parmesano
Pollo frito con poco aceite	Añada cacahuates o nueces
Burritos	Añada guacamole o crema ácida

Ideas para tentempiés altos en calorías

batido con helado de yogur	tazón de cereal con fruta y leche baja en grasas
totopos de tortilla con salsa y guacamole	mantequilla de maní con jalea sobre galletas
muffins de salvado, maíz o mora	mantequilla de maní sobre rebanadas de manzana y plátanos
queso y galletas	cereal mezclado con yogur
frutas secas y mezcla de nueces	barras de granola y de fruta

Muévanse todos

Los batidos pueden ser refrescantes, una alternativa de tentempié llenador, y puede aumentar una cantidad significativa de calorías al día.

Pruebe estas ideas:

1. Licúe: 4 cubos de hielo, $^1/_2$ taza de jugo de naranja, $^1/_2$ taza de trozos de melón, 1 plátano o $^1/_2$ taza de fresas y germen de trigo (opcional). Agregue más o menos jugo o fruta para lograr la consistencia deseada.

2. Mezcle Carnation Instant Breakfast® u Ovaltine® con 1 taza de leche baja en grasas; bébala *con* el desayuno o guárdela para media mañana o para el tentempié a la hora de acostarse.

3. Haga un puré de tofú suave de 10 onzas, $^3/_4$ de taza de jugo de manzana, 1 plátano o $^1/_2$ taza de moras en una licuadora y adorne con nueces o almendras.

4. Para obtener un batido espeso, haga puré 1 taza de yogur, 2 cucharaditas de miel, 1 plátano y $^3/_4$ de taza de jugo de fruta (jugo de piña o naranja). Mezcle con germen de trigo si lo desea.

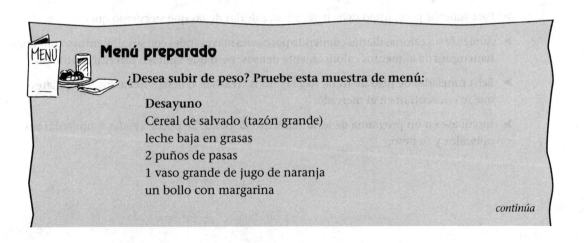

Menú preparado

¿Desea subir de peso? Pruebe esta muestra de menú:

Desayuno
Cereal de salvado (tazón grande)
leche baja en grasas
2 puños de pasas
1 vaso grande de jugo de naranja
un bollo con margarina

continúa

continuación

Tentempié 1
8 onzas de leche baja en grasas con Carnation Instant Breakfast®
bollo grande de moras

Comida

emparedado de ensalada de pollo con pan de trigo entero
tazón de sopa de vegetales con galletas saladas
manzana
vaso grande de jugo de fruta

tentempié 2
mantequilla de maní con galletas saladas y leche baja en grasas
fruta seca y nueces
vaso de jugo

Cena
pizza de queso y vegetales
mucho pan italiano
ensalada con aceite de olivo y vinagre
bebida con sabor a frutas

Tentempié para antes de acostarse
cono de helado de yogur con chispas de chocolate

Lo mínimo que necesita saber

➤ Para subir de peso, usted debe ingerir *más* calorías de las que su cuerpo quema.

➤ Aumente sus calorías diarias comiendo porciones más grandes con sus alimentos y comiendo tentempiés de alimentos calóricamente densos, pero que también ofrezcan nutrición.

➤ Beba toneladas de jugo de fruta, haga batidos creativos o beba suplementos populares que se encuentran en el mercado.

➤ Inscríbase en un programa de levantamiento de pesas. Le puede ayudar a aumentar sus músculos y su peso.

Capítulo 24

Entienda los desórdenes alimentarios

En este capítulo

➤ Todo acerca de la anorexia nerviosa y la bulimia

➤ ¿Qué es sobrealimentarse compulsivamente?

➤ Historias de la vida real de algunas personas con problemas alimentarios

➤ ¿Cómo ayudar a un amigo que tiene un desorden alimentario

El ideal de la belleza es volverse más y más delgado, una flacura hasta el hueso, que de hecho la mayoría de la gente *no* es capaz de lograr mediante una alimentación saludable, normal. Inundados por las delgadísimas modelos que se ven en la televisión, el cine y las revistas, no causa sorpresa que cada año millones de estadounidenses sufran de serios desórdenes alimentarios. De hecho, más de 90% de las personas que se ven afligidas por estos desórdenes son los adolescentes y las mujeres adultas jóvenes, quienes se encuentran en un momento de sus vidas donde la búsqueda del "cuerpo ideal" es incontenible.

Muchas teorías psicológicas sobre los desórdenes alimentarios han sido propuestas y afortunadamente ahora existen numerosos centros de tratamiento completo para ayudar a la gente que pelea contra la anorexia nerviosa, la bulimia y la sobrealimentación compulsiva. Como sociedad, es necesario sobrepasar esa obsesión del peso *irracionalmente* bajo y aprender a aceptar y amar las formas genéticas saludables con las que uno nace. Este capítulo le brinda los fundamentos sobre los desórdenes alimentarios básicos para que usted entienda el desbarajuste del mundo de las dietas, y quizá pueda ayudar a un amigo, a un pariente o a usted mismo.

Anorexia nerviosa: la persecución sin tregua de la delgadez

La anorexia nerviosa es un desorden psicológico complejo que literalmente significa la hambruna autoinducida. La gente que sufre de esta enfermedad come extremadamente poco, se rehusa a mantener un peso corporal saludable, correspondiente a su estatura, y frecuentemente dice que se "siente gorda", aunque obviamente está escuálida. Debido a que los anoréxicos se encuentran severamente mal nutridos, a menudo experimentan síntomas de hambruna: uñas y cabello quebradizos, piel seca, sensibilidad extrema al frío, anemia (bajo en hierro), lanugo (crecimiento de cabello delgado en la superficie del cuerpo), pérdida de tejido óseo, articulaciones inflamadas; y presión arterial, frecuencia cardiaca y niveles de potasio *peligrosamente* bajos. Si no se detecta y se trata a tiempo, las víctimas de anorexia nerviosa pueden literalmente "ponerse a dieta hasta la muerte".

La prevalencia de la anorexia nerviosa se estima en 0.1 a 0.6% de la población general, siendo 90% de quienes la padecen las mujeres y casi 6% los niños y hombres jóvenes. Aunque cualquier personalidad puede ser víctima de esta enfermedad que amenaza la vida, la mayoría de los anoréxicos tiende a ser perfeccionistas que esconden sus sentimientos: estudiantes de diez de calificación, buenos atletas y ciudadanos que siempre hacen lo correcto. Para los anoréxicos, la restricción y el control de los alimentos se convierten en una forma de conllevar casi todo.

Señales de advertencia de anorexia nerviosa

➤ Pérdida de peso anormal de 15% (o más) del peso corporal normal sin una enfermedad médica que provoque dicha pérdida. También puede ser que no se suba la cantidad esperada de peso durante un periodo de crecimiento de los niños más jóvenes y de los adolescentes.

➤ Un intenso miedo a estar gordo o a subir de peso, junto con una dieta estricta y una severa restricción calórica, a pesar de una apariencia tan delgada como un riel.

➤ En mujeres, la ausencia de por lo menos tres ciclos menstruales consecutivos que debían presentarse normales.

➤ Cambiar siempre la "meta final" de la dieta (es decir, cinco libras más y me detengo).

➤ Preocupación constante por la comida. Los anoréxicos con frecuencia cocinan y preparan alimentos para otros, aunque ellos se rehusan a comer cualquier cosa.

➤ Imagen distorsionada del cuerpo: por ejemplo, reclaman que tienen "muslos gordos" a pesar del hecho de que las básculas y los espejos muestran que están severamente escuálidos.

➤ Rituales extraños al comer, tales como cortar los alimentos en pedazos pequeños, tomar periodos inusualmente largos para ingerir una comida y preferir constantemente comer solos.

➤ Sobre ejercitarse obsesivamente a pesar de la fatiga y de la debilidad.

➤ Volverse socialmente retraídos, aislados y deprimidos.

¡QUÉ?

Definición
Anorexia nerviosa significa "pérdida de apetito de origen nervioso".

Bulimia significa "hambre como la de un toro".

Un agradecimiento muy especial a pacientes que permitieron compartir sus luchas contra los alimentos.

"Alcanzar un peso normal"

A los 13 años de edad y con 172 libras, no estaba muy involucrada con el mundo que me rodeaba. Por supuesto, veía el pollo frito, el puré de papas, los pasteles y las galletas, pero los muchachos, la ropa y las playas me eludían. No me mal interprete, no era infeliz todo el tiempo, simplemente no era particularmente feliz. De hecho, la mayor parte del tiempo yo no era nada, ¡yo sólo era GORDA!

Al igual que la mayoría de los perfeccionistas, parecía que yo hacía todo a los extremos. Inicialmente comía hasta estar lo más satisfecha posible, y después, cuando mi doctor me dijo que tenía que perder peso, ¡me puse a dieta hasta estar lo más delgada posible! 365 días después y con 52 libras menos, surgió la nueva Jane. Había hecho ejercicio y llevado una dieta estricta en mi camino hacia la salud. ¡Las hamburguesas y los taxis desaparecieron, los alimentos bajos en grasas y el ciclismo aparecieron!

Por supuesto, mi doctor se quedó sorprendido por mi éxito y mi familia brillaba de orgullo. Por otro lado, mis amigas mostraban una extraña combinación de admiración celosa, y *finalmente*, por primera vez en mi vida, ¡los chicos me notaban! Chiflaban cuando yo pasaba por la calle y se me acercaban en la escuela. "Vaya", pensé. "Si puedo obtener tanta atención con 120 libras, imagino que fabulosa sería la vida si pesara 110."

A las 100 libras pensé que había encontrado la bendición: podía contar mis costillas, bajar mis pantalones sin desabrocharlos, y lo más importante, podía pasar el día entero sólo con un pequeño helado de yogur sin grasa en el estómago.

Los meses volaron y mi peso continuó en picada. Exhausta, helada y usando ropa talla cero, me encontraba en un abismo solitario. Las noches del verano se sentían como la muerte de invierno y la urgencia de dormir no podía detenerse. Hasta entonces supe que estaba enferma, *todo el mundo* ya lo sabía, y finalmente se me diagnosticó anorexia nerviosa.

Aunque yo rechazaba la noción de tener una enfermedad, luchaba mental y físicamente contra los alimentos sólidos y disminuía mi cantidad de ejercicio. *Gradualmente*, a lo largo del curso de todo un año, recuperé tanto mi cuerpo como mi vida. Admito que los alimentos bajos en grasas y el ejercicio aún son parte de mi vida, pero ahora de una manera más sana, no como un desastre destructivo. Debo forzarme a comer un alimento peligroso (un alimento con grasa que "asusta") de vez en cuando, y permitirme la indulgencia de un postre de premio dos veces a la semana. Aunque todavía estoy obsesionada con mi peso, ya no se trata de perderlo; en lugar de esto, se trata de mantenerlo. He conservado mi peso *saludable* actual de 112 libras durante el último año y pienso que finalmente puedo decir que encontré la forma ideal de ejercer mi "control". "Controlo" lo que como y la cantidad de ejercicio que debo hacer, pero ahora no en un abismo congelado, ¡sino en un gimnasio caliente y sudoroso!

Por Jane Stern, una anoréxica recuperada de 18 años de edad.

Bulimia nerviosa

El desorden alimentario denominado bulimia es por lo menos dos o tres veces más común que la anorexia nerviosa. De hecho, los sondeos recientes reportan que alrededor de 1% de la población en general y 4% de las mujeres entre 18 y 30 años padecen de esta complicada enfermedad. La gente con bulimia tiene periodos repetidos de *comer hasta hartarse*, consumen rápidamente grandes cantidades de comida y después liberan a sus cuerpos del exceso de calorías, a través del vómito, abuso de laxantes o diuréticos, o hacen ejercicio obsesivamente. En la mayoría de los casos, este síndrome de hartarse/purgarse es una salida para la ansiedad, la frustración, la depresión, la soledad, el aburrimiento o la tristeza. Ya que la mayoría de los bulímicos tienen, generalmente, un peso normal, pueden guardar este desorden en secreto y pasar desapercibidos durante años. Aunque algunos investigadores estiman que el problema está empeorando, otros piensan que esa gente está más deseosa de buscar ayuda y por lo tanto el problema se deja descubrir y se trata con más frecuencia.

Señales de advertencia de bulimia

➤ Insatisfacción con la forma del cuerpo y constante preocupación por adelgazar.

➤ Estado de ánimo cambiante entre la alegría y la depresión.

➤ Periodos repetidos de consumir rápidamente grandes cantidades de comida (comer hasta hartarse), seguidos por intentos de purgarse (desechar los alimentos) a través del vómito autoinducido, uso de laxantes o diuréticos, el ejercicio prolongado, o al seguir dietas severas bajas en calorías entre las comilonas.

➤ Las complicaciones físicas graves del vómito crónico incluyen: erosión del esmalte dental del vómito ácido, cicatrices en las manos por meterse los dedos hasta la garganta, glándulas inflamadas, garganta irritada, irritación del esófago y mala digestión (acidez, gases, diarrea, estreñimiento, abotagamiento). Los peligros físicos más serios incluyen una severa deshidratación, pérdida de potasio (ya que el potasio controla el ritmo cardiaco) y ruptura del esófago.

➤ Consciencia de que el patrón de alimentación es anormal.

➤ Miedo a no poder controlar la alimentación voluntariamente.

➤ Ligereza de cabeza y mareos o desmayos

➤ Frecuentes fluctuaciones de peso de 10 libras hacia arriba o hacia abajo por la constante comida en demasía y purga.

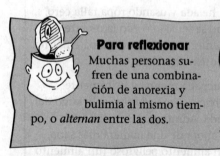

Para reflexionar
Muchas personas sufren de una combinación de anorexia y bulimia al mismo tiempo, o *alternan* entre las dos.

Para reflexionar
Los desórdenes alimentarios algunas veces pueden encontrarse en toda la familia. De hecho, la tasa de anorexia entre *hermanas* se ha estimado entre 2 y 10%.

"Mi círculo vicioso de inanición-relleno"

Todo empezó cuando me preparaba para ir a la universidad. Mi ansiedad surgió porque tenía que separarme de mi familia y se manifestó en una imagen corporal y un problema de alimentación. Hasta ese momento, yo era una comedora "normal", comía cuando tenía hambre, paraba cuando estaba satisfecha, y comía ocasionalmente de más en celebraciones especiales. Comía barras de chocolate, pizza y palomitas en el cine en menos de un parpadeo.

De repente, pareció como si mi cuerpo ya no me perteneciera. Se convirtió en esa "cosa" separada de mí. Me volví hiperconsciente y obsesionada mentalmente sobre cómo controlar mi figura a través de hacer ejercicio obsesivamente y de patrones restrictivos de alimentación. Saltarme dos comidas seguidas y hacer ejercicio durante dos horas al día se convirtió en algo normal para mí. Solía pararme desnuda frente al espejo de mi habitación, pegándome y haciendo un escrutinio de mí misma en voz alta. Mi autoestima estaba tan baja que realmente necesitaba de alguien que validara todas mis inseguridades. Mi compañera de cuarto se daba cuenta de esto con disgusto y me repetía una y otra vez que no estaba gorda. Mucha gente en mi vida se cansó de repetirme esto.

No me permití disfrutar de "alimentos prohibidos" durante mucho tiempo en la universidad. Me sentía orgullosa de tener este control, pero irónicamente continuaba con mi insatisfacción por mi "cuerpo gordito" (el cual siempre había sido *muy* delgado, según lo que me han dicho). Pero después de un tiempo de rígidas restricciones, mi cuerpo se rebeló y mi alimentación desordenada tomó un nuevo giro: pocos días de restricción (algunas veces hasta menos de 500 calorías al día) y después ¡bam!, ¡"saboteaba" todos mis esfuerzos al comer hasta sentirme incómodamente llena! Me sentía disgustada, deprimida y ENORME, y desechaba las calorías al provocarme el vómito, y después regresaba a mi dieta restrictiva extrema de bajas calorías, y el círculo vicioso continuaba. Mi peso tenía una fluctuación de 10 libras, dependiendo del día de la semana, pero para el mundo exterior yo permanecía como una pequeña persona "normal".

También desarrollé extrañas idiosincrasias. Ciertos colores tenían que comerse juntos y ciertos alimentos tenían que hacer "juego" con otros por ninguna razón en especial, excepto por el hecho de que tenía sentido para mí. También me pesaba hasta 25 veces al día. No había cabida para el error, la espontaneidad o el cambio.

Finalmente, asumiendo el hecho de que esta obsesión por la comida y el ejercicio manejaban mi vida, empecé a consultar a un psicoterapeuta. Por primera vez me di cuenta de que mi "asunto con la comida" sólo era un síntoma de emociones sin límite que había encerrado dentro de mí. Necesitaba trabajar duro para liberarme de mis actitudes extremistas y mi creencia de que si no se era poco menos que perfecta, no valía la pena ser (¿qué es ser "perfecta" de cualquier modo?).

Ahora, me permito sentirme con el derecho de mis palabras y acciones, y me doy cuenta de que estar en un terreno medio es más saludable en cuanto a sentir, pensar y comer. También he trabajado con una nutrióloga durante todo el año. Ella me ha enseñado que las restriccio-nes inevitablemente me conducen a las comilonas, y estoy tratando desesperadamente de alejarme de aquellos días de blanco/negro (restricción o comilona), y enfocarme en el "gris".

continúa

continuación

Ya no permito que una golosina determine mi autoestima y he aprendido que la alimentación normal es flexible y siempre cambiante. Está bien comer un gran pedazo de pastel en mi cumpleaños, chocolates cuando paso por mi SPM (síndrome premenstrual), y palomitas en el cine de vez en cuando. La "alimentación normal" significa comer saludablemente la *mayor* parte del tiempo aunque se permitan indulgencias cuando así se desee. Esto es, alimentarme cuando tenga hambre y algunas veces hasta cuando no tenga hambre, ¡sólo por la diversión que representa! Es alimentar la mente tan bien como el cuerpo y tener fluctuaciones en el peso es normal. Es ver la vida como algo más que lo que pone en su boca y disfrutar de las situaciones sociales de conversación y risas. Es aprender a aceptar nuestros cuerpos, nuestras fortalezas y también nuestras limitaciones. Admito que cada día es una lucha en este momento, pero por lo menos, finalmente considero que lo valgo.

Por una bulímica recuperada de 26 años de edad.

Sobrealimentarse compulsivamente

Para reflexionar

Mucha gente no se diagnostica como anoréxica o bulímica, sino que sufre de "asuntos de comida" menos serias que de cualquier forma controlan y restringen su vida. Recuerde que sólo tiene una vida que vivir. ¡Busque ayuda y viva plenamente!

La gente que come compulsivamente consume, en forma repetida, cantidades excesivas de comida, algunas veces hasta el punto de tener un malestar abdominal. Sin embargo, a diferencia de los bulímicos, ellos no desechan los alimentos con ninguno de los métodos mencionados anteriormente. De hecho, la mayoría de la gente con este tipo de desorden alimentario tiene sobrepeso a causa de hartarse de comida constantemente, y tiene un largo historial de fluctuaciones de peso.

Ya que los comedores compulsivos se sienten fuera de control con respecto a su comida (y con frecuencia comen en secreto), aparentemente existe una alta incidencia de depresión, además de las complicaciones médicas serias que van de la mano con el sobrepeso.

"Mi dieta hacia la obesidad"

El ciclo inició cuando tenía 11 o 12 años y usaba talla 7 y pensaba que me veía gorda. Hice una dieta, me morí de hambre, hice ejercicio, comí en demasía y terminé usando talla 9. Bailé el ritmo de la talla 7-9 varias veces, hasta que finalmente me gradué en la rutina de las tallas 9-11. Esto continuó así hasta que termine por alcanzar la talla 13.

El punto en el que se presentó el giro del "problema alimentario" al "desorden con amenaza de perder la vida" sucedió en mis años de adulta después del rompimiento de una relación seria. ¡Yo ya no podía enfrentar nuevamente la ansiedad del mundo de las citas! Esto también

continúa

continuación

sucedió después de que mi abuela murió y mi padre tuvo un ataque cardiaco. Al iniciar un trabajo a nivel gerencial con gran poder, mis comilonas empezaron a estar fuera de control. Repentinamente, una vez al caminar a casa desde el trabajo, sentí la urgente necesidad de comer; me detuve en una tienda de abarrotes, una cafetería, un restaurante, y compré papas fritas, pasteles, helado y galletas. Llegué a mi departamento y me apresuré a la cocina sin quitarme mi abrigo pesado de invierno y mi sombrero para echar paladas de pastel dentro de mi boca. ¡Mis manos temblaban y no me era posible comer el pastel con suficiente rapidez! Terminé el pastel completo, un cuarto de helado y 20 galletas antes de estar lo suficientemente calmada como para quitarme el abrigo y ordenar comida china.

Esta rutina se repitió noche tras noche durante meses. A los seis meses ya había aumentado 85 libras y por primera vez en mi vida llegué a las 200 libras. Estaba deprimida, desesperada y aterrorizada. Lloraba todo el día, en la regadera, en el tren, en mi oficina, y buscaba frenéticamente ayuda en los centros de dieta, a los investigadores de obesidad y en los programas de hospitales. Contemplaba el suicidio seriamente. Estaba humillada y pesaba 250 libras. Me sentía como adicta a la heroína sólo que en realidad yo era adicta a la comida.

Gracias a los conocimientos, al interés, a la comprensión, al apoyo y a la guía de médicos confiables (un psiquiatra, un nutriólogo, un grupo de terapia *y* medicamentos antidepresivos), actualmente estoy saliendo de este infierno perpetuo. Ahora sigo un enfoque no privativo: *todos* los alimentos con moderación. Créanme, me tomó *mucho* llegar a desear intentar esto porque durante toda mi vida lo que siempre conocí fueron las dietas de 750 calorías o las comilonas de 20,000 calorías. Actualmente, me autorizo una barra de chocolate si realmente la apetezco y si necesito comer en demasía (no comilonas), debido a una carga pesada de trabajo bajo presión, me doy permiso.

Actualmente peso 185 libras, como normalmente y a los 45 he vuelto a nacer con esperanza.

Por una comedora compulsiva de 45 años de edad.

Cómo ayudar a un amigo o pariente que tiene un desorden alimentario

El combate de un desorden alimentario es *muy duro* y generalmente involucra a un equipo colaborador de especialistas, incluyendo un *psiquiatra* (o psicólogo) para que trabaje con la dinámica psicológica, un *médico* para monitorear el estado físico, y un *nutriólogo* (o dietista) para reintroducir la comida como un aliado, no como un enemigo. He aquí algunas cosas que usted puede hacer si sospecha que algún amigo o miembro de la familia tiene un desorden alimentario:

➤ Llame a su hospital local (o alguno de los centros de tratamiento de su localidad) y obtenga información sobre diversos programas en su zona. Pregunte sobre terapeutas individuales, sesiones de terapia de grupo y nutriólogos que se especialicen en los asuntos alimentarios.

➤ De forma cariñosa y gentil, discuta sus preocupaciones con su amigo o pariente y ofrézcale algunos recursos profesionales y números de teléfono que haya investigado. Dé mucho apoyo y tenga paciencia, hasta ofrézcale acompañarlo a cualquier consulta inicial.

➤ Si la persona es un menor y se rehusa a obtener ayuda, usted necesitará hablar con un miembro de la familia.

Lo mínimo que necesita saber

➤ La anorexia nerviosa es un desorden alimentario que amenaza la vida, involucra la inanición autoinducida y el rechazo a mantener un peso saludable normal de acuerdo a la estatura.

➤ La bulimia nerviosa es un desorden alimentario grave que involucra periodos repetidos de consumo rápido de grandes cantidades de comida, y después desechar del cuerpo el exceso de calorías al autoinducir el vómito, abusar de laxantes o diuréticos o hacer ejercicio durante tiempo prolongado.

➤ El comedor compulsivo come cantidades excesivas de alimentos repetidamente. A diferencia de los bulímicos, los comedores compulsivos no se purgan y por lo tanto tienden a ser excesivamente gordos.

➤ El tratamiento de un desorden alimentario generalmente requiere del enfoque de un equipo colaborador, que se integra por un psiquiatra o psicólogo, un médico y un nutriólogo.

Más recetas divertidas y nutritivas

Panecillos de jalea

Ocho porciones

1 taza de harina	¼ cucharadita de sal
1 taza de leche baja en grasas a 1%	1 cucharada de aceite de *canola*
1 huevo	*spray* antiadherente de aceite vegetal
1 cucharada de polvo para hornear	jalea o mermelada

Caliente el horno a 425°. Rocíe el *spray* antiadherente de aceite vegetal en una charola para panecillos para hornear. Mida todos los ingredientes y colóquelos en la licuadora. Mezcle bien. Después, vacíe la mezcla en la charola para hornear ya preparada, llenando cada molde a la mitad o a dos tercios de su capacidad. Hornee durante 25 o 35 minutos hasta que los lados estén rígidos y la cubierta esponjada.

Adorne cada panecillo con una cucharadita adicional de jalea (opcional); cada uno equivale a una porción. Sirva con bastante fruta fresca.

Análisis de nutrición por porción

Calorías 112, grasa total 3 gramos

Grasa saturada 0.5 gramos, fibra 0.5 gramos

Proteínas 3 gramos, sodio 136 mg, colesterol 28 mg

*De la cocina de Meg Fein

Crepas de moras para el desayuno

Cuatro porciones

2 tazas de harina de grano entero

1 huevo batido

2 $^1/_2$ tazas de leche baja en grasas

$^1/_2$ taza de moras

$^1/_2$ taza de frambuesas

$^1/_2$ taza de fresas rebanadas

spray antiadherente de aceite vegetal

Ponga la harina en un tazón y añada el huevo más las dos tazas de leche (guarde $^1/_2$ taza). Bata con un batidor de alambre hasta que desaparezcan todos los grumos y la mezcla esté totalmente suave. Añada gradualmente la _ taza de leche restante para hacer una mezcla ligera. Rocíe el *spray* antiadherente para cocinar en una sartén caliente (a fuego medio alto) y vacíe suficiente mezcla en la sartén, como para hacer un círculo grande. Esparza la cantidad deseada de fruta en la parte superior y presione hacia abajo dentro de la crepa. Cocine durante aproximadamente 2 a 3 minutos más y después voltee la crepa y cocine del otro lado. Póngala cuidadosamente en un plato y enróllela.

Análisis de nutrición por porción

Calorías 325, grasa total 4 gramos

Grasa saturada 1.6 gramos, fibra 5 gramos

Proteínas 15 gramos, sodio 95 mg, colesterol 59 mg

*De la cocina de Lisa Alexander y Jesse Bauer

Sopa de vegetales con MM y M

Una porción

1 taza de sopa de vegetales enlatada baja en sodio

2 rebanadas de pan de trigo entero

1 cucharada de mantequilla de maní

1 cucharada de mermelada

Abra la lata de sopa y caliéntela. Mientras se está calentando, unte la mantequilla de maní en una rebanada de pan y la mermelada en la otra. Júntelas y ¿qué es lo que obtiene? ¡MM y M con una deliciosa sopa de vegetales! Éste es un ejemplo de que para comer saludablemente no se necesita ser extravagante.

Análisis de nutrición por porción

Calorías 365, grasa total 10 gramos

Grasa saturada 2 gramos, fibra 10 gramos

Proteínas 11 gramos, sodio 435 mg, colesterol 0 mg

*De la cocina de Pam Shapiro y Dan Schloss

Tostada jardinera

Cuatro porciones

8 tortillas de maíz

¹/₄ de taza de queso mozzarella sin grasa

¹/₄ de taza de crema ácida sin grasa

Ensalada

¹/₂ pimiento rojo, picado medianamente	¹/₄ de taza de taza de cebollín picado
1 chile verde, sin semillas y picado medianamente	4 cucharadas de salsa preparada
2 tomates maduros, picados medianamente	2 cucharadas de vinagre
2 tazas de frijoles negros, drenados	3 tazas de lechuga orejona rayada

Caliente el horno a 375°. Coloque las tortillas en una charola para hornear galletas, sin traslaparlas. Hornee durante 5 minutos y voltéelas. Hornee durante 10 minutos más o hasta que se hagan onduladas y de color café dorado. Combine los ingredientes de la ensalada en un tazón grande para mezclar. Para servir: coloque dos tortillas de maíz sobre el plato. Añada la mezcla de la ensalada en la superficie de cada una de las tortillas. Ponga 1 cucharada del queso mozzarella sin grasa y 1 cucharada de crema ácida sobre cada tostada.

Análisis de nutrición para una porción

Calorías 300, grasa total 2 gramos

Grasa saturada 0 gramos, fibra 9 gramos

Proteínas 15 gramos, sodio 200 mg, colesterol 0 mg

©*Food for Health Newsletter*, 1996. Reimpresión autorizada.

Pollo y arroz al curry

Cuatro porciones

1 ½ tazas de agua

1 ¼ taza de arroz basmati sin cocer

1 taza de consomé de pollo

12 oz. de pechuga de pollo sin hueso, sin piel y cortada en cubos de ½ pulgada

1 taza de tomates machacados de lata

2 tazas de brócoli

¼ taza de pasitas oscuras sin semillas

4 cucharadas de yogur natural sin grasa

1 cucharada de curry en polvo

½ cucharadita de comino

En una sartén grande, combine todos los ingredientes *excepto el pollo, el brócoli* y *el yogur sin grasa*. Deje que hierva, reduzca el fuego sin que deje de hervir (baje a fuego medio o fuego lento), y cocine cubierto durante 8 minutos o hasta que el líquido casi se evapore. Añada la pechuga de pollo y el brócoli, y cocine durante 5 minutos más o hasta que el pollo se cueza y el arroz esté suave. Si es necesario añada más agua. Sirva con una cucharada de yogur sin grasa encima de cada porción.

Análisis de nutrición por porción

Calorías 370, grasa total 1 gramo

Grasa saturada 0 gramos, fibra 4 gramos

Proteínas 28 gramos, sodio 230 mg, colesterol 50 mg

©*Food for Health Newsletter*, 1996. Reimpresión autorizada.

Berenjena parmesana

Cuatro porciones

1 berenjena grande

2 tazas de pan molido

pizca de pimienta de Cayena

$^1/_4$ de cucharadita de ajo en polvo

1 taza de yogur natural sin grasa

spray de aceite de olivo para cocinar

1 taza de queso mozzarella para gratinar

16 oz. de pasta de tomate

Caliente el horno a 350°. Rebane la berenjena a lo largo en rebanadas de $^1/_4$ pulgada de grueso. (Lo óptimo es obtener de 6 a 8 rebanadas, de esa forma se obtienen de $1^1/_2$ a 2 rebanadas por persona.) Mezcle el pan molido, la pimienta de Cayena y el ajo en polvo en un tazón grande para mezclar. Cubra las rebanadas de berenjena con el yogur en ambos lados, después páselas por la mezcla del pan molido, cubriendo los dos lados.

Ponga las berenjenas cubiertas en una charola para hornear galletas rociando con el *spray* de aceite de olivo la charola y las berenjenas. Hornee durante 15 minutos o hasta que esté crujiente y de color café dorado. Adorne con queso mozzarella sin grasa para gratinar y hornee de 3 a 5 minutos adicionales, hasta que el queso se derrita. Sirva cada porción sobre $^1/_4$ de taza de salsa para pasta caliente.

Análisis de nutrición por porción

Calorías 160, grasa total 0 gramos

Grasa saturada 0 gramos, fibra 4 gramos

Proteínas 11 gramos, sodio 500 mg, colesterol 5 mg

©*Food for Health Newsletter*, 1996. Reimpresión autorizada.

Teriyaki de pollo sobre lingüini

Cuatro porciones

Pasta

8 oz de pasta de lingüini

Salsa

spray de aceite vegetal para cocinar

12 oz. de pechuga de pollo en tiras (sin piel)

1 cucharada de salsa de soya baja en sodio

2 cucharadas de jugo de naranja

1 $1/4$ tazas de agua

3 tazas de vegetales frescos mixtos fritos

1 taza de chícharos

$1/2$ taza de cebolla verde rebanada (cebollín)

1 cucharada de fécula de maíz.

Cocine el lingüini en 2 litros de agua en ebullición. Siga las instrucciones de cocción del paquete. La pasta está lista cuando esté suave pero ligeramente firme en el centro. Escurra en una coladera.

Haga la salsa: caliente una sartén antiadherente grande y rocíela con el *spray* de aceite vegetal para cocinar. Cocine el pollo en tiras hasta que se cueza, aproximadamente durante 5 o 7 minutos, déjelo a un lado. En la misma sartén, añada la salsa de soya, el jugo de naranja y 1 taza de agua. Deje que dé un hervor. Agregue los vegetales y cocine hasta que estén suaves, aproximadamente durante 6 minutos. Diluya la fécula de maíz en el $1/4$ de taza de agua restante y viértela en la mezcla de vegetales. El caldo debe formar un ligero glaseado. Añada el pollo y sirva sobre la pasta.

Análisis de nutrición por porción

Calorías 220, grasa total 1 gramo

Grasa saturada 0 gramos, fibra 9 gramos

Proteínas 25 gramos, sodio 260 mg, colesterol 50 mg

©*Food for Health Newsletter*, 1996. Reimpresión autorizada.

Espárragos con salsa de Dijon

Cuatro porciones

³/₄ de libra de espárragos frescos

¹/₄ de taza de consomé de pollo reducido en sodio

2 cucharaditas de mostaza de Dijon o mostaza de Dijon con estragón

1 cucharada de queso romano o aciago para gratinar

Quite los extremos duros de los espárragos, después colóquelos en una sartén. Vacíe el caldo sobre los espárragos, después cubra y cueza al vapor sobre fuego medio hasta que estén suaves pero crujientes (alrededor de 4 minutos). Coloque los espárragos en un platón para servir caliente con una espátula con ranuras y manténgalos calientes. Añada la mostaza a la sartén; aumente el fuego hasta fuego alto y deje que dé un hervor, moviendo constantemente. Vacíe sobre los espárragos y espolvoree con queso.

Método en microondas

Quite los extremos duros de los espárragos y colóquelos en un plato para microondas rectangular de 2 litros. Añada el caldo sobre los espárragos; cubra con envoltura plástica ventilada y cocine a calor alto durante 3 a 4 minutos o hasta que estén suaves pero crujientes. Vacíe el líquido en 1 taza para medición de vidrio. Mantenga los espárragos cubiertos. Mezcle la mostaza con los jugos. Cocine sin cubrir a temperatura alta hasta que hierva durante aproximadamente 30 segundos. Vacíe sobre los espárragos, espolvoree con el queso.

Análisis de nutrición por porción

Calorías 20, grasa total 0.7 gramos

Grasa saturada 0.4 gramos, colesterol 1 mg

©1995, The American Dietetic Association. *"Skim the Fat: A Practical & Up-To-Date Food Guide."* Usada con autorización.

Tapioca tradicional

Cuatro porciones

2 cucharadas de tapioca de cocimiento rápido

3 cucharadas de azúcar

$1/8$ de cucharadita de sal

1 huevo batido

2 tazas de leche descremada

$1/2$ cucharadita de vainilla

Mezcle todos los ingredientes (excepto la vainilla) en una cacerola. Deje reposar durante 5 minutos. Después ponga al fuego a que hierva, moviendo constantemente. Retire del fuego. Agregue la vainilla moviendo. Mueva nuevamente después de 20 minutos. Deje enfriar.

Análisis de nutrición por porción

Calorías 115, grasa total 1.5 gramos

Grasa saturada 0.5 gramos, colesterol 55 mg

©1995, The American Dietetic Association. *"Skim the Fat: A Practical & Up-To-Date Food Guide."* Usada con autorización.

Rollos hojaldrados de manzana y canela

1 caja de masa para hojaldre, a temperatura ambiente
(usted solamente necesita 3 tiras)

3-4 manzanas de tamaño mediano (limpias, peladas, sin semillas, picadas en tamaño grande y enjuagadas en agua y jugo de limón)

1 cucharada de margarina

$^1/_4$ taza de azúcar

$^1/_4$ de taza de azúcar morena

$^1/_2$ cucharadita de canela

$^1/_4$ de cucharadita de clavo (opcional)

$^1/_2$ cucharadita de vainilla

spray antiadherente de aceite vegetal

Derrita la margarina en una sartén y añada las manzanas, el azúcar, las especias y la vainilla, moviendo constantemente. Cocine hasta que estén suaves. Retire del fuego y deje enfriar a temperatura ambiente. Caliente el horno a 400°. Tome 3 hojas de la masa de hojaldre y córtelas en tiras de $^1/_2$ o $^1/_3$ de hoja. Rocíe ligeramente cada uno de los grupos de tiras con el *spray* antiadherente de aceite vegetal, ponga cucharadas de la mezcla de manzana sobre las tiras y enróllelas. Colóquelas sobre una charola para hornear galletas con el lado de la unión hacia abajo, y nuevamente rocíe la parte exterior del hojaldre con el *spray* antiadherente para cocinar. Hornee durante 20 a 30 minutos, hasta que estén ligeramente doradas.

Análisis de nutrición por porción

Calorías 274, grasa total 4 gramos

Grasa saturada 0.5 gramos, fibra 2 gramos

Proteínas 2 gramos, sodio 175 mg, colesterol 0 mg

*De la cocina de Meg Fein

Ensalada caribeña de arroz

Cuatro porciones

Arroz

1 ¹/₂ tazas de arroz blanco de grano largo

2 ¹/₄ tazas de agua

Aderezo

2 cucharadas de vinagre de sidra

2 cucharadas de jugo de naranja

4 cucharadas de aderezo italiano sin grasa para ensalada

Ensalada

1 lata de 15 ¹/₄ oz. de frijoles negros, escurridos y enjuagados

1 naranja, pelada, sin semillas y cortadas en cubos de ¹/₂ pulgada

1 mango, pelado, sin hueso y cortado en cubos de ¹/₂ pulgada

1 tomate fresco, cortado en cubos de ¹/₂ pulgada

¹/₂ chile jalapeño, sin semillas y desvenado, picado finamente

¹/₂ de pimiento rojo, sin semillas y rebanado en tiras delgadas

¹/₄ de taza de cebolla verde

6 tazas de lechuga orejona rayada

Prepare el arroz de grano largo siguiendo las instrucciones del empaque. Si tiene prisa, use el arroz instantáneo. Deje enfriar a temperatura ambiente (este proceso puede apresurarse poniendo el arroz cocido en su congelador en un recipiente poco profundo).

Combine los ingredientes del aderezo y mezcle con los ingredientes de la ensalada; incorpore con el arroz y sirva. Se pueden añadir segmentos de naranja y tiras de pimiento para adornar de manera opcional. Divida la ensalada mezclada entre los 4 platos y sirva.

Análisis de nutrición por porción

Calorías 340, grasa total 1 gramo

Grasa saturada 0 gramos, fibra 8 gramos

Proteínas 11 gramos, sodio 230 mg, colesterol 0 mg

©*Food for Health Newsletter*, 1996. Reimpresión autorizada.

Compota de camote

Seis porciones

¹/₂ cucharada de margarina

2 tazas de camote fresco, cocido y rebanado

1 lata de 8 onzas de piña machacada en su jugo

¹/₄ de cucharadita de canela molida

¹/₈ de cucharadita de sal

Caliente la margarina en una sartén grande. Añada las rebanadas de camote y la piña. Espolvoree la canela y la sal. Deje que hierva a fuego lento hasta que el jugo se evapore casi totalmente (alrededor de 10 a 15 minutos) volteando las rebanadas de camote varias veces.

Análisis de nutrición por porción (¹/₂ taza cada una)

Calorías 135, grasa total 1.6 gramos

Grasa saturada 0.3 gramos, colesterol 0 mg

©1995, The American Dietetic Association. *"Skim the Fat: A Practical & Up-To-Date Food Guide."* Usada con autorización.

Nieve de papaya

Cuatro porciones

1 papaya madura ($1^1/_4$ libras), en cubos

$^1/_4$ de taza de yogur natural bajo en grasas

$^1/_4$ taza de miel de maíz ligera

1 cucharadita de jugo de limón fresco

Ponga la papaya en un molde para hornear de 9 pulgadas y congele durante 1 hora. Coloque la papaya congelada en un procesador de alimentos con el yogur, la miel de maíz y el jugo de limón. Licúe hasta que quede suave. Congele por lo menos durante 1 hora. Se obtienen 2 tazas.

Análisis de nutrición por porción

Calorías 160, Grasa total 0 gramos, Colesterol 1 mg

©1995, The American Dietetic Association. *"Skim the Fat: A Practical & Up-To-Date Food Guide."* Usada con autorización.

Peras escalfadas con especias

Cuatro porciones

1 taza de jugo de manzana

$^1/_2$ taza de coctel de jugo de moras

1 cucharada de jugo de naranja

$^1/_3$ de taza de agua

$^1/_4$ de cucharadita de clavo molido

$^1/_4$ de cucharadita de canela

$^1/_8$ de cucharadita de jengibre molido

4 peras maduras, peladas

Incorpore el jugo, el agua y las especias en una cacerola profunda; cubra y deje que hierva. Corte la parte de abajo de las peras si es necesario, para que se sostengan. Retire el centro. Añada las peras a la cacerola y deje que hiervan a fuego lento hasta que estén blandas (de 15 a 25 minutos, dependiendo de la madurez de las peras). Retire las peras y póngalas a un lado. Cocine los líquidos restantes a fuego medio alto, moviendo periódicamente, hasta que la mezcla se reduzca a la mitad. Bañe las peras con este almíbar y sirva mientras estén tibias, o enfríelas y sírvalas.

Análisis de nutrición por porción

Calorías 165, grasa total 0.7 gramos

Grasa saturada 0.1 gramos, colesterol 0 mg

©1995, The American Dietetic Association. *"Skim the Fat: A Practical & Up-To-Date Food Guide."* Usada con autorización.

Glosario

Alergia alimentaria   Reacción extrema del sistema inmunológico del cuerpo, usualmente activada por alimentos que contienen proteínas (es decir, leche de vaca, nueces, frijoles de soya, mariscos, huevos y trigo).

Alimentos calóricamente densos   Alimentos que proveen muchas calorías y grasas en porciones de tamaño relativamente pequeño.

Aminoácidos esenciales   Los aminoácidos que el cuerpo no puede producir. Deben obtenerse de fuentes alimenticias externas.

Anorexia nerviosa   Un desorden psicológico que se caracteriza por la inanición autoinducida. Lo que significa "pérdida de apetito de origen nervioso". Las personas que padecen este desorden se creen pasados de peso, independientemente de que con frecuencia son delgados hasta un grado que no es saludable.

Anticuerpos   Grandes moléculas de proteína que se producen por el sistema inmunológico del cuerpo en respuesta a sustancias externas.

Bicicletas estáticas   Se presentan en dos sabores: la bicicleta vertical (igual a la bicicleta que se usa en el exterior) y la bicicleta recostada (las piernas hacia el frente, con asiento de respaldo alto, dando más apoyo a la gente con dolor en la parte baja de la espalda). Ambos tipos de bicicletas estacionarias proporcionan entrenamientos aeróbicos efectivos que dan un descanso a las articulaciones porque no comparten actividades de peso. Asegúrese de que la tensión no sea demasiado fuerte y de que el asiento no esté demasiado bajo. Si usted es un ciclista principiante, pida a su entrenador que le ayude a encontrar la posición correcta para llevar a cabo un entrenamiento más efectivo. Cuando esté listo para incrementar la intensidad, juguetee acelerando la velocidad, antes de incrementar la tensión.

Bulimia   Un desorden psicológico caracterizado por hábitos alimentarios anormales. Esto significa "hambre como la de un toro". La gente que padece de bulimia vive en el círculo vicioso de ingerir grandes cantidades de comida para después inducir el vómito con el fin de purgar los alimentos de su sistema.

Calorías   La cantidad de energía que provee la comida. El número de calorías que la comida proporciona se determina al quemar ésta en un aparato llamado calorímetro y medir el calor que produce. Una caloría equivale a la cantidad de energía necesaria para elevar la temperatura de un litro de agua a un grado Celsius. Los carbohidratos y las proteínas, la grasa y el alcohol contienen cuatro, nueve y siete calorías por gramo, respectivamente.

Calorías nulas   Calorías sin valor nutrimental.

Caminadoras   Equipo cardiovascular que provoca un impacto, desde ligero (si camina) hasta moderado (si corre), en sus articulaciones. La caminata en una superficie plana es un buen punto de inicio para los principiantes. Al tiempo que el acondicionamiento y los niveles de confianza aumenten, usted puede juguetear incrementando la inclinación y la velocidad.

Carbohidratos complejos (azúcares complejos)   Compuestos que se forman por la unión de grandes hebras de muchos azúcares simples.

Carbohidratos simples (azúcares simples)   Moléculas de unidades de azúcar simples o pares de pequeñas unidades de azúcar agrupadas.

Choque anafiláctico   Reacción alérgica de todo el cuerpo que amenaza la vida, ocasionada por una sustancia ofensora. Los síntomas incluyen: hinchazón de boca y garganta, dificultad para respirar, baja de la presión arterial y pérdida de la conciencia. En otras palabras, ¡obtenga ayuda rápidamente!

Diverticulosis   Un padecimiento en el que se forman pequeñas bolsitas (llamadas divertículas) en la pared del colon. Con frecuencia, el padecimiento aparece sin síntomas, pero cuando las bolsitas se infectan o se inflaman, puede ser muy doloroso. Cuando esto sucede, la enfermedad se conoce como diverticulosis y provoca fiebre, dolor abdominal y diarrea.

Envenenamiento por alimentos   Una reacción adversa causada por alimentos contaminados (microorganismos, parásitos y otras toxinas).

Escaladoras   Equipo cardiovascular que provee un entrenamiento desafiante, con algo de tensión potencial en las rodillas y en la parte baja de la espalda (escuche cuidadosamente a su cuerpo). Se considera una pieza de maquinaria más avanzada debido a la importancia de la técnica, y por lo tanto, se necesita un nivel base de cierta resistencia y fuerza para usarla, aun en los niveles más bajos.

Escorbuto   Una enfermedad que resulta de la deficiencia de vitamina C, caracterizada por sangrado e inflamación de encías, dolor en articulaciones, desgaste de músculos y moretones. Actualmente, el escorbuto es muy raro, excepto en los alcohólicos, y puede curarse con sólo cinco a siete miligramos de vitamina C.

Estilo de vida activo   Se refiere a las personas que corren constantemente, caminan mucho, suben escaleras, hacen deporte o ejercicio regularmente.

Estilo de vida sedentario   Se refiere a las personas que generalmente tienen trabajos de escritorio, ven mucha televisión y tienden a estar sentados casi todo el tiempo.

Glucosa (también conocida como dextrosa)   Un tipo de azúcar simple que se encuentra en frutas, miel y vegetales. También es la sustancia que se mide en la sangre (glucosa en la sangre = nivel de azúcar en la sangre).

Hemorroides   Inflamación dolorosa de una vena en el área del recto.

Hipertensión   Término médico para la presión arterial alta, y, contrariamente a lo que la palabra parece indicar, no se refiere a estar tenso, nervioso o hiperactivo.

Hiponatremia   Pérdida excesiva de sodio y agua debido a vómito o diarrea constantes o por sudor profuso. En este caso, tanto el agua como la sal deben reabastecerse para mantener el balance correcto de su cuerpo.

Incontinencia   La incapacidad de controlar las funciones excretoras.

Intolerancia alimentaria   Una reacción adversa a los alimentos, que generalmente *no* afecta al sistema inmunológico (como la intolerancia a la lactosa).

Lacto vegetarianos   Este grupo de vegetarianos elimina la carne y los huevos de su dieta, pero incluye todos los productos lácteos.

Leche homogeneizada   La leche que ha sido procesada para reducir el tamaño de sus glóbulos de grasa, con el fin de que la crema no se separe y la leche se mantenga consistentemente suave y uniforme.

Leche pasteurizada   La leche que ha sido calentada a altas temperaturas durante unos minutos para matar bacterias dañinas, y después rápidamente enfriada.

Legumbre   Todo género de fruto o semilla que proviene de las vainas de ciertas plantas especialmente ricas en carbohidratos complejos, proteínas y fibra. Suministran hierro, zinc, magnesio, fósforo, potasio y varias vitaminas B, incluyendo el ácido fólico. Debido a que los alimentos que se encuentran dentro de esta categoría proporcionan cantidades grandes tanto de carbohidratos complejos como de proteínas, pueden tener cabida en el grupo de carnes y frijoles o en el de los vegetales. Las legumbres que usted puede conocer por sus nombres más comunes son: los frijoles negros, blancos, pintos y de soya (tofú), las alubias chicas y grandes, los garbanzos, los chícharos, las lentejas, las nueces y las semillas

Máquinas de acondicionamiento cruzado y esquí a campo traviesa   Un ejercicio aeróbico que utiliza todo el cuerpo y quema toneladas de calorías sin ningún impacto en las articulaciones. También es bueno para un calentamiento rápido, porque hace que todo el cuerpo se mueva. Sin embargo, existe un problema: aprender el movimiento puede ser un poco difícil para algunas personas; con decir que la frase "poesía en movimiento" adquiere un nuevo significado por completo.

Máquinas remadoras   Otro entrenamiento bueno para "todo el cuerpo" (y máquina de calentamiento) sin ningún impacto. Asegúrese de obtener algunas pautas sobre la técnica;

existe una forma fácil de hacerlo y una forma *correcta* de hacerlo. Obviamente, la forma correcta requiere de mucha más energía, concentración y esfuerzo muscular.

Nutrientes solubles en grasa   Nutrientes que se disuelven en la grasa. Algunos de los nutrientes esenciales, como las vitaminas A, D, E y K, requieren de grasa para su circulación y absorción.

Ovolacto-vegetarianos   Este grupo de vegetarianos elimina toda la carne de su dieta (carne roja, aves, pescado y mariscos), sin embargo, incluyen productos lácteos y huevo.

Presión diastólica   Es la inferior, el número más bajo. Representa la presión que hay en sus arterias mientras su corazón se relaja entre los latidos. Durante este periodo de relajación, su corazón se llena de sangre para el siguiente apretón. Aunque los dos números son muy importantes, los médicos se preocupan más si el número diastólico es elevado porque indica que hay un incremento de presión en las paredes arteriales aun cuando su corazón está en reposo.

Presión sistólica   Es la superior, el número mayor. Representa la cantidad de presión que hay en sus arterias mientras su corazón se contrae (o late). Durante esta contracción, la sangre se expulsa desde el corazón hasta los vasos sanguíneos que viajan por todo su cuerpo.

Proteínas   Los componentes formados de carbono, hidrógeno, oxígeno y nitrógeno, y dispuestos en grupos de aminoácidos.

Proteínas complementarias   Dos proteínas incompletas en un alimento, que se compensan mutuamente cuando se combinan.

Radicales libres   Átomos hiperactivos e inestables que literalmente viajan por todo el cuerpo, dañando las células y los tejidos saludables.

Semi vegetarianos   Este tipo de vegetarianos no come carne roja, pero come pollo, pavo y pescado, junto con productos lácteos y huevo.

Sensibilidad alimentaria   Un término general usado para describir *cualquier* respuesta anormal a los alimentos o aditivos de los alimentos.

Seudovegetarianos   Este tipo de vegetarianos no come carne los días que decide ser vegetariano, sin embargo, devora las hamburguesas y los emparedados de carne cuando tiene antojo.

Tofú (acremado)   Este alimento de soya es cremoso y similar a una natilla, por lo que funciona bien en puré o recetas mezcladas, como *dips*, sopas y pays. El tofú acremado no proporciona tanto calcio como las variedades de tofú sólido (sólo 40 miligramos), pero es el más bajo en grasas y contiene 9 $^1/_2$ gramos de proteínas por porción de 4 onzas.

Tofú (firme)   Este tofú es duro, denso y perfecto para platillos fritos, sopas o donde quiera que el tofú mantenga su forma. Una porción de 4 onzas de tofú firme suministra 13 gramos de proteínas, 120 miligramos de calcio y alrededor de 40% del hierro requerido diariamente.

Tofu (suave)   Este tofú provee 9 gramos de proteínas, 130 miligramos de calcio y un poco menos de 40% del requerimiento diario de hierro en una porción de 4 onzas. El tofú suave es bueno para platillos que requieren tofú mezclado (se usa comúnmente en sopas).

Toxicidad por hierro   Aunque no es muy común, la toxicidad por hierro es un problema serio que se presenta ya sea por anormalidades genéticas que provocan que el cuerpo almacene cantidades excesivas de hierro o por sobredosis de suplementos innecesarios de hierro. El resultado puede provocar daños al hígado o a otro órgano.

Vegetariano   Una persona que en su dieta sustituye la carne por los vegetales, las nueces y las semillas. Los vegetarianos varían en su rigidez: desde los que evitan todos los productos animales hasta los que sólo evitan la carne. Entre los grupos vegetarianos se encuentran los lacto, ovolacto, seudo y semi vegetarianos, y vegetarianos ortodoxos.

Vegetarianos ortodoxos   Es el tipo más estricto de los vegetarianos (son como el Papa de todos los vegetarianos). Los vegetarianos ortodoxos se abstienen de comer todos los alimentos que provienen de animales (carne, lácteos, huevos), así como de usar productos que provienen de animales (lana, seda o piel). Si usted es un vegetariano ortodoxo, tiene que ser especialmente cuidadoso y obtener las cantidades adecuadas de proteínas, hierro, calcio, vitamina D, vitamina B12 y zinc.

Índice

313

corte aquí

Tarjeta de referencia
para alimentarse sanamente ¡Fácil!

Los cinco principales consejos sobre el ejercicio

1. Fíjese metas realistas. Propóngase verse y sentirse en *su* mejor forma.

2. Marque la pauta usted mismo. Es mejor trabajar consistentemente tres veces a la semana durante 30 minutos en cada sesión, que imponerse sesiones estrictas de dos horas durante los siete días y abandonarse los siguientes dos meses.

3. Varíe sus ejercicios. ¡No se detenga en la misma rutina de ejercicio día tras día!

4. Manténgase bien hidratado. Tome mucha agua antes, durante y después de ejercitarse.

5. Haga del ejercicio una actividad divertida y cómoda (*no* una tortura). Haga lo que mejor funcione para usted y su horario, ya sea que se inscriba en un gimnasio, compre equipo para su casa o simplemente camine del trabajo a la casa. Si el ejercicio planeado no es lo suyo, entonces divídalo en tres sesiones de 10 minutos a lo largo del día (¡de esta manera también obtendrá beneficios saludables!).

Los cinco principales consejos sobre la nutrición

1. Coma muchos productos de grano entero. El pan, los cereales, la pasta y el arroz proveen vitaminas B y muchos carbohidratos complejos.

2. Llénese de frutas frescas y vegetales. Están *cargados* de nutrientes y son bajos en grasas y calorías de forma natural.

3. Acostúmbrese a elegir lácteos bajos en grasas. La leche, el yogur y el queso bajos en grasas proveen proteínas y *calcio* (ingrediente clave para formar y mantener huesos fuertes y saludables).

4. Apéguese a las fuentes magras de proteínas como: pechugas de pollo y pavo, carnes rojas magras, mariscos y pescados, claras de huevo, tofú y leguminosas.

5. Cuídese de las grasas y el azúcar. Limite su ingestión de alimentos fritos, mantequilla, margarina, crema, aderezos para ensaladas, aceites, azúcares, bebidas gaseosas, postres pesados, dulces, pasteles, galletas y otros productos similares.

Calorías en alimentos comunes

Pan, (1 rebanada)	67
Galletas saladas, (5)	60
Bollo, (1 mediano)	234
Manzana, (1 mediana)	80
Fresas, (1 taza)	45
Plátano, (1 mediano)	105
Jugo de naranja, (1 taza)	110
Brócoli, (cocinado, $^1/_2$ taza)	25
Zanahoria, (1 entera)	31
Maíz, ($^1/_2$ taza)	67
Leche baja en grasas al 1%, (1 taza)	102
Yogur de frutas bajo en grasas, (1 taza)	230
Yogur de frutas sin grasa, (1 taza)	140
Bistec magro, (5 onzas)	293
Pechuga de pollo, (5 onzas)	233
Salchicha, (con bollo)	294
Hamburguesa, (con bollo)	393
Hamburguesa con queso, (con bollo)	520
Gomitas (*Jelly beans*), (30)	198
Galletas con chispas de chocolate, (3)	158
Bebida gaseosa, (12 onzas)	151

Calorías quemadas con los ejercicios más comunes

La siguiente lista representa el número *aproximado* de calorías quemadas por hora, por una persona de 100 a 150 libras, al hacer una actividad en particular. El número real de calorías que usted quema puede variar en proporción a su peso y a la intensidad de su ejercicio.

	100 lb	150 lb
Bicicleta, 6 mph (10 kph)	160	240
Bicicleta, 12 mph (20 kph)	270	410
Trote, 5 ½ mph (3.4 kph)	440	660
Trote, 7 mph (11.2 kph)	610	920
Saltar la cuerda	500	750
Carrera, 10 mph (16 kph)	850	1,280
Carrera estática	430	650
Natación, 25 yds/min. (23 m/min)	185	275
Natación, 50 yds/min. (46 m/min)	325	500
Tenis, sencillos (*singles*)	265	400
Caminata, 2 mph (3.2 kph)	160	240
Caminata, 3 mph (4.8 kph)	210	320
Caminata, 4 ½ mph (7.2 kph)	295	440

Fuente: *American Heart Asssociation*